犯罪心理学

Hans Gross
〔奥〕汉斯·格罗斯——— 著　　栾青林——— 译

CRIMINAL PSYCHOLOGY

民主与建设出版社
·北京·

© 民主与建设出版社，2023

图书在版编目（CIP）数据

犯罪心理学 /（奥）汉斯·格罗斯著；栾青林译. -- 北京：民主与建设出版社，2023.9
ISBN 978-7-5139-4324-6

Ⅰ.①犯… Ⅱ.①汉… ②栾… Ⅲ.①犯罪心理学 Ⅳ.① D917.2

中国国家版本馆 CIP 数据核字（2023）第 156280 号

犯罪心理学
FANZUI XINLIXUE

著　　者	〔奥〕汉斯·格罗斯
译　　者	栾青林
责任编辑	吴优优　金　弦
封面设计	YooRich Studio
出版发行	民主与建设出版社有限责任公司
电　　话	（010）59417747　59419778
社　　址	北京市海淀区西三环中路 10 号望海楼 E 座 7 层
邮　　编	100142
印　　刷	天宇万达印刷有限公司
版　　次	2023 年 9 月第 1 版
印　　次	2023 年 10 月第 1 次印刷
开　　本	880mm×1230mm　1/32
印　　张	12
字　　数	290 千字
书　　号	ISBN 978-7-5139-4324-6
定　　价	58.00 元

注：如有印、装质量问题，请与出版社联系。

前言
PREFACE

《犯罪心理学》是奥地利刑事法学家、心理学家、侦查学家汉斯·格罗斯的代表作，也是我们目前所能见到的最早、最有分量的犯罪心理学著作之一。

作者汉斯·格罗斯于1847年出生于奥地利东南部的格拉兹市。1869年，他从法学院毕业后就开始在伽诺维兹刑事法院担任预审法官。在这段工作期间，他目睹了大量不负责任并且能力低下的侦查人员做出的各种失误，同时他还面对大量犯罪嫌疑人和所谓的被害人所作出的虚假陈述。这些经历使他认识到，社会有必要确立一套有章可循的、系统的案件事实认定方法。

后来，他将自己的心得体会写成了《犯罪心理学》一书，该书是侦查领域的开山之作，它的问世引起了全世界的关注。

在书中，他从心理学观点分析犯罪现象，探讨大量有关犯罪的问题，包括犯罪的行为、情绪和认知方面的问题，并分析了犯罪行为产生的原因和分类。他还从性别、年龄、职业和习惯等方面，分析了讯问过程的互动影响。对于司法实践中的诸多重要问题，譬如说谎、做梦等情形，作者也在对应的章节进行了专门分析。

正是基于作者所做出的贡献，大量的人才开始主张按照现代科学的方法侦破案件，由此开创了"犯罪侦查学"这一新的学科，并对现代法庭科学的发展产生了深远的影响。因而，作者汉斯·格罗斯被誉为"现代侦查学的创始人"和"科学犯罪学的奠基人"。

本书曾被翻译成 8 种文字，拥有 20 多个版本。此次出版，译者依据现今可考可靠的资料，对原文一一进行了查核与校订。鉴于全书第五篇的"专题 14：一般差异"中的部分内容具有一定的时代局限性，因而译者在对此章节的内容翻译时做了部分节译，以便读者更容易、更准确地理解原书所表达观点。

译者以权威版本为底本，译文力求信、达、雅，以精粹的译文和画龙点睛的注释，帮助读者接近犯罪心理学这门复杂而神秘的学问。

本书既可以作为学习犯罪心理学的专业入门教材，也可以为警察、法官、律师、检察官等相关从业人员提供专业知识，还可为悬疑小说爱好者提供一本耐读的犯罪心理学读物，是一本不可不读的经典之作。

导言
INTRODUCTION

在刑法领域，除了法律知识，最重要的就是心理学了。因为心理学所讲的，是如何和不同类型的人打交道。心理科学发展出不同的分支。就原初的心理学而言，不过是一些天性聪明的人在实践中培养的敏锐洞察力。这些人不用学习专门的法律，就能洞察一切。许多人都有这种天生的心理能力，但是，很少有人能达到刑事专家要求的水平。在一些大学和预科学校，法学家们会开设一些科学心理学课程，学习一点心理学常识，并把它当作法学的"哲学基础"。但是，我们都知道，那是远远不够的，甚至连应付日常生活都做不到。鉴于这种现状，刑事学家很难开展严肃的心理学调查工作。

曾有一个特殊的心理学分支，叫法律心理学，似乎是专门为我们而创立的。在德国，其首先由沃克马提出。后又在梅茨格和普拉特纳等人推动下，发展成犯罪心理学。从医学角度讲，舒朗汇编的著作《法律问答》，至今仍很有价值。霍夫鲍尔、格罗曼、海因洛特、绍曼、蒙池、埃卡肖森等人，后期进一步发展了犯罪心理学。在康德时代，犯罪心理学是各学院之间辩论的焦点，康德代表哲学学派，梅茨格、霍夫鲍尔和弗里斯则代表医学学派。后来，法律心理学被简单地纳入精神病学，由此成为一门医学学科。之后，雷格诺再次试图将法律心理学重新定义为哲学，这段历史被记载于弗里德里希的著名的教科书中（V.威尔布兰德的教科书中也有记载）。如今，在克劳斯、克拉夫特艾宾、莫兹利、霍尔岑多尔夫、隆布罗索等的推动下，犯罪心理学已成为犯罪人类学的一个分支。它被视为是犯罪动机的学说，或者是对罪犯生理状况的研究，因此，犯罪心理学这一名称，仅仅表达了学科的部分内容。

从字面上看，犯罪心理学研究的是和犯罪有关的心理活动，不仅仅是罪犯的心理病理，而是犯罪学家所需要的全部心理学知识。毫无疑问，犯罪行为是客观行为。但是，对我们来说，每一起犯罪的存在与否，都是我们通过刑事诉讼程序中的媒介了解到的。通过这些媒介获取信息，也是建立在感官之上，基于法官及其助手，即证人、被告和专家的感知。对这些感知与看法，必须进行心理学验证。应用心理学，就是处理对犯罪的判定和判断的所有心理状态的学科。而本书的意旨，就是介绍这方面的心理学。柏拉图在《会饮篇》中写道："如果我们是上帝，便不会有哲学。"如果我们的感觉更真实、更敏锐，我们可能就不需要心理学了。所以，我们必须反思自己的观察和思考模式，并系统性地理解这些感知过程，否则，我们仍然会被误解和意外所支配。我们也必须了解周围所有人——包括自己、证人、专家和被告——是如何观察和感知、思考和表达的；我们必须考虑到，人类在感知、推理方面存在着巨大差异，人们会产生哪些错误和幻觉；我们必须弄清，人是如何记忆和回忆的；我们必须明白，事物会随着年龄、性别、天性和素质的变化而变化。我们还必须清晰地认识到，在正常情况下，有些本来会发生变化的事情，在某些因素的影响下，它们将不再发生变化。在本书中，对证人和法官的心理分析，将占据最大的篇幅，因为他们是我们研究材料的最大来源，也是最初的服务对象；但是，如果案件不涉及心理疾病而是证据的有效性，我们也要考虑犯罪嫌疑人的心理。

本书的研究方法是心理学研究的基本方法，它可分为三个部分：

①对心理现象的述评；

②对因果关系的研究；

③精神心理学分析的理论建构。

一方面，我会分析心理学的内容，但将使之贯穿刑事法官的观点，为刑事法官服务；另一方面，我会从犯罪学家的工作中提取素材，并在此基础上运用心理学原理。

我们既不赞成虔信主义，也不赞成怀疑主义或批判主义。我们要考虑案件的具体情况，从这些材料中确定，哪些材料对犯罪学家有价值、哪些有助于发现真相、哪些可能存在风险。对具体科学基本概念的理解，并非来源于其方法。我们也必须清楚地记住，所需获取的真相，不能仅建立在所获材料的"形式正确"上，我们有义务找出"本质正确"。要做到这一点，我们必须熟悉心理学原理，并使这些原理为我们的目的服务。贝利常说："心理学家之于生理学的反感，如同作曲家之于声学。"虽然这句话今天已经不太适用，因为我们毕竟不是诗人，而是严肃的办案者，但是，如果我们要做好本职工作，就必须将这个工作完全建立在现代心理学和生理学的基础之上。有些知识，当我们不需要用时，必须先积累起来，一旦需要的时候，才不至于束手无策。

其实，这就是我们工作的基本原则——证人是犯罪学家的主要信息来源，但是，他们提供的信息，经常是推测多于观察，这就是我们在工作中，屡次出错的原因。一次又一次地，法庭要求只能提供那些明白无误的事实性证词、证据，至于推论，那是法官的职责范围。但是，我们好像并没有严格遵守这一原则。实际上，证人所称的事实和感知的大部分内容，除了或多或少可算作合理判断，别的什么都算不上。尽管他们言之凿凿，依然难成事实。所以说，追求真理，是多么困难的一件事呀。

对犯罪学家来说，心理学研究的重要性日益凸显。我们必须加强对心理学的研究。在布鲁塞尔的一次刑事专家会议上，意气风发的阿布·德贝茨指出，犯罪学的当前研究趋势，要求我们观察日常生活的事实。如何正确观察，成为了我们工作的首要任务。我们通过感知到的现象来完成工作，而决定现象变化的法则就是因果法则。只是，人类本性让我们常常会忽视因果关系，这时，心理学就及时为我们提供这方面的知识。因此，掌握心理学理论，乃职责所在，必须放在各种事情的首位。在这方面，我们确实有诸多管理上的懈怠之处，也因此不得不接受一些怨言。格尼斯曾抱怨过，当代法律教育的滞后，可以用历史的连续性来解释。这种落后，在决定国家行政体系的公正性中起着关键作用。门格尔没有直接提及"历史惯性"的问题，但他严肃地指出，在所有当代学科中，法律科学是最落后的。这些指责是有道理的。正如斯托泽尔和现代民事教学者说过："法律的实践，必须基于人类对法学原则的正确的、健康的理解。"但什么才算是正确的、健康的理解？这并不能仅从法律成文法段落中发现。所以，戈尔德施密特曾公开讲过一个故事，说的是一位著名科学家在实验室里训斥一名学生。这个科学家训斥道："你在这里的目的是什么？你什么都不知道，什么都不懂，什么都不做，你还是去当律师吧。"这个故事真让我们法律人丢脸！

我们得好好反思，为什么我们会受到这些指责，为什么会这么丢人。我们得承认，我们没有把法学看作是一门科学去好好研究它，也从来没有把它当作是一门实证学科；先验论和传统论蒙蔽了我们的双眼，让我们缺乏通过调查和努力找出真相的习惯，缺乏建立最基础科学的起码条件。所以说，要想建立一门科学，我们首先需要建立与我们目标相关联的学科的基础原则。只有这样，我们才能通过精神自由，实现精神独立。戈尔德施密特将此定义为高等院校的一项任务，也是我们毕生追求的事业理想。这项任务并非非常艰巨，也并不难完成。阿洛伊斯·冯·布林茨在隆重的就职致辞中大声疾呼："生命在于运动，生命不只在于思想自身，而在于知行合一。"

让我感到欣慰的是，自本书第一版出版以来，许多意想不到、颇具价值的相关作品也纷纷问世。现在，关于证人与证据、特点与价值、记忆与再现等方面的资料，已经相当丰富。在各个领域，都有人开始投入到该项研究中来，他们当中有心理学家、医生和律师。如果他们的研究工作顺利推进，或许，总有那么一天，我们可以修正前人所犯下的错误，以及那些基于愚昧无知、不加批判地收集与滥用材料所导致的错误。

目录
CONTENTS

上卷 证据的主观性：法官的心理活动

第一篇 取证条件

专题 1　方法　　　　　　　　　　　　　004

专题 2　心理学的教训　　　　　　　　　012

专题 3　现象学（心理状态的外在表现）　035

第二篇 定义的前提

专题 4　如何推理　　　　　　　　　　　082

专题 5　知识　　　　　　　　　　　　　140

下卷　刑事调查的客观条件：被调查者的心理活动

第三篇　一般条件

  专题 6　感官和主观　　　　　　　　　　146

第四篇　直觉和概念

  专题 7　想象力　　　　　　　　　　　　182

  专题 8　思维过程　　　　　　　　　　　186

  专题 9　联想　　　　　　　　　　　　　198

  专题 10　记忆　　　　　　　　　　　　 202

  专题 11　意志　　　　　　　　　　　　 217

  专题 12　情感　　　　　　　　　　　　 219

  专题 13　证词的形式　　　　　　　　　 223

第五篇　提供证词的不同条件

  专题 14　一般差异　　　　　　　　　　 234

  专题 15　孤立的影响　　　　　　　　　 266

  专题 16　错觉　　　　　　　　　　　　 286

  专题 17　孤立的特殊情况　　　　　　　 354

附录　主要参考文献　　　　　　　　　　　 367

CRIMINAL
PSYCHOLOGY

证据的主观性：
法官的心理活动

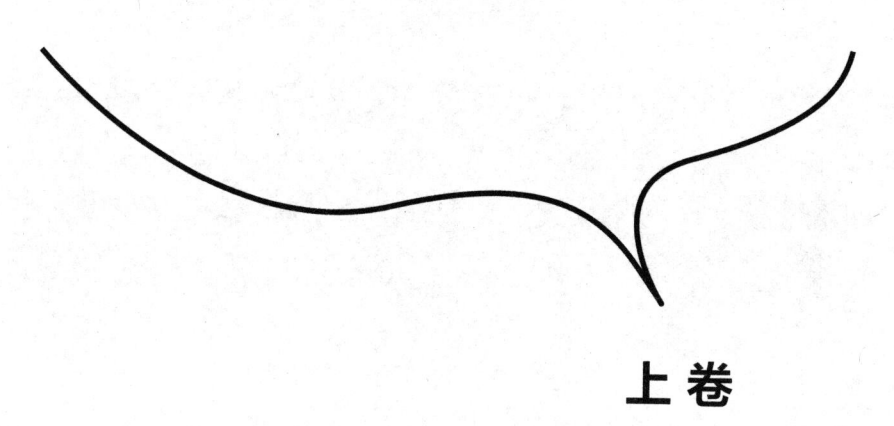

上卷

第一篇

取证条件

专题1 方法

第1节 一般考虑

柏拉图在《美诺篇》中记载，当苏格拉底和美诺讨论美德的可传授性时，叫美诺的奴童参加了一个实验。苏格拉底想通过这个实验，证明人的知识是先天具有的，这种先验知识，是可以通过恰当的方式引导出来的。他让这个奴童确定一个正方形的边长，其面积是另一个边长为二英尺的正方形的两倍；之前，这个奴童没有这方面的知识，苏格拉底也没有直接指导过他。这个奴童得靠自己找到答案。刚开始，这个奴童给出了一个错误答案，他说，这个两倍面积正方形的边长是四英尺。他认为，正方形面积扩大到两倍，边长也会增加到两倍。于是，苏格拉底得意扬扬地对美诺说，事实上，这个奴童在并不确定的情况下，却认为自己知道了真相。之后，苏格拉底用自己特有的方式，一步步引导奴童找出了正确答案。

古根海姆用这个典型例子来说明先验知识的本质。我们在分析证人供词时，可以参考苏格拉底的这个案例。大多数人在处理问题时，总是认为他们看到了全部真相，而且他们会不断地重复自己的看法。但无论他们如何信誓旦旦，当用迟疑的语气说："我认为……我觉得……"这种试探性的语气含有很多言外之意。当一个人说："我相信这样……"

这只能说明他想要说服自己，以增强自己面对别人反驳时的信心。当然，他不会怀疑自己所说的话。然而，当一些纯属事实方面的陈述，比如"下雨了""九点了""他的胡子是棕色的"，遭到质疑时，讲话者并不会反对。但如果，他讲话时用了"我认为"这种话做开头，那说明他内心是真的不确定。这一点，在分析那些隐藏了部分观察、判断、结论的话语时，显得尤其重要。

在这些案例中，还需要考虑另一个因素——自负。当证人断言一件事时，他只是想表达自己的确信而已，他所说的那些"我觉得""也许""似乎"，只是为了在意外情况下，给自己的话留有余地。

平时，人们说话的时候，即使不太确定，也会无所保留、信心满满。这些日常经验，更适合用于判断法庭证词，尤其是遇上关键问题的时候，这种现象会更加明显。老练的办案人员都知道，有时候证人虽然做了证词，却连他们自己也不知道指的是什么。对待这类证词，一定要慎之又慎。一般情况下，经过细致的检验，测定其可靠性及来源，我们会发现，最终只有很少一部分证词能站得住脚。当然，也有做过头的时候。在日常生活中，甚至也经常可以见到，经过一番进攻式的连续追问后，一个本来完全自信的人，也会变得动摇起来。越是认真、乐观的人，越容易动摇。当一个人讲出一件事时，问题跟着也就来了：其中的事实是否可靠？有没有欺骗性？于是，他的陈述便会变得不确定。他便开始回忆，由于想象力丰富，他便相信自己所看到的事情与实际完全不同了。最终，他会承认，真相很可能与自己所说的并不一样。在审判工作中，这种情况屡屡发生。在法庭上，很多证人会变得兴奋，尤其是当他们意识到自己的证词可能很重要时，会更加兴奋。而法官的权威形象，能让很多人附和法官的观点。

我们想知道的是，无论某人本来多么相信自己证据的确凿性，当他面对法官质疑的时候，为什么会变得对任何事情都犹豫不定了？

现在，刑事学家最艰巨的任务之一，就是在这些情况下找出真相——既不盲目、不加批判地接受证人证词，也不至于导致证人想讲真相时，变得犹豫不定、迟疑不决。然而，如果证人并没有故意造假，而只是因为观察错误，或得出了错误结论，在这种情况下，如何引导证人找出事实真相——像苏格拉底引导奴童那样找到真相，将变得更加困难。当前，有种流行的说法，它轻巧地认为，判断证据的真伪，并不是法官的职责——证人宣誓做证，其证据是可以接受的，法官只负责审判。然而，我们通常认为，法庭的职责首先是确定事实真相，不是形式上的"真相"。而且，如果我们已经发现观察有错误，却视而不见，那么，在这种情况下，我们就少了一个重要的证据——正反迥异的证据，将导致整个案件产生颠覆性的错误。最起码，证据链条上的一个环节会被排除在外。因此，我们需要学习苏格拉底的方法。但是，由于我们讨论的不是数学问题，而是更加依赖于事实证据的法律工作，所以，我们需要小心翼翼，采取一种比确定一个正方形面积更加审慎的态度。一方面，只有在极少数情况下，我们敢肯定自己没有搞错。所以，我们不能在没有更多证据的情况下，让别人同意我们的观点。另一方面，我们也必须谨防引导证人，导致他们转变可能正确的观点。在这件事上，不需要讨论暗示问题。因为，如果我觉得别人懂得比我多、观点比我对，我就赞同、接受，这与暗示无关。这是纯粹的观点交流和开放表现，在审判工作中尤为常见。谁能纠正证人明显错误的观点，并引导他们主动发现自己的错误所在，然后说出真相，又不至于矫枉过正——做到这一点的人，他就是我们的大师。

第 2 节 自然科学方法

如果现在有人问：我们应当怎样计划这项工作、采用什么样的方法？我们必须承认，仅仅科学地建立一套学科理论是不够的。如果我们想取得进步，还必须科学地管理好日常事务。具体到每句话、每项调查、每个官方行为，都必须符合同一法律科学体系的要求。只有通过这种方法，我们才能超越仅仅依靠人力劳动的普通世界、克服令人厌恶的麻木迟钝、摆脱烦人的千篇一律、摒弃对法律与正义可怕的威胁。

而法学家只研究空洞的法律条文，并无休止地予以解释，于是，人们可能会抱怨说，我们很可能是对过去的科学方法绝望了，因为法律作为一门科学，曾经企图从废旧标准中找推理、从法律条文中找注释，艰难地搜寻合理化解释。法律体系只剩下一具空洞的外壳，故耶林戏称之为"玩辩证与杂耍的马戏团"。

然而，法学的科学特性就摆在我们眼前，我们仅仅需要掌握其中的方法。近一个世纪以来，无数事实已经充分证明，这种方法对我们非常有用。自从沃恩·克尼格1819年说出"法律体系必须成为一门自然科学"，人们就一直为这一战斗口号而努力着。甚至由于误解，曾导致过某些方向性错误，但对法律理论及其应用来讲，依然是真正的科学方向。

凡事欲速则不达。当人们延误了办理某事时，在没有充分准备的前提下，又突然仓促去做，就太急于求成。这不仅常见于日常生活，也见于龙勃罗梭及其追随者们匆忙做出的结论中，无论他们怎么说其观察有多好，但他们的观察不充分、不公正，还存在推理方面的缺陷。我们的任务是搜集事实资料并进行研究，至于推导出结论，我们可以留给更幸运的后人。但是，在日常工作中，我们可以稍微改变一下这个过程，我们可能从正确而简单的观察中，得出特殊的推论。"从事实到观点，"奥廷根说，"数千年以来，人类一直试图让物质服从意识，但人类失败了。现在，这一过程反过来了。""从事实到观点"，这是我们的认识路径。这一次，让我们不带偏见、不带框框地观察生活中的事实吧，让我们去伪存真、认识纯粹的事实吧。那么，当我们发现事实无可置疑时，我们便可以小心谨慎地进行理论概括，最终得出推论。

每一项基本调查都必须首先确定主题的性质，这是颇负盛名的《论愚蠢》[①]一书中的箴言。在所有的法律工作中，尤其在具体的刑法工作中，都必须坚持这一基本原则。在阅读成千上万份证人证词之后，我们仍然可能再次得出这类相似、令人厌倦、相互矛盾的结果：两个人——证人与法官，均不知道案件审理的主体性质，双方都不知道自己想从对方那里得到什么。一方说的是一件事，另一方说的是另外一件事。但究竟他们要确定的是什么，一方不知道，另一方知道了也不告诉他。发生这种问题，责任不在证人方，而是在另一方。

只有当真正的主题确定之后，现代意义上的科学调查才算开始。我认为，与我们的目的最相吻合的，是艾宾浩斯的定义，这一定义的前提是，要求尽量保持所有条件不变，这些条件对于实现特定效果是必需的。随后，将这些条件分门别类，按照数字顺序逐一区分，最后，用定量或可计量方式，构建起关于效果的伴随变化模型。

这是建立刑事科学理论的唯一正确方法。在此，我不想多加赘述。我们的目的，仅仅是为了在办理普通的刑事案件时，检验这种方法的可行性，并检验它在获取完整、明确的结论的过程中，是否确实是唯一的

[①] 埃德曼：《论愚蠢》，1886年。

方法。如果答案是肯定的，这种方法不仅将用于检验整个审判过程，或者检验所收集到的证据，而且，它还将用于检验以上审判过程与证据的每个单独部分，并进一步分析其组成要素。

首先，让我们分析一下整个审判过程。在这里，目标是认定 A 有罪的证据。而构建证据的复杂条件，是获取证据的所有手段；那些独立条件，是通过独立的证据资源——证人证词、现场勘验、尸体解剖、侦查实录等构建起来的。条件恒定，在于使现有做法标准化。

由此，如果具备类似情况，如取证手段相同，有罪证据就成立。关于这一目标的附随改变，例如，据以证明有罪的证据必须要接受检验，所以，独立条件如证据的独立来源，必须予以构建，它们的价值，依据不同的情况，也必须予以确定。

最后，既定目标的附随改变（基于证据的定罪结论）也要接受检验。最后一道程序需要进行讨论，其他的不必。在我们的司法工作中，区分各项条件是相对容易的，因为从各种个体陈述、视觉印象、结果等，可以很容易地得出结论。

而确定价值是比较困难的。然而，如果我们能够清醒地认识到，有必要明确每一特定证据来源的具体价值，认识到我们的工作任务仅仅是确定比较价值。那么，我们必须承认，这种事情的发生，至少在一定程度上是可以肯定的。

对证据的评估，必须包括两个方面：1. 证据的可依赖性（主观性与相对性）；2. 证据的重要性（客观性与绝对性）。一方面，对证据本身的价值，必须进行检验，按照提供者本人的情况以及他在当时条件下的作用，做出评估；另一方面，从证据本身来看，要了解被认为可靠的证据会对结果产生什么样的影响，并对影响其可靠性的因素进行检验。那么，当审查证人证言时，首先应当确定证人是否能够、是否愿意说实话，接着，确定证词的重要性，它在案件的组织结构中，可能引起哪些变化。

当条件发生变化，随之引起结果变化——如对现有材料的解释发生重要变化的时候，辨别与确认不同条件对应的不同结果，最为重要也最为困难。具体到实际案件，问题本身是这样呈现的：我在不考虑其他证据的情况下，对该证据本身的每一个细节进行了思考，然后又尽量对其可能发生的改变进行了客观分析。这样，我假设证人的每个陈述都是谎言，或全部或部分，这很可能系错误观察、错误推论等所致——接着我问自己：有罪证据、特别审理，这些现在还公正吗？如果答案是否定的，那么，在什么样的可能条件下才能实现公正？我是否掌握了这些条件？现在，如果真相程度得以检验，这些变化就可能出现，而指控仍然成立，被告人将被定罪，但前提是要符合这些条件。在整个审判的过程中，在小范围内的证据产生细节上，都应遵循以上程序。

让我们继续分析案例。现在的目标，是针对由证人所言、所见而形成的某些特殊观点，构建起客观真实性。有关条件，是可能导致证据真实性受到怀疑的各种影响因素，例如证人不诚实、现场勘查有缺陷、物证不可靠、专家的疏忽，等等。弄清这些影响因素对手头案件是否存在潜在影响、影响有多大，是十分必要的；同时，所谓标准化，就是比较手头案例和其他案例的条件；再就是所谓的变化，指从那些证据的细节中，所做出的抽象性结论可能是错误的。因此，需要从不同的视角予以纠正，如同通过不同形式对自身所下的不同定义，来观察最终的结果。

这种程序，一旦在新证据的准备与判断过程中得以接受，只要我们的方法得当，就能够避免错误的发生。除此之外，还需要做一件事——深入细致地研究那些因果关系，这对每门自然科学，都相当重要。"在所有涉及自然现象的真理中，那些涉及因果关系的，对我们来说最为重要。掌握了因果关系，是对未来做出智慧预测的基础。"而忽略了这一原则，是我们失败的最大原因。所以，在确认证据时，我们必须坚持这一原则。

无论何时，只要涉及对结果的影响问题，找出其中的因与果，总是最重要的。错误与虚妄，总是在审查因果关系时被发现的。

简而言之，我们把自己局限在仅研究法律准则的时间，已经足够长了。现在，我们开始精确地研究法律的物质性了。显然，我们需要退回到出发点，这是我们早就应该这么做的。

古代医学，首先寻找的是万能的灵丹妙药，并熬制汤药；现代医学重视尸体解剖，利用显微镜，开展临床试验，认识到了世上本没有灵丹妙药，只有少数的特效药。现代医学发现了错误所在。但我们的法律人，甚至到今天还在熬制我们的汤药，而将最为重要的研究——对现实问题的研究，待之以傲慢态度。

专题2　心理学的教训

第3节　概述

　　犯罪学家在工作中，和其他人共事的能力特别重要。这些人包括：证人、被告、陪审员、同事，等等。和他们合作得怎么样，会对案情的结果产生很大的影响。在每一个案例中，一个犯罪学家是否成功，取决于他的技能、智慧、耐心、对人性的认知、具体工作方式，等等。任何人，只要花点心思，就会很快发现，一个犯罪学家的这些能力如何，会直接影响案件的处理效率。它们对证人和被告的重要性，是毋庸置疑的，对其他人的重要性，也显而易见。比如，我们可以观察法官和专家之间的交流：当法官依照法律提问的时候，他希望得到尊重，他也不会直说其实自己对案子并不关心。但细心的犯罪学家可以在很多情况下注意到这些。想象一下，如果每个法官和法律工作者都不关心案情，那么不论他们的职位多高、背景多牛，他们都会仅仅完成要求的工作。但如果所有成员都兴致盎然，那么案件的进展和结果就会截然不同！而且他们的热情会感染那些冷漠且不敬业的工作人员，让他们意识到自己岗位的重要性，从而竭尽所能地工作。

　　如果主审法官能成功调动起所有人的兴趣，案件就会变得有趣；如果事情一拖再拖，大家就会只关心结果。所幸的是，大多数法官都知道怎么调动各方面人员的积极性，让最简单的案子也变得重要起来。在这种情况下，每个人，无论他担任什么职务，都会被予以重任、尽自己最大的努力参与办案。这里，我想强调的是，这种积极性不来自人们的一时兴起，而是要求法官拥有从心理层面管理办案人员的能力，让他们对案件感兴趣、有自觉性和合作意愿。所以说，对法官、被告、证人、法官助理、律师等人的心理管理与培训，是很重要的。尤其是对人性的了解，是无法直接从书本中学来的。

很少有人质疑心理学的重要性，关于心理学的书也有不少。但我估计，人们读了这些书，也不会学到什么有用的东西，因为关于人性的知识，只有通过坚持不懈的观察、比较和总结才能获得（极少数天才除外）。和书本知识不同，这些在实践中获得的一手知识，使它的拥有者在业界处于领先地位，而其他人必须通过学习来弥补其无知。在犯罪学领域，我们可以看到无数的案例。比如某些骗子、撒谎的马贩子、古董商、魔术师等，这些最活跃和发了财的人，其实最不了解他们自己的行业：马贩子对马没有任何鉴赏力，古董商不会判断古董的价值、年代、品质，打牌作弊的人只会用一些愚蠢的把戏欺骗天真的人。然而，他们都获得了满意的收入。但其实他们只是了解打交道的对象，并反复不断地运用着他们仅有的知识。

当然，我并不是说犯罪学家不需要法律方面的学术知识，而仅仅依靠自身的经验就行。实际上，我们需要知道的比马贩子们更多；但是，如果我们不懂得人性，将一事无成。法官需要的也不仅仅是犯罪学知识，他首先必须是一个法学家；除了犯罪学知识之外，他要对整个法学领域的最新进展有所了解。如果忽视了理论更新，他就将沦落为一名劳动工人。他需要熟悉数以百计的事物、能和各行各业的人打交道，而法律只是他的工具，他需要将法律的工具转化为司法的力量。

第一篇 取证条件 013

第 4 节 证人的诚信

如果简单地将问题抛给证人，让证人随心所欲地发言，是刑事法官的严重失职。如果法官这么容易就能被满足，那么真相就完全靠证人的良心了。在这种情况下，不真实的证词虽然是从证人口中说出来的，但大部分的责任在法官身上，因为对嫌疑人的冷漠或反感，法官没有尽自己最大的努力找出有价值的证据。培训工作的目的，就是让每个人成为好的、值得信赖的证人，让他的每一次做证，都是他生命中的第一次，也可能是最后一次。为了达到这种目的，这类培训应该注重让证人"想"说实话、"能"说实话。这不仅仅为了避免证人说谎，也是为了引导他们配合办案。我们无法避免谎言，但我们可以培养证人说真话的意识。

我们不考虑那些不在乎真相的人，因为从根本上来讲他们就是骗子，他们的存在就是为了骗人。我们关心的是那些不太习惯于完整地说出真相的人。这些人，在现实生活中习惯于"大概"这种话，没有机会去知道真相的重要性。聊天的时候，很多人都会在回忆过往的时候犹犹豫豫。他们不会直截了当、快速地直奔主题，而是会吞吞吐吐地说："如果我不能直达目的地，我可以绕着弯走，今天到不了，也可以明天到；如果实在到不了，可以到别的地方去。"这种人的心中没有"家"，只有"旅店"。

每当对方察觉到他们的犹豫不决，并且愤怒地质疑他们的话时，他们要么会感到害怕，要么会漫不经心地说："嗯，差不多，但也不完全对。"这种良知的欠缺和对真相的漠视，对我们的工作造成了严重的危害，我估计，其危害程度比明目张胆地撒谎还要严重，因为谎言更容易被察觉。另外，说谎者通常都是谨慎的人，但模棱两可的证词却来自于那些根本就不靠谱的人。所有年龄段的人，无论其性别、群体、背景条件如何，都可能缺乏责任心。但这些人有一个鲜明的特征，那就是游手好闲。他们有很多空闲时间，他们的日常工作多是嚼舌头、闲逛、处理一些小事。因为他们游手好闲，且他们能够获得益处，所以，也就难怪他们在做证时也吊儿郎当了。

第 5 节　证词的准确性

当证人既不愿意说真话，又没有能力说真话时，对证人更要有耐心，这点最为关键。当然，在时间有限的情况下，人都很难有耐心，尤其是当代人工作繁忙，都没什么时间。但是，我们必须达成正义。要达成正义、拥有令人满意的法庭，少不了需要国家提供足够的资金，让每个人多点时间、多点耐心。

因为在取证时，耐心是最重要的。许多证人习惯于说很多废话。大多数刑事法官习惯于试图让他们闭嘴，让他们简单点说。这是很愚蠢的。如果证人是故意不着边际地说话，就像许多犯人出于自己的明确目的那样，他会东拉西扯得更厉害，因为他知道审查员不喜欢这样，而他的目的就是要让人不满意。

他也不会被法官不耐烦的情绪牵着鼻子走。因为几乎每个被告都故意说得不明不白，导致一些证据丢失了。有些人在法庭上说得太多，以至于尽是些没有用的东西。另外，在有些冗长的证词中，如果提到了有用的证据，也可能是无意中说出来的。有时候，证人从法官不耐烦的眼神中，看出来自己说得太多了，他可能也不知道自己究竟什么地方说多了。如果要求证人长话短说，证人要么无动于衷，要么又从头说起，要么故意省略掉重要的内容。我们需要记住，这些带到法庭的人中，大部分人已经准备好了他们的证词，或者有了大致的叙事框架。如果不允许他们按照自己的计划叙事，他们就会感到困惑，导致他们说的话没有什么连贯性。

所以通常情况下，那些说得最多且叙事完整的人，都会提前把证词想好了，他们的证词也会比较有逻辑。那些在法庭上只会说"是"或"不是"的人，由于说得太少，证词一般不会有什么逻辑。所以，一旦证人开始滔滔不绝，最好让他继续说下去，当这些话听起来令人感到疲惫时，可以用适当的提问予以打断，有目的地向某个方向引导证人，以避免证人东扯西聊。要引导证人对事件发生经过一一进行描述，这样，当法官掌握了事情的完整经过之后，他可以要求下一个证人从某个时间点开始讲起。如果法官不能掌握整个事情的经过，他就要认真地听证人讲下去，这时候最好设定一个谈话主题，这样证人就能舍弃精心研究过的证词，也能保证谈话的连贯性。但如果法官让证人从某个时间点讲起，这个时间点却不对，证人可能要求从更早的时间点开始讲起，这种时候，就让他讲好了。否则，证人费了很大的劲去按照法官的要求讲，而不能按照自己的思路讲，他的脑子将成为一团糨糊。

交叉检验证词也需要耐心。不仅是小孩和愚钝的人，即便聪明的人，在面对询问时，也经常只回答"是"或"不是"。我们不断进行提问，对方可能也会继续简要回答。此时，耐心就显得极为重要了。

法官的不耐烦，可能会带来很多风险。有暗示性的问题会让证人说一些他原本不该说的话。其实并不是每个证人都只会简要地回答问题，那些表达能力有限的人确实无法发表长篇大论。如果这种证人只做了最简短的回答，当我们把它们编织成一个连贯的故事并读给他们听时，他们往往不会发现那些失真之词。

不习惯于做长篇大论的证人有时说多了，还会过度陶醉于自己优秀的即兴演讲，而忽视了所包含的明显错误。如果证人注意到了其中的错误，他说话会十分谨慎，希望不会引起别人的注意，以便让令人难受的庭审尽快结束。因此，法官只有耐心，才能使寡言少语的证人说出更多、连贯且简洁的有用信息。

第6节 取证的前提

取证的最重要方法之一，是不假设任何人都能熟练地陈述出他所记得的东西。即使是面对儿童，也要引导，而不是质问。法学中，这点更加有用，也更困难，因为律师与个人接触的时间最多只有几个小时，但老师和儿童的接触时间则长达许多年。

这时候，我们首先需要确认证人的认知和表达水平，然后在这个基础上与其对话。我们不可能在短时间内成功地提高证人的认知水平，但我们可以培养他的感知能力，使他的思维更加自由，使他不受所在外界环境、他人建议、内心的恐惧和愤怒的束缚，也使他在面对这些影响时不产生偏见，让证人依赖于以前建立的公正的准则。他人的观点、评价、成见、迷信是重要的影响因素，它们可以使人的思维混乱不堪。只有清除掉头脑中的这些固有东西之后，一个人才可能谈得上有真正的认知与思维自由。

做到这点并不难，只要了解和分析证人的思维习惯就行。如果两个人交谈时不知道对方的观点，他们的交流就犹如鸡同鸭讲，可能产生误解。很多令人惊叹的误解，都是发源于此。矛盾的产生不仅仅是简单的语言问题，而是人们思维方式的差异。只有了解到证人的思维习惯，才能真正清晰地理解他的证词。

我清楚地记得，在一起嫉妒性谋杀案中，最重要的证人是被害人的兄弟。他是一个诚实、单纯的樵夫，从小在荒野中长大。从各种角度上讲，这个人都与智障相去甚远。他的证词也简短、果断而聪明。当讨论本案中最重要的谋杀动机时，我问他："谋杀是不是这个女孩造成的？"他耸了耸肩，说："是的，别人是这么说的。"经过进一步调查，我惊讶地发现，其实这个证人不懂得"嫉妒"的含义。

曾经，他喜欢的单身女孩被别人追走了。他没有争吵，其他人也没有告诉过他如何感知痛苦和激情，所以他也没有机会探究这些感情的意义。他对"嫉妒"这个词是完全陌生的。所以我明白了，我从他那里听到的一切证词，基本上都是错误的，因为在本案中，他对"嫉妒"这个重要概念的认知太差。

了解证人的认知习惯并不容易。然而，这种习惯是客观存在的，但是它常常被忽视，尤其是在有陪审团参与时。这让陪审团制度变成一种乌托邦式的梦想。法庭上的主审法官有时可能与一些陪审员相熟，但到现在为止，却从来没有得到过陪审团成员真正的信任。有时当某位陪审员提出一个疑问时，他只是会被瞥上一眼。当公诉人和律师辩论时，陪审团成员的表情中往往有些信息，但是等人们处理这些信息时，通常都太迟了。陪审团制度只有个别成功的案例，但要用一个概念解释十二种不同的思维习惯，简直是不可能的事。

我们应该严格遵守"少预设"的原则。我们的法律人身经百战，更容易捋清问题和事件经过，知道什么应该排除、什么可以保留。况且，大多数证人没有受过教育，我们不可能完全接受他们的说法。但我们费了很多劲，从他们那里拿到了很多奇怪的材料，也理不出头绪。因为我们不知道证人的立场,所以我们不停地问,最终失败了。在某些特殊情况下,即便有一个受过教育的人站在证人席上,我们也会失败,因为我们已经习惯于和没有受过教育的人打交道。我们假设这个受过一点儿教育的人,会了解我们的专业。但经验证明,这并不现实。我们会问:是不是专业的教育反而降低了人们的自由思维能力?抑或,我们对高等教育的预设过于理想化?不管什么原因,我们工作中最困难的部分就是与受教育程度最高的证人打交道。曾经,我和一位著名学者共事过。他是一个小案件的证人。我要根据他的证词写一份总结。我的工作进展缓慢,因为他要么不喜欢一些条款,要么对个别论断表示怀疑。且不说我白白浪费了一两个小时的时间起草和修正那份材料,充满了涂改痕迹,它最后竟变成了一纸胡言,不仅开头与结尾相矛盾,材料文本不知所云,更糟糕的是,它并不真实。后来,通过许多证人的确凿证据证实,这位学者的过度认真、仔细、精确,以至于他根本不知道自己究竟看到了什么。他的证言毫无价值。我曾有过多次这样的经历,别人也有类似的经历。回到我们的问题上来,"预设"比比皆是。首先,我们不能预设人们的观察能力。他们声称听到、看到或感觉到了的事情,或宣称没有看到、听到或感觉到的事情,可能与事实相差很大。他们极力声称自己抓住、触摸、计算或检查过某样东西,然而,经过仔细核查后发现,他们只是路过时随便看了一眼而已。尤其是需要特别敏锐的感官,感受特别敏感的信息时,情况就更为糟糕了。人们相信经验,但当一件事需要仔细观察时,他们并不具备与他们身份相称的知识。这样一来,如果假设有专业技能的证人也会有专业的观察力,就会犯大错。一般来说,他没有这样的知识,或者,他有,但根本没有实践过。

同样,我们往往预设别人的关注和兴趣,但后来却惊讶地发现,很多人对自己的事情不关心,对自身以外的事情了解得就更少了。人的无知，远远超过我们的想象。大多数人知道各种事物的外表，并认为自己知道它们的本质。当做证时，他们也总是真诚地断言如何如何。但是，如果我们依赖这样的知识，就会出现坏的结果，而更加危险的是，我们很少有机会认识到这些后果。

在与证人讨论任何新问题时，首先必须了解他对该问题的一般认识：他对这个问题的理解是什么？他与这个问题有什么联系？如果他对这个问题一无所知，然后，我们才根据他的回答评价他的认知水平。这样做，我们至少不会犯很多错，也会更快地达到目的。

引导和教育权力，在使用之前，都必须得到发展。这个过程通常很困难。但它在儿童教育中十分重要，也是成功的。通过举例的教育方式，我们能引导孩子将新的事实同化到他们过去的经验中去。例如，将孩子的某些痛苦，与受虐动物的痛苦进行比较。无论是对儿童还是证人，这种教育方法都很少失败。但对一个事件的描述可能随着时间跨度的拉大，变得非常不同。例如，某人被粗暴对待，一开始，目击证人讲的可能是一个"精彩的笑话"，但一旦引导他讲述自己类似的经历时，他的描述就会改变，对同一件事情会变得前后迥异。

它甚至适用于陪审团，让陪审团成员把案件与他们熟悉的个人生活联系起来，这时，他们就能对案件有切身体会。这里的困难在于，陪审团是由陌生人组成的，而且人数为12人。找到他们都熟悉的事例，并且熟悉到他们可以很容易地将这些事例与正在审议的案件联系起来，是一件很难的事情。但如果真的找到了，那么案件的审理就会成功，而且会变得很有意义。然而，仅仅找到类似案例还不够，还应该为每个事件、每个动机、每个观点、每个反应、每个表象都找到类似的地方。人类拥有共同的祖先和原始经验，他们通过这些经验寻找彼此的姊妹。

第7节 个人中心主义

在日常生活和法律实践中，个人中心主义有深远的影响。歌德写道："你所感受到的时代退步，都是主观的；相反，你所感受到的时代进步，都是客观的，而对现代文明的主观感受是保守的。试图显示贵族气质的人和事随处可见，但是对爱的追求却不值一提。"

与歌德时代相比，这些话更适用于我们的时代。我们这个时代的特点是，每个人都对自己有一种夸张的兴趣。因此，他只关心自己或周围的环境，他只理解他已经知道的和感觉到了的东西，他只在自己能获得一些个人利益的地方工作。所以，只有当我们了解这种极端利己主义并将其作为首要因素时，我们才能有把握地推进工作。这一点，从小事上就能看出来。一个人拿到印刷好的名录后，即使他知道自己的名字就在里面，也会把自己的名字找出来，并高兴地看着自己的名字；当他看一个团体的照片时，也会这样，他从集体图像中找出自己，寻找存在感。如果讨论品质，人们就会高兴地说："我天生如此优秀。"如果讨论城市，人们就会说自己的家乡，或者自己去过的地方，或者只有他自己感兴趣的那些地方。每个人都会努力说一些跟自己有关的事情，不论是他的生活，还是与他有关的事情。如果有人说要描述一次开心的经历，毫无例外地，他是叙事里面唯一的主角。

拉扎勒斯从历史的角度解释了这种特质的价值。他说："伯里克利的政治独裁，有相当一部分可以归功于他几乎知道所有雅典公民的名字。汉尼拔、沃伦斯坦、拿破仑一世，领导他们的军队，不仅仅是通过他们的野心和对武器、国家、自由最深切的爱，而是仅仅通过认识和叫出士兵的名字，让战士们备受鼓舞。"①

我们每天都能遇到这种利己主义的例子。证人可能因为被拖离工作时间太久而生气，变得令人厌恶。但是，如果我们从一开始就表现出一些对他个人的兴趣、对他工作的理解，对他的观点和效率更加重视一些，就可以使这个证人变得有价值。

人们是根据他们对自己职业的理解来判断别人的。例如，农民会嘲笑医生，说："他连怎么播种燕麦都不会，又能会什么呢？"这不仅仅是个故事，也不仅仅发生在农民身上。这种态度经常出现在那些需要大量时间的行业人中间，例如士兵、骑手、水手、猎人等。如果不能理解这些人的自尊心，尊重他们的职业，至少也要对他们的工作表现出兴趣，并且让他们知道他们的经验对我们有帮助。在法庭上，证人要做的，不是对法官个人的尊重，而是对法官工作的尊重。如果证人这样尊重法官，他就会仔细思考并协助我们克服困难，完成案件，得出有价值的结论。一个与法官对着干的证人，相比一个对这件事感兴趣并愉快合作的证人，他们所做的贡献有极大区别。能够合作的证人，他们证词的数量、真实性和可靠性都极大。

此外，在审讯时，利用被告过分的自恋，对破案非常有用。这并不是给被告设陷阱，而是为了找出真相。庭审中，一种常见的现象是，那些匿名或化名的犯罪人，最终自我暴露，很多就是因为他们说的事情中包括"我"，他们说得是如此清晰，以至于提供了案件的线索。在那些已破解的著名犯罪案件中，这样的例子比比皆是。

固执，是个人中心主义的一种表现形式。一个固执的人因为矛盾而焦虑、绝望，但在恰当的引导下，他会变成一个有用的人。我的老管家

---

① M. 拉扎勒斯：《心理的生活》，柏林，1856 年。

就是那样。他曾是一名优秀、忠诚的战士，性格很诙谐，然而十分地固执。长久以来，我拿他毫无办法。我常常对他的工作提出建议，但他的回答千篇一律："没用，先生。"最后，我拿着一份清单，跟他说："你最近说要把这些事情做完，现在我们做个清单，按照你说的那样做。"这时，他看着我，努力思考他什么时候说过这些话，然后就去做了。几年来，我经常使用这份清单，没有失败过。这个例子的最大好处，就是可以使用经过变通的方式，处理刑事案件。当和罪犯交流时，一旦注意到对方真的出现了固执，我们就要尽量避免出现矛盾，因为这会增加办案难度。但没有必要撒谎或使用欺骗手段。我们只是为了避免直接矛盾，才放弃审讯有些问题。当知道这个顽固的人认识到了他的错误时，我们再回到主题上去。这个时候，你再给他个台阶下。这样，即使是最难缠的顽固分子，也不会继续固执下去。只有逼问他时，他才会老话重提。所以，如果事情一旦有了定论，也要避免旧话重提。

利己主义、懒惰、自负，是人类的天性，爱心、忠诚、正直、宗教信仰和爱国主义等，这些看似坚如磐石的品质，都可能消逝。对于这些美好的品质，一个人可能被连续试探十次都不出现问题，但是在第十一次时，他的道德可能会像纸牌屋一样倒塌。但利己主义和懒惰，即使经过成百上千次检验，它们还会像以前一样牢固。懒惰和自负，都是利己主义的变种。因此，要牢牢记住，在与人打交道时，只有利己主义才是人类的唯一动机。在很多情况下，一条线索会牵扯出很多可能性，比如，清白的嫌疑人却被怀疑有罪。这时，检验荣誉、良心、人性和信仰已经于案无补。但是，如果把人的利己主义范围扩展至全覆盖，真相就会浮出水面。利己主义是判断的最佳标准。经过一番努力，我们对案件有了连贯的解释。如果这个解释链条上的各个动机都能轻易找到，说明这个链条的真实性很高。这里的"动机"指的是什么呢？如果它是高尚的价值观，比如友谊、爱、人性、忠诚、仁慈，那么，根据它们得出的结构化案件链条可能是"正确"的，而且，令人欣喜的是，它比人们想象的更常见；但是，这种线索链条并不一定是"正确"的。如果这个链条建立在各种形式的利己主义基础之上，并且它在逻辑上也合理，那么，对案例的解释就会更加可靠。

第8节 秘密

　　保守秘密是很难的。认识到这点，会帮助我们找出真相。但人们却普遍对此缺乏清醒的认识。有句谚语说得好：女人之间无秘密。传统谚语中，有很多关于这方面的内容。那些数不清的童话故事、小说、诗歌中，有很多形象地描述了保守秘密的困难。洛采的一句话描述了保持沉默的难度："人们从小就学会表达，而很晚才学会沉默。"[1] 这一事实不仅对犯罪学家来说是有用的，而且对证人来说也是有用的，因为后者出于各种原因，会想保留一些东西——这是大量危险的源头。证人被逼说话，只会围着秘密绕圈子，却不肯说点有用的东西。直到他说出点什么，却说到一半就不说了。半真半假的谎言比完全的谎言更糟糕。一个完全的谎话，揭示了说话者的意图和他想做的辩护，而半真半假，则可能干扰我们对嫌疑人身份的判断。

　　关于刑事法官的沉默，一方面，可能是他不能泄露官方机密，秘密一旦泄露，就是失职，很不光彩。但是另一方面，我们也经常能从热心的年轻法官那里问出一些东西来。这些年轻法官有时只提到了事件本身，而没有提到名字、地方、时间和细节，他们看起来没有泄露什么天

---

[1] 洛采：《本能：短文合集》，莱比锡，1885年。

机。然而，重要的线索往往就是以这样的方式被泄露出去的，但是不理想的是，说话的人不知道具体的细节和名字，可能会转移问题，牵累到一些无辜的人。所以只有社会影响特别大、犯罪情节耸人听闻、不同的证人重复着同一件事情的情况下，我们才用不同的方法分析一个案件，因为通过这种方式，我们可以对事实进行推断和组合。诗人薄伽丘讲过一个古老的故事：一位年轻而受人喜爱的神父被一群女士取笑，妇女们要他讲述他第一次听人忏悔时的故事。经过长时间的犹豫，这位小伙子想，如果他隐瞒了忏悔者的名字，那么其所忏悔的罪行就不是罪。于是，他告诉女士们，他遇到的第一个忏悔是不忠。几分钟后，一对迟到的客人出现了，他们是一位侯爵和他迷人的妻子。两人都指责这位年轻的牧师不经常到他们家来。侯爵夫人高声地嚷着，以便让大家都能听到她的话："您忽视了我，而我是您的第一个忏悔者，这可不好啊！"这个讽刺故事，对我们的职业非常有启发。一些完全安全的秘密，有时听者不用费力，事实就会通过各种方式暴露出去。最重要的官方机密也会变得天下皆知。因此，对于官方机密，我们必须在所有方面加以保护，而不仅仅局限于保护事实细节。

刑事法官必须保持沉默的第二种情况，是在面对证人和被告的时候。不管法官多么想向被告显示自己已经掌握了多少事情、他多有把握，或者他的判断多么正确，他所做的这些，都对办案有害。被告会给证人错误的线索，证人会对被告有错误的解读。在这种情况下，维护程序上的正义是困难的。明显的事实，不需要揭示，废话说得过多，只能是更糟糕。根据我自己的经验，我从来没有因为自己沉默而后悔。道理不言自明——永远不要显示出你比实际知道的更多。

这里，还应当意识到另一种巨大风险的存在，这就是虚假信息风险。这种危险，对有才华、有勇气的人来说是最大的。因为有才华的人是最善于综合、推理和下定义的人,他们会把那些充其量只是可能性的东西,看成是无可辩驳、没有矛盾的存在。无论是故意还是仅仅由于过度兴奋说出来的谎言,结果都没有区别,没必要提醒说话的人注意。话多的人可以给我们带来很多线索,就像当你家邻居话很多的时候,我们一下子就能感知到。如果仔细研究一下他为什么话这么多、多到什么程度,就不难找出背后的真相。我们首先要确定一个人的所谓"秘密"是不是他的真的秘密:一个人为了避免伤害,会将什么事压在心里不肯说?如果确定一个"秘密"是证人真的秘密,我们要权衡:要保密还是披露?如果有可能的话,最好是不要去管这个秘密,以避免拷问证人时,给证人带来伤害。这种伤害通常还不小。只有当确信这个秘密必须被揭露时——比如一个无罪的人被指责为有罪而面临危险时——我们需要尽一切努力,运用一切技巧,把它揭露出来。但如果证人有些微顾虑,这时候的工作就很难做。

这里的首要原则是不要急于获得秘密。一个秘密越是重要,人们就越不应该把它说出来,所以,我们最好不要直接去问。重要的秘密自己会出现。知道许多秘密的人本来并不看重一些事实,但为了让寻找者着急,他们会故意保护秘密。因此,必要时不妨谨慎地告诉证人案情,争取他的配合。这些工作必须提前好好安排,围绕着秘密谈话,将秘密的重要性显露出来。当证人认识到他提供的证据很重要时,他就会说出这个秘密,带来令人惊奇的进展。

最重要的秘密,是一个人的罪行。让一个人认罪,是非常极端的心理过程。很多情况下,招供的原因很明显。如果罪犯看到证据非常完整、很快他就会被定罪,他就会坦白罪行以寻求减刑。他也可能通过编造一个故事,将罪责推给别人。在招供过程中,还存在一种虚荣心——比如,年轻的农民承认自己在盗窃案中所起的作用比实际的要大;有人出于自身需要，比如护理需要或冬天住宿的需要选择招供；某些政治犯主动招供，来"确认"罪行；有的人为了拯救亲密的人而招供，他们招供的原因是高尚的；有的人招供是为了迷惑人，比如阴谋论者，他们为了赢得时间承认罪行，让真正的罪犯逃跑，或者破坏证据。对于阴谋论者，只有犯罪计划取得成功，他们才会承认罪行。这种情况下，法官就会惊奇地听到一些有根有据、有规律且成功编织出来的证词，他们试图以小的罪行代替大的犯罪。最后，招供可能是天主教徒在忏悔室进行忏悔，或者人们临终前的忏悔。这些人的招供是自由的忏悔，忏悔者并不试图减轻自己的罪行，而是努力赎罪，他们的意图十分纯粹，虽然这种忏悔也有宗教原因，比如可能是希望防止自己的罪行受到天主的惩罚或者伤及无辜。

招供有很多种，但我们知道的招供很少，很多招供类型我们仍解释不清。米特迈尔十分尖锐地讨论过这些古老的案例。[①] 很多案例，或许可以用良心不安来解释，尤其是那些神经质的人，常常受到复仇者幻象的折磨，他们或者看到受害者的鬼魂在他们面前晃动，或者听到他们所偷的钱在耳朵里叮当作响。但如果忏悔者仅仅想通过忏悔，将自己从这些折磨他们的图像和惩罚中解脱出来，这就不是良知，而是神经衰弱。如果没有幻觉和宗教的影响，忏悔只是在单纯的压力下自由做出的，那个就是良心的作用。这需要另一个术语解释。我不知道这是不是人的本性。人只要一睁开眼睛，就会没有缘由地伤害自己，这就是忏悔。可能这仅仅是因为愚蠢、冲动或者是想逃避。但说一个人愚蠢，对我们办案来说没有任何帮助。有些人愚蠢地做了忏悔，他发现自己的错误以后十分后悔。还有一些忏悔者并无悔意，但也并不意味着他们有智力缺陷。如果以智力为标准，我们只能说，忏悔者仅仅是因为想要忏悔而忏悔。

[①] C.J.A. 米特迈尔：《德国刑事诉讼中的证据原则》，达姆施塔特，1834年。

外行人认为，供词是事情的结束。但实际上，法官的工作才刚刚真正开始。为谨慎起见，所有法规都要求供词和其他证据完全一致的情况下，它才可以被当作证据使用。这说明供词仅是一种证明的方法，而不是证据本身；供词是否有效，需要其他客观、可靠、并存的证据来支持。但是，法律也要求证据需要有独立性。因此，供词会对法官、证人、专家等有很大影响。供词一旦做出，人们对案件的感知就将随之改变。很多人也会倾向于将证据往假设上靠拢，为了使证据和假设相匹配，而罔顾事实。这里有一个值得注意的现象：我们所有的认知在开始时都是松散、可塑的，然而，经过一段时间之后，这些认知会逐渐固定下来，变得僵硬、难以改变。这时，如果我们再按照某些特定的观念去观察事情，那些可塑的观察材料便会变形，让我们接受不了其他的可能性，变得"一根筋"。这样一来，事实就被扭曲了。这时，如果我们产生了一个新的、完全不同的概念，我们所观察到的事情也会很容易与原本不同。这既是一种日常生活经验，也在我们的专业领域中常常见到。比如，我们听到某个犯罪案件，并开始考虑最早的证据。出于这样或那样的原因，我们开始怀疑A是罪犯。这时，前期审讯的结果符合我们假设的每一个细节——尸体解剖符合，证人的口供也符合……一切都符合。我们把有问题的证据搁置在一边，把它们归类入不准确的观察。但问题就在于，这些证据并不支持A是罪犯。然后，假设B承认系罪犯，很快地，之前怀疑A的证据会立刻被搁置一边。

如果以上这些书面的、不可更改的证据都能被既有证词先入为主地诠释，那么，还有多少证据值得信任呢？这种情况下，需要同时对法官及其助手包括证人进行培训。

首先，我们要让法官时刻谨记：他的任务，不是让所有的证据都与已经提供的供词或坦白相吻合，让证据仅仅成为假设的装饰品；他的职责，应该是让供词以及其他证据独立地建立起证据链。当代立法者假定证词可能有假，证人可能因为寻死、疾病或者放跑真正的罪犯，提供虚假证词。通过对比它与其他证据相矛盾的地方，我们可以发现虚假供词。然而，如果法官只满足于供词与证据相符合这一点，他就会错失真相。虚假供词不仅仅存在于故意杀人案例中，也大量出现在涉及多人的重大案件中。这种重大案件中，只有一两个人被捕，但他们承担了所有的罪责，例如盗窃、打架、暴乱等。这时，被捕人员的坦白，对案件审理的影响很大，所以要排除它的影响也确实不容易，但我们必须要排除它的干扰。

与证人打交道更加困难。处理证词最简单的办法，就是否认悔罪的存在，让证人不带偏见地发言。但很多情况下，证人可能已经知道被告已经悔罪了，所以，庭审时，在证人面前否认悔罪的存在，基本是不可能的。我们能做到的是，在条件允许的时候，告诉证人供认已经存在，但提醒证人注意这还不能成为证据。最后，也是最重要的一点，就是保持头脑冷静，防止证人戴着有色眼镜提供证据。使用这种方法，法官可以使情绪激动的证人提供出冷静、严肃而有用的材料。反之，本来情绪平静的证人，也会说出最具误导性的证词。

对待非常聪明的证人（他们不一定是受教育群体），我们可以采用更具有建设性的方法。当他们讲完证词之后，我们不妨告诉他们，我们处理本案时不会假设任何证据作为有罪证明。以农民为代表的庞大群体，尤其配合这种办案方式，因为他们感受到了信任。在这种情况下，有必要将证词纳入要素分析。这一分析非常困难，也非常重要。因为必须确定要素本身是实质性的，而非形式上的。假设在一次斗殴中，一名男子被刺伤，A说是他刺伤的。现在，有一个证人做证说，是A先发出了威胁，然后斗殴才发生的；A在斗殴发生以后，曾把手放进他的包，然后离开了人群；在A的进入和离开之间，刺杀发生了。

在这个简单的案例中，我们必须对各种事件进行单独评估：如果 A 没有认罪，那么他的示威算什么呢？他可能没有袭击这位受伤男子吗？他在包里摸的意图是否有另一种解释？他一定只摸过一把刀吗？他有足够时间拔出刀并刺伤受害人吗？在此之前，伤者会不会已经受伤？我们可能会得出结论，所有关于 A 的证据，都不足以证明他犯罪。但如果我们把这些证据与 A 的认罪供词联系起来，那么，这些证据几乎成了可以确定 A 犯罪的直接证据。同时，如果每个证人对案件过程的感知都带有主观臆断的色彩，那么，对案件的分析，就绝不是那么简单了。

在与不太聪明的人打交道时，不能使用上文介绍的方法。而是采用一般规则，要求证词要完全准确，这样，才能将对嫌疑人不确定的认知，转变成可信的供词。不真实认罪的情况一般较少，但一旦发生了，就要对证据进行批判性比较，确定它与认罪之间的关系。这种工作一般比较简单，因为证人完全不愿意做假证，法官也同样希望找出真相。但是，如果为了把罪责定给认罪者，事实就会被严重地扭曲。这种庭审都有一幅典型的场景：证据与理论相吻合，指向认罪者有罪，但有很多细节必须修改。如果有机会再次听取同一证人的证词，证人们（假设他们很诚实）会自然地指向第二个人作为更真实的罪犯。如果我们要求他们解释，此前为什么将证据指向第一个"认罪者"时，他们会说此前的错误是无意的，所以认罪者认罪的情况，只能作为一个建议。

当不同类型的有力证据汇聚起来时，类似的情况也会出现。在这类案件中，法官的工作比证人的容易，因为他不需要告诉证人已经掌握的证据。但问题在于，每个人都不希望自己的证据被怀疑。一个例子就能说明问题：一个聪明男人在夜间遭到袭击并受伤。听了他的描述，警察逮捕了一个人。第二天，一名嫌疑犯被带到该男子面前让他识别。男子认出并确认是这个人。但由于他的描述与嫌疑犯的特征不太相符，男子被要求说出依据。男子的回答令人瞠目："噢，如果他不是那个人的话，你肯定不会把他带到这儿来。"仅仅因为受害者的故事，嫌疑犯被逮捕，并穿着囚衣，被带到受害人面前接受辨认。后者确定嫌疑人身份，但他的依据并不可靠。我相信，如果按照这种办案方式，犯罪学家接下来的办案过程应该非常困难。

第9节 兴趣

任何老实工作的人，都努力保持清醒，并维护合作者的利益。法官的职责，是向其共事者展示系统、详尽且精简的材料，并对案件进展情况有详细的了解。越是尽责的法官，他们的工作就做得越好，这个道理不言而喻。在某些情况下，法官更多的工作是向专家们请教，不管他们是谦虚的专业技工，还是非常有名的学者。专家们必须相信法官对他的工作非常感兴趣，相信法官需要他们的知识和配合，信任法官的权力。最后，他们需要认识到法官被赋予了一项任务，他需要在有限的范围内，理解专家的工作。

无论专家多么认真、专注，如果当他发现与他一起工作的人不合作、不理解、不感兴趣，他也不会带着真正的兴趣去工作。事实上，我们从其他专业人士那儿也得不到什么尊敬，主要因为我们对他们的专业懂得太少，所以，在重要事情上，他们总觉得我们很愚蠢、很平庸。如果专家对待犯罪学家时稍微带点尊重，这种态度便会传播开去，影响周围的人，我们就会获得我们应得的东西。当然，任何人不能要求犯罪学家在自己的专业之外，精通其他所有的专业知识，但我们多少要了解一些。如果和我们合作的专家不是笨蛋，而且他们有合作意愿，我们就必须要对专家的分析感兴趣。如果法官收到专家报告但仍然坚持法律条文,没有表现出对自己判决的质疑,而仅仅将专家报告看作一个数字,那么,毫无疑问,最后,专家也会将办案的工作看作仅仅是一个数字,而最终失去兴趣。所以说,人们只对有趣的事情感兴趣,专家们也不例外。当然,我不是说法官应当装出对事情感兴趣的样子——那是最糟糕的,而是他必须拥有感兴趣的能力,否则,他不配做法官。理想状态下,兴趣应当是充满活力的。如果法官注意到专家的配合,他至少应当充满兴趣地与专家会面。拿到报告以后,他应该聚精会神地阅读,向专家提出一些自己不十分清楚的问题,请专家详细阐述。通过一个问题跟着另一个问题地问,和一个回答接着另一个回答,最后便会理解。而理解,就意味着兴趣在不断地增加。法律专家向法官解释某些事情是很简单的。在我个人的司法实践中,我从来没有听说过法官的抱怨,相反,更多的是愉悦与高效。事实上,简单的解释是,法官之所以成为法官,又是基于一个可悲的事实。像药剂师、内科医师等,其学习的目的,是想成为一名药剂师、内科医师等;而法官学习法律的目的,却并不是想成为一名律师,而是因为想成为一名官员。这是一个普遍且可悲的现实,但那些真想学习法律和法律科学的人是例外。因此,我们不得不从门外汉或专家中,获得真正的兴趣。但是兴趣也是可以获得的。通过兴趣的不断增长,知识也在增多,随后,对工作的愉悦感也在增长,最后才有成功。

　　激起证人的兴趣,才是最困难的,因为需要培训证人。要激起证人兴趣,先得引起他们的关注。福尔克马尔说过:"新的东西并不会刺激人,但兴趣和专注力可以。而人们对一件事情不感兴趣,他们就不会关注它。"[1] 这里需要格外注意,"新的东西并不会刺激人"——人们经常

---

[1] 冯·福尔克马尔:《心理学教程》,克滕,1875年。

忽略这点。如果我大惊小怪地告诉一个没受过教育的人，那些被遗失的塔西佗的书在维罗纳找到了，或者人们从冰海中找到了一只保存完好的巨兽，或者关于火星运河的最终奥秘已经在默诺拉天文台被发现……所有这些十分有趣的新闻，他都会对其表现得非常冷淡。这些新闻对他来说绝对是新鲜的，但他不知道这意味着什么，他一点儿也不感兴趣。同样地，如果我很兴奋地告诉一个受过高等教育的人，说我找到了一个事件的关键点，但因为他对这件事并不感兴趣，可想而知，他的反应将是相似的。如果我们的对象对事情一点儿也不了解，我们就不能期待别人感兴趣、注意和理解。这种情况在办案中很常见：我们向证人提出了一个明确的问题，这个问题对我们非常重要，我们也完全熟悉这件事，但是证人不熟悉它，因此，他不会感兴趣。谁能要求一位缺乏兴趣的证人去关注案件，同时又能提供有效、深思熟虑的回答呢？我本人听说过这样一个案例：法官问证人某一天的天气。这个法官说："我为了这个问题，到了这么远的地方。请告诉我，那天天气是怎么样的。"这样问一点儿用都没有，因为它没有目的性。但是，当法官向他一一解释这个案件中天气的极度重要性、与案件有什么关系，以及他的回答将会多么重要时，证人急切地回答了这个问题，并且尽一切可能回忆了当时的天气，联想相关的事件，对证据做了一个有价值和决定性意义的补充。如果只是命令证人对某件事物关注，结果就像命令一个人说话声音更大些一样，幸运的情况下，证人的注意力还会持续一会，然后从哪儿来回哪儿去。注意力可以通过引导产生，但不能靠生硬的命令。引导一个人对某件事情产生兴趣，可以成功地适用于任何人、任何时候，只要方法合适。首先，法官要表现出同样的兴趣。因为，如果你自己没兴趣，就不能感染别人。法官的审问如果单调、乏味，证人的反应也会相似。如果法官饶有兴趣地提问和倾听，就会有奇特的效果，让最迟钝、本性最无聊的证人醒来,因为他们的兴趣增长了,所以他们的注意力便会随之提高。他们的知识会逐渐增加,他们的陈述也会越来越可靠。因为他们看到了法官的真诚,看到了问题的重要性,理解了案件,理解了错误证词的严重后果,明白了通过仔细观察与努力可以获得真相的可能性,也知道了通过提高自身的注意力就可以避免错误。通过这种方式,我们就可以从证人那儿获得最有用的证词。

现在,如果一位证人已经有了强烈的兴趣,并且下决心好好做证,我们就需要仔细考虑要告诉证人多少已被证实或者可能有价值的信息。一方面,告诉证人一些案情,可以唤起证人的注意力,使得证人变得更加确定、配合我们时更加主动。但是,另一方面,对于一名我们不熟悉、不知是否可信赖的证人,在我们想告诉他详情尤其是重要的事情之前,我们应当慎重、全面地考虑这样做是否合适。尤其是当我们想告诉证人,他的回答会如何改变案件结果的时候,我们更应谨慎。因为这种做法有暗示作用,所以,只有在特殊情况下才能使用。通常来说,只有在证人的陈述看似不重要,但实际上很重要的时候,才能告诉他,因为在他理解证词的重要性以后,他可以更加尽力地寻找问题的答案。当他被告知自己说话的意义和影响以后,他会开始思考此前马马虎虎的回答,甚至给出和先前完全不同的回答。

如何与何时告诉证人这些事情,并没有什么规律。要说多少才能引起兴趣并不导致危险,需要法官明智地权衡利弊。我在这里只推荐一种方法——在对证人初审期间最好要小心谨慎,尽量别说出已经知道,抑或只是怀疑的事,这样可能会激发出证人的兴趣和注意力。在安全的前提下,如果确信更多的信息可以强化庭审,可以再次召回证人,纠正证人的证词,使之更有用。成功的庭审,也在于加倍地努力,因为证人的兴趣是如此重要,它确实值得我们付出更多的努力。

专题 3　现象学（心理状态的外在表现）

第 10 节　概述

　　总的来说，现象学就是关于外在表现的科学。在实际应用中，由于它是由内部过程导致的外在表现的集合，因此，我们通过它，来推理事物的内在本质。广义上来讲，现象学是对个体习惯和整体外在表现的研究。从本质上讲，只有那些外在的表现证据可以用来确定精神状态。所以，现象学，可以定义为心理学中的符号学。现象学在法律上非常重要，但它还没有承担起重要推论的任务，即，怎么从无数外观集合中推演到内部过程。此外，观察数量的欠缺，也会导致精确度不足，在这方面，心理学的研究还不够先进。不成熟地利用现象分析，可能会导致危险性错误。这在意大利实证主义学派的教学中十分常见，它被称为心理变态符号学。如果现象学只是试图建立一种关于外在表现的科学，它至少可以批判性地分析心理变态符号学中存在的习惯性推理，减少对个体外在表现价值的夸大，把风险降低到一定范围内。因此，看上去，我们目前的任务是批判性的，但是，如果我们可以为这门科学的后续发展找明方向，并已经检验和搁置了手中的无用材料，这也将是一项成就。

第11节 一般外部条件

每一种意识状态都有其物理关联,每一个心理事件都有其相应的身体活动。事情以某种形式发生,总会带有一些痕迹。但不是所有的痕迹都相同、都传递同样的信息。不同的人,同一人在不同的时间,传递的信息也不一样。对精神事件的分析,必须和分析物理事件一样清晰,但是很多时候这是不可能完成的任务。首先,物质很少传递不满的情绪;此外,每个人的表达习惯也都不一样。所以,对精神状态的外在表现的研究很难精确。如果一个人感到尴尬,他会摸下巴,这种习惯是众所周知的;也有纯生理的外在表现,如脸红、颤抖、大笑、哭泣、口吃等。但是,一些大男子主义的人不愿意把自己的想法公开告诉给自己的朋友,他们的表述习惯代代相传,但有时经历了变动,直到今天,它们已经无法被辨认。愚弄他人的欲望也有其固有的特点:当言语是假的时,手势与言语会互相矛盾。比如,有个人说:"你看,她倒下了。"但他的手势不是很清楚,因为他把注意力都集中在了他所说的话上。

从前,有一名儿童犯罪的嫌疑人。这个女孩说她是独自生下孩子的。生完孩子以后,她给孩子洗了个澡,然后把孩子放在旁边的床上。她还观察到被子的一角落在了孩子的脸上,她担心它会影响孩子的呼吸。但此时,她晕倒了,无法帮助孩子,于是孩子窒息了。在讲述这个故事时,她一边抽泣着,一边张开左手的手指,按在自己的大腿上。但是我认为,如果她把柔软的东西,比如被子的一角,放在孩子的鼻子和嘴上,然后再按下去,可能更现实一些。但她仅仅把手指按在腿上。所以我不得不问她,她是否用这种方式掐住孩子的脖子。然后,她抽泣着承认了。

还有一个类似的例子：一个人向我们保证，他与他的邻居相处得非常和睦，同时却握紧了拳头。这个手势意味着他对邻居的恶意，但他的话语却没有。

无须强调，如果观察材料本身很有限，而又过于看重类似的手势的意义，判断的正误就很难保证。而且取证时有特别多的事情要做，观察手势的机会本身也很有限。那么，如果经验不足，我们就会很容易误解或者忽视手势。如果证人发现了我们在观察他们的手势，他们也会立即控制他的身体表达。简言之，这个工作有很多困难。但一旦克服了这些困难，很多问题就迎刃而解了，我们所做的努力也都会得到回馈。

我也建议，不要从谋杀和抢劫案件着手研究心理的外在表现，而是从日常生活中的简单案例开始。这些日常行为，不会让我们有犯严重错误的风险，而是可以让我们更冷静地观察。手势是特别强大的习惯，只要一个人不是对什么事都无动于衷，几乎都会有手势。一个人在打电话时，他的手势是很有意思的。如果一个人在威胁他人，他就会握紧拳头。如果他在计算什么，他就会把手指一个一个伸向空中。如果他生气，他就会跺脚。如果他搞不清楚一件事情，他就会把手指放在头上。人在做出行为时，就像他的对话者在他面前一样。这种根深蒂固的打手势倾向，几乎从未离开过我们。这些动作在我们说谎时也会出现。而且，一个正在说谎的人，他的手势可能要比他的言语明显得多。这里的问题在于动作的强度，因为每一个手势都需要一个强大的冲动，越大的冲动就越能成功地带动手势。根据赫伯特·斯宾塞的说法，任何超过一定强度的感觉，都会在身体的活动中表现出来，这是一条普遍和重要的规则。这一事实，对我们来说非常重要，因为我们很少需要处理不深不浅的感觉。感觉在大多数情况下要足够强烈，才能让我们以手势的形式，做出身体的表达。

英国老医生查尔斯·贝尔谨慎地认为，所谓激情的外部迹象，只是身体结构所要求的自发运动的伴随现象，或者是身体状况所要求的自发运动。在听到令人厌恶的事情时会做出防卫动作，如人类在愤怒时握紧拳头，野生动物龇牙咧嘴……人类通过长期的经验，才能慢慢理解这些动作的意义。此外，每个人也有不同的表达方式，所以身体表达变得更难理解。只有经过很长的时间，这些身体语言才会慢慢统一。但是，这种语言又会多统一呢？搬运工、翻滚者或击剑手的肌肉，接受的训练比较多，所以，其肌肉也在身体中最能被思想激活的部分得到了发展。我们的脸部和手部的肌肉，也接受了大量的训练，可以做出比较固定的动作和表情。但是，有些身体表达被固定了，还有些身体表达并没有。有时候，我们会遇到不正常的体征反应，比如，由不正常的性冲动引起的中毒，过量饮酒引起的溺水，等等。现代精神病理学对这些偶然现象了解不多。但是，如果对这些偶然现象进行科学实证研究，它们的因果和发生机制，也是有迹可循的。如果我们从日常生活中的现象入手，并牢记这样一个事实，每个人都能一眼认出猎人、退休军官、演员、贵族小姐。更训练有素的观察者，还可以认出商人、官员、屠夫、鞋匠、流浪汉、希腊人、性变态者。这个过程考验观察者的技能、证据的质量，以及器材的优劣。只要我们把过激的、未经论证的假设放在一边，去敏锐、仔细地观察，夯实证据和材料基础，选择好的工具，我们就能走得很远。

赫伯特·斯宾塞就语言情绪所做的观察特别精细。在此之前，没有人想到过研究情绪状态的信息，也没有人考虑过从单一数据中获得任何重要东西的可能性。但是，这个信息后来被证明有丰富的蕴意。达尔文十分清楚如何利用它。他指出，抱怨待遇不好或有点痛苦的人，几乎总是高声说话；深沉的呻吟或刺耳的尖叫，表明极度痛苦。通过这些理论，我们法律人就可以做出无数有效观察。任何一个有经验的犯罪学家，都能立即从一个新来的人的语气中，辨别出他想要什么。例如，被告不知道自己为什么被传唤到法庭，他会用询问的语气。我们通过他的语气，就知道他要问的问题。任何一个受了重伤的人，说话都是嘶哑的、突兀的。唠唠不休的人，以及那些对另一个人说坏话的人，当他们只是半信半疑或根本不信的时候，他们的语气就会暴露他们的内心。在数以百计的案例中，我们看到，生理反应会暴露罪犯试图否认的心理。对神经的刺激，影响了嘴部特有的抽动动作，这种动作与吞咽的反射倾向交替出现。此外，它还通过扰乱心脏跳动的方式，导致血压下降和心悸，这从右颈动脉的悸动中清楚地表现了出来，而左颈动脉没有显示出悸动。所有这些加在一起，导致了那种重要的、轻度振动的、冷的和无音调的声音，这在否认自己有罪的罪犯身上经常可以看到。这些身体表现很少能骗过专家。

但是，这个方法的风险也很大。谁一旦致力于研究它们，就会太容易相信它们。即使他正确地识别了几百次，但仍有可能遇到完全不知道的情况。有些犯罪者会在声音表达上故意隐藏。但是，做出这种隐藏需要犯罪者精神集中，而这种精神集中只能持续很短的时间。一个人说着说着，他的声音就会不由自主地陷入自然状态，而说话者正是通过这种改变，大大地出卖了自己。虽然故意模仿或者隐藏是很难的，但是，我们也要记住，不要被嫌疑人一开始的动作打扰、带偏，被嫌弃人误导。声音的判断有很大的价值，但作为一种方法，对它的研究还是太少。

有些时候，声音和手势会传递相反的信息。拉扎勒斯发现，在击剑比赛中，观众无法阻止自己模仿击剑手的动作，手里拿着东西的人，都会模仿运动员的手部动作。斯特里克对观看士兵演习者的不自觉动作，也有类似的观察。①日常生活中的许多现象，例如，我们在走路时，总和附近的行人保持统一步调；看球的时候，与投手的动作保持同步；听音乐时，随节拍起舞；敲石头时，与石头敲击声同步舞动；当人们兴奋地说话时用手势来助兴……这些都是一回事。点头表示同意，摇头表示否认，耸肩表示不解，也是同样的概念。本来口头的表达已经足够了，其实不需要通过传统的手势来加强，手势只是自发的、伴随的。

另一方面，表情和手势也可以反过来影响声音的表达。如果我们做出固定的表情，或者调整我们的身体状态，我们的声音的情绪表达就会受到影响。如果你假装自己非常愤怒——皱着眉头、握紧拳头、咬紧牙关、声音嘶哑、喘着粗气，慢慢地，你真的会愤怒。这就是莫兹利提出的"自说自话"现象：通过积极改变身体状态，人可以用同样的方式，使自己进入任何想象的情绪状态。办案的时候，我们常常会遇到激动的嫌疑人，他们的激动，传递出了他们的诚意，或者是作为无罪人士的愤怒，又或者是作为财务上被人坑骗者的愤怒，这些充满激情的场景，表演充分的人，会让法官相信它们的真实性。这些行为，每天都在法庭上出现。正常情况下，人很难长时间伪装。但因为一个人表现出愤怒，他就必须做出适当的手势，这些手势会接连刺激之后的身体动作，从而影响声音。因此，虽然一个人其实没有故意掩饰，但人们自己却能相信他们自己所编造的东西。如果他们的精神平衡能力很弱，他们甚至会成为疑病症患者。

激动的手势动作很容易发现，但办案人员一定要尽早向证人指出他们的问题。如果证人迷失其中，他们就会被随之而来的演说充分激发，自然地做出手势，在这以后，不真实的东西就会变得难以察觉。但在开

---

① S. 斯特里克：《对动作概念的研究》，维也纳，1882年。

始时，我们还可以比较简单地观察到证人的手势并不熟练或者过分夸张，这时，我们必须检查语言和手势之间是否一致。对大多数人来说，缺乏一致性是正常的，尤其是那些表现欲较强的人，手势多是常态。但是，如果语言和姿态很快就变得一致，特别是在一个激动人心的演讲之后，你可以肯定的是，这个人已经巧妙地使自己进入了他想表现的状态。

另外，我们还可以关注颜色的变化，比如苍白的面容。面色苍白，通常受到的关注较少，因为它比较少见，通常也不那么可疑。人们也经常以为面色苍白很难被模仿，但是这并不准确。有一种特殊的生理过程，可以人为地造成苍白。在一个实验中，人的胸部被强行收缩，声门被关闭，用于吸气的肌肉被收缩，导致人面色苍白。这个实验对我们来说没有实际价值。做出这些努力本来就很难，更别说在法庭人为制造面色苍白了。它唯一的用处，可能是在模拟癫痫上。但装作癫痫，人需要倒地，所以人们常常不能玩这种把戏。话说回来，众所周知，面色苍白取决于血管的痉挛。血管收缩，从而导致其孔径变窄，阻碍了血液的流动。但这种痉挛，只发生在相当愤怒、恐惧、痛苦的情况下。所以，如果一个人害怕被揭穿，或对不公正的怀疑感到愤怒时，他会自然而然地做出这些身体反应，不需要我们人为干涉和区分。

第 12 节 性格的一般表现

弗里德里希·格斯特克曾经说过，从一个人怎么戴帽子就能看出他的性格。如果他把帽子直接扣在头上，说明他是个诚实、迂腐和无聊的人；如果帽子略微倾斜，说明他的性格比较有趣，头脑灵活而又令人愉快；帽子戴得过于歪歪扭扭，说明他的性格轻浮而顽固；如果帽子戴在后脑勺上，说明这个人不自量力或者很感性。帽子戴得越靠后，这个人越危险。如果把帽子压在太阳穴上，说明这个人爱抱怨，经常忧郁、状态不好。自从我读了这位经验丰富的作者的论述，此后多年，我还无数次地感叹：他说得多么正确，有这么多的例子来支持他的观点！类似于通过如何戴帽子来判断人的性格的方式还有很多，比如观察一个人怎么穿鞋、怎么用雨伞。很多母亲告诉儿子：在选新娘时，要看她在他倒地时有什么反应，或者看她怎么切奶酪——奢侈的人把奶酪皮大块切下，吝啬的人把奶酪皮直接吃掉，而好的媳妇人选，会仔仔细细地切奶酪皮。很多人会根据家庭、酒店客人和城市居民的私人空间的舒适和清洁程度，来判断他们的家庭背景，这不是没有道理的。

　　拉扎勒斯从虔诚的冯·施密特那里听来一个故事：从前，有一个聪明的男孩，他躺在树下，根据路人说的话来识别他们的职业，如果有人说"多么好的木材啊"，他就知道这个人是个木匠；如果一个人说"这个树皮真好看"，他就是皮匠；如果一个人感叹"多么美丽的树枝啊"，男孩就会说"早安，画家"。这个故事告诉我们，只要稍加观察，我们就可以很容易地察觉到那些可能被隐藏起来的东西。有一次，我看到窗户外的花园里正在建造一座房子。当木匠们晚上离开时，他们在入口处放了两块木板，并在上面横放了一块板。后来，每天晚上，都有一帮年轻人来。他们把这个地方当成了一个游乐场，而他们必须通过那个障碍物才能进去。这让我有机会观察他们的性格：一个人跑得很快，很容易就跳过去了，那个人在生活中，会很容易和迅速地取得进步；另一个人小心翼翼地走过来，慢慢地爬上木板，然后，同样小心翼翼地从另一边下来——这是一个深思熟虑的人，做什么事都很有把握；第三个人爬上去，然后跳下来——这是一个做事通常没有目的的人；第四个人精力充沛地跑向障碍物，然后停下来，大胆地爬到下面——这是一个令人厌恶的男孩，但是他做事是有目标的；又来了第五个人，他跳了起来，但跳得太低了，翻了个跟头，他站了起来，揉了揉自己的膝盖，跑了回去，然后华丽转身，又跑了一次——这种人在生活中，会多么华丽地实现所有的事情，因为他有意志、无畏和勇敢和耐力，他不会失败；最后，第六个人冲了过来，就一步，他撞掉了所有木板和木块，骄傲地跑过了障碍物，那些来到他身后的人，则利用了这条开通的路——他是那些在生活中作为探路者的人，我们的伟人，就是从这样的人中产生的。

好吧，这只是一个游戏，没有人敢仅仅从这样的观察中，得出严肃的结论。但是，如果仔细观察，且数量达到一定程度的时候，它们就会变得有价值。这种研究，必须在日常生活中寻找，不能人为干涉。如果观察仔细、理解合理，它们很容易被人发现和记住，然后在合适的时机帮到我们。但是，这种观察只能作为一种方法，而不是作为证据材料本身，应用时还需要其他证据材料作为辅助。

我们也需要对人性有总体上的认识。对我们大多数人来说，嫌疑人只跟某个案件有关系。但是，很少有人考虑嫌疑人的性格以及案件发生前他的状态。因此，法官所犯的最常见的错误，是他没有与犯人讨论他的生活背景。正如李斯特所说，人每一个行为都和他的性格有关，而犯罪行为，只是罪犯生理和心理的外部产物。但是，谁会和罪犯谈论他们的世界观，来了解他们的性格？希佩尔和斯特鲁夫都说过，一个人的信仰可以表明他的目的。但谁会去和罪犯讨论信仰呢？我们需要和罪犯交谈，不是从他的行为，而是从内心世界中来寻找线索。从这些线索中，我们可以清楚地看到他是个什么人。这样的分析往往烦琐且没有结果，但有时我们得到的有限材料，可以打开通向整个世界的大门。叔本华说过，通过一个人做的事，我们可以判断他的为人。这是很简单的事，聊天就能办到。但是，我们很少关心人行为的动机，也很少关心那些犯罪事件以外其他细小的事情。如果我们让嫌疑人评价他熟悉的人，他会赞美或者谴责他们的为人，他以为他在说其他人，其实通过他的评价，他表明了自己的态度、渴望、会因为做什么事而感到开心。在已经知晓一个人的价值观和动机的基础上，我们分析案件就很容易了。

快乐是宽泛的。有的人仅仅靠坐在炉子旁或站在影子里，就能感到开心。有的人工作上有进展就会开心。总的来说，一个人快乐的源泉可以反映一个人的意愿、权力、追求和感受。没有什么比通过了解一个人的快乐源泉来了解他更简单的了。追求快乐、跟随诱惑，是嫌疑人犯罪的原因。《圣经》中称魔鬼为诱惑者，这是箴言。一个人在追求快乐和处理诱惑的过程中，体现了他的性格。而我们的职责，是研究人是如何追求快乐以及处理诱惑的。

尽可能地了解自己，是了解他人的前提。一个人越了解自己，对对方就会越不信任，也会在一定程度上避免错误。从不信任到信任不难，但反过来就不是。

从每个人遵守承诺的方式中，我们也会看到他的性格。我说的不是一个人诚不诚实，而是他遵守承诺的方式。拉罗什富科说："我们对未来有多大预期，就会承诺多少。我们越恐惧，就越有行动力。"[1] 因此，我们在办案中，会考虑期待和恐惧的因素。

如果可能的话，我们还应该关注一个人做事的风格，这是他的灵魂笔迹。风格不能被明确定义，但它可以通过一个人其他方面的素质体现出来。大家都知道，教育、教养和智慧，无疑都表现在风格上，而且，风格明确地表达了性格的柔和或强硬、善良或残忍、坚定或软弱、

---

[1] 拉罗什富科：《箴言集》。

谨慎或粗心等数百种品质。一般来说，在阅读对方的手稿时，我们可以分析一下，手稿的风格是否和这个人的素质相吻合。仅仅阅读一次，不会带来重要进展，但如果反复阅读，特别是遇到作者写一些新事实，那么，在大多数情况下，都会给我们带来有价值的发现。这时，我们所要证明的东西，有了它的表达方式，并从手稿中浮现出来。当这种情况发生时，就不要在工作上磨蹭了。所以，反复阅读，会使上述的画面更清晰、更明朗。与其他的材料对照来看，它就有了确凿的价值。

某些表面上看来微不足道的品质与习惯，也很重要。譬如："这个人从不迟到""这个人从不忘本""这个人总是带着铅笔或小刀""这个人总喷香水""这个人总是穿干净的衣服"……即使没有经过训练的人，都可以从这些描述中构建出对对象的内在性格的认识。这样的观察，又往往可以从农民这种简单朴实的人那里了解到。很多年前，我接手了一个失踪案。人们都认为失踪者是被谋杀的。我们进行了各种检查，但找不到结果。直到最后，我询问了一位非常聪明的老农。这个老农与失踪者很熟。我请这位证人描述一下他朋友的性情，帮助我从他的品质、习惯等方面，推断出他行为的倾向，从而推断出他可能的位置。这位老农把关于这个人的一切都说了一遍，最后又补充了一句："他是一个从未拥有过像样工具的人。"这个描述非常有用。它让被谋杀者的性格浮现在我面前。这个人是个小木材商，经常在高山上买一些小块的林地，进行砍伐。砍完后，要么把木材带到山谷里，要么把它变成木炭。他从未拥有过一件像样的工具，也没有为他的伙计准备过一件工具，这一点就决定了他的性格——他的吝啬、他令人厌恶的谨慎、他狭隘的仁慈。他的伙计得不到工具，感到困扰，说明这个人在购买工具方面缺乏技巧。这位经验丰富的老农虽然没说几句话，但是区区几句话却讲述了整个故事。对待老农这种人，我们必须格外谨慎，尽一切努力理解他们的意思。

要了解一个人如何评价自己，看他怎么使用"我们"这个词，是一个简单却有用的指标。哈尔滕施泰因让我们注意这一点的重要性。[①]福尔克马尔也说过："我们"一词的使用范围非常广泛，从情景、语言、思想，到亲属关系，它提示群体中的对立关系和其他关系。可想而知，"我们"把那些同样邪恶的人联合起来。这些人在其他地方不方便使用这个词，但是，他们之间会大量使用它。如果稍加注意的话，我们可能会听到一些否认有罪的嫌疑人，通过说"我们"来间接承认他与其他否认犯罪的人结盟。他们的意思是："我们是小偷""我们是入室盗窃者""我们是赌徒"，等等。人，作为一种社会性动物，会在许多方面寻求同伴。当一个人有了同伴时，他的性格越软弱无助，他呈现出的来自群体的力量就会越强大，因为他感受到了保护。因此，"我们"这个词的使用相当频繁，而且变化很大。我不是说要用这个词来抓人，我的意思是最好把这个分析带入我们的工作，让它指引我们办案。

第13节 其他性格标签

在大多数情况下，只研究一个人目前最明显的那一面——比如只研究爱撒谎、懒惰等——是不对的。这会导致片面的判断，而且比把个人作为一个整体来研究要难得多。人作为整体，有很多品质，好的品质和坏的品质相辅相成。每个品质都是整体的部分反映。例如，善良会受到软弱、犹豫、过于敏感、虚假、缺乏推理能力等品性的影响。同样，性格残酷可能是因为一个人有决心、有精力、行动有目的、对同伴有清晰

[①]《伦理学基本原理》，莱比锡，1844年。

的认知、有健康的自我人格等。每个人都是天性与教养等多种条件的综合产物。如果要对他进行评判，就必须根据所有这些条件来全面地评判他。所以，所有从总体上表现人性格的因素，对我们来说都是重要的，但那些表现人某些品性的因素，也是有价值的，我们在分析时，可以用于做索引。

那么，什么样的人会给我们提供关于性格的最可靠信息呢？我认为，通常是他最亲密的朋友和熟人。因为这些人经常提供这种信息。只有在面对这些人的时候，办案对象才会表现出自己的本真，因为他们是利益共同体。权威人士做证时，只能出具一份声明，其中准确记载着这个人的犯罪记录，或者其他违法情况。一旦涉及个人的社会品性，就无话可说了。他们必须进行调查，才能提交一份报告。调查过程中，他们最多只是观察和审问有关个人，包括仆人、房屋装修者、搬运工、社会闲散人员等。那么，为什么不亲自询问这些人呢？如果这样做，我们就可能了解这些我们赖以获得重要信息的人，并可能根据我们需要的答案，提出我们的问题。通过仆人和其他底层阶级的人获得信息，这种做法是值得肯定的。这样做，并不仅仅因为收集街谈巷议更容易，而是因为人们在那些他们认为无关紧要的人面前，更容易暴露自己的弱点。这是众所周知的重要方法，但还没有得到充分研究，所以，我们需要更仔细地探索之。人们犯罪之前，如果一个动物出现在他面前，他是不会感到羞耻的；如果他面前的是一个傻子，他的羞耻感会增加，但是程度很小；对象越聪明，他会越有羞耻感。我们在自己在乎的人面前，会控制自己。

彼得·鲁塞格尔曾经讲过一个故事，说的是某个人的隐私是如何变得路人皆知的。尽管，开始时所有人都保证不泄露秘密，但最后发现，泄露秘密的人，是一个老态龙钟、沉默寡言的女人。这个女人白天在各个房间里工作，经常待在起居室一个无人注意的角落里。没有人告诉她任何秘密，但是，她还是可以通过察言观色把事情拼凑起来。没有人观察过这位冷漠的老女人。她像一台机器一样地工作。当她注意到一场争吵、焦虑、分歧或喜悦时，她的态度都是冷漠的，因此，她发现了大量、对其他重要人士都保密的事情。这个简单的故事非常有意义——我们不是要刻意关注闲言碎语，而是要知道，当一件事情对有些人来说不那么重要时，他们在冷漠的态度下，所掌握的信息可能是重要的，也是可靠的。现在，让我们审视一下自己的周围——我们对用人了解多少？他们的名字是什么？他们的口音是哪里的？他们看起来有多大年纪？他们的性格是什么样的？我们对他们的家庭关系、他们的过去、他们的计划、他们的快乐或悲伤了解多少？女主人也许知道得更多一些，因为她每天都与他们打交道，但丈夫们只有在特殊情况下才会知道，因为他的心思在其他事情上。反过来，仆人们对我们了解多少呢？丈夫和妻子之间的关系、孩子们的成长、经济状况、与表兄弟的关系、家里的朋友、特别的快乐、普通的快乐、每一个发生的麻烦、每一个希望，从最小的身体疼痛，到最简单的盥洗室的秘密，他们都知道，没有什么能瞒得过他们。

　　此外，当我们羞愧或者对自身不满，会憎恨那些能看到我们弱点的人。这些下属或者无关人士可能会提供重要线索。这种情况经常发生。人的本能，可以让他把愤怒转移到那些看到自己弱点的人身上。被告越是希望证人没有看到他，证人就越重要，而无足轻重的人，一般不会被当作真正的证人，他们的观点常常被忽视。但当人们发现，后者至少和其他人一样看得清楚时，一切都已经太晚了。一个搬运工憎恨另一个搬运工，其原因在于，同一个行业的两个人互相知道对方的弱点，总是知道另一个人如何试图掩盖知识不足；人的伪饰都很狡猾，每个人都要费尽心思，使自己在对方看来尽可能更好。然而，如果你知道你的邻居和你一样聪明，那么，在任何不愉快的事情上，后者就会成为一个麻烦的证人，如果你经常这样看待你的邻居，就会对他产生憎恶情绪。因此，同行随时可能提供对另一个人不利的证据，我们一定要小心谨慎。团队精神和嫉妒，以可怕的力量将真相撕扯，画面变得更加扭曲。康德说，利己主义者总是试图把自己推向前台，使之成为自己和其他人的主要关注对象。他这话说得还不够。因为仅仅寻求关注的人只是自负，而利己主义者则只寻求自己的利益，甚至不惜牺牲其他人的利益。当他表现出团队精神时，他希望得到他的团队利益，因为他也有一份。在这个层面上，一个人对他的同僚有很多话要说，但由于嫉妒，他故意说得很少——他的证词，取决于案件的性质和证人的性格。

还有一件事需要注意。很多行业领先人士，更希望在业界外被赏识。比如，官员希望他的长笛演奏受到称赞；诗人希望他的丑陋画作受到欣赏；元帅不希望听到人们对他军事胜利的赞美，而希望人们在席上听他的蹩脚演讲。小人物也是如此，工匠希望在其他领域大放异彩，而"庸人在被同辈视为刺头时，是最开心的时刻"。之所以强调这些，是因为人们试图过度展示自己的知识和能力，而常常导致外人对他们行为产生错误解读。

例如，一个学生可能是班上最安静本分的书呆子，却说他是运动健将；在幼年时期用母亲辛苦赚来的钱四处闯荡的成功艺术家，很乐意让别人知道他在年轻时曾经做过的蠢事；有的老妇人，曾经是品行端庄的少女，却热衷于吹嘘当年的调情故事。当这样的事情对我们很重要的时候，我们就必须非常谨慎地进行判断。这一类人，无论是过去还是现在，他们都想让自己显得更有趣。

此外，还有一些人，他们宣称一切皆有可能，并使许多法官犯错。

这种情况，常见于被告人试图通过大胆的陈述，以洗脱犯罪嫌疑。在这些案件中，如果证人认为事情不太可能，他们就会觉得是在贬低自己。这种情况很容易认出来，他们常常是民间科学家及其亲属。如果一个人正在研究如何偿还国债，或如何解决社会问题，或如何灌溉撒哈拉，或如何制造人工驾驶飞艇、永动机或灵丹妙药，或者，他对有这种倾向的人表示同情，那么，他很可能就是一个认为一切都有可能的人。这种人多得令人吃惊。这些人，一般不在公众面前实施他们的计划，因此可能看起来行事谨慎，但他们的想象力很发达，认为所有的事都有可能，正是他们的这种倾向出卖了自己。如果一个人是其中的一员，他可能会在谈话中谈论一些项目或发明，他将展示他的团队如何处理它，他会有一种可疑的热情。以此为标志，你可以了解这个群体。这些人在没有异常的情况下，仍然有说真话的意图，但是，他们的头脑已经被歪曲的事实所蒙蔽了。

还有一类人，试图展示自身能力，但却超出了事实的限度。他们中的有些人确实是有才能、有效率的，他们也知道这一点。他们常常是被告和证人。但不管是由于好的意图还是坏的意图，如果作为被告，他们会通过承认比他们自己所犯的罪行更多的事情来显示这种品质，或以这样的方式，讲述他们的故事，来证明他们的能力和自负。因此，有一个人，可能会把他与三个同伙共同承担的罪行，说成是自己的罪行，或者，把一个简单的偷窃行为，说成是必须使用暴力的行为，再或者，他把自己或对手的逃亡过程，说得很惊险，实际上却平淡无奇或者仅仅是想象而已。证人也有类似的行为，比如，夸大自己辨认赃物与罪犯的技能，强调自己是如何发现犯罪而不是属于犯罪一员，来通过过度解释显示自己的能力。

在这种情况下，最简单的事实往往会被扭曲。所以说，这样的嫌疑人特别难对付。实践中，除了涉及大量隐案和累累罪行之外，他们还因为不公正的指控，变得难以沟通与自我封闭。本·戴维在一百年前说过："迫害使聪明人变得生硬和愚蠢，使善良的人变得残忍和邪恶。"有一些天性善良的人，在遇到麻烦后，会以上述方式表达自己。嫌疑人，特别是那些被逮捕的人，常常在一段时间内性情大变，变得阴郁、暴躁、粗野、易怒，甚至对最善意的接近，也表现出挑衅和反感，不做任何辩护，一直保持沉默。面对这种现象时，我们需要特别谨慎，因为我们面对的，是那些受到不公正待遇的强大对象，无论他们是否无罪或受到不公正对待，无论我们的方法对与不对，我们必须谨记：他们可能是无辜的，尽管，我们手里可能有反对他们的证据。

从生活习惯和表达方式上，我们可以辨别这种人，同时，可以理解他们在法庭上的行为。在个人性格的问题上，我们尤其要注意生活方式和做事方式。许多行为和品质，都无法用其他方式来解释。福尔克马尔说过："有些东西我们想要，是因为我们曾经拥有过。"这向犯罪学家解释了很多现象，比如，在许多盗窃、抢劫、谋杀、因嫉妒而产生的犯罪与性犯罪案件中，当人们了解到，罪犯曾经拥有过他所犯罪行的物品，并且在失去后，曾以不可抗拒的力量试图重新获得它时，就变得可以理解了。最有意思的是，在失去物品和想要找回物品之间，常常有相当长的时间间隔，似乎，这些欲望在这个过程中就累积起来了。在这种情况下，犯罪者的动机，在他的内心深处。

同样的逻辑关系，也存在于很多行为残暴的犯罪案件中。在这些案件中，尤其是当事实没有显示嫌疑人可能有罪的时候，我们就需要研究犯罪的发展过程和动机来源。古斯塔夫·斯特鲁维说，有的年轻人想当外科医生，纯粹出于残忍，是希望看到人们遭受痛苦，并希望造成痛苦。基于同样的原因，药剂学专业的学生成了刽子手，富有的荷兰人付钱给屠夫,是为了亲自体验宰牛的过程。那么,当处理异常残忍的犯罪时,在不了解罪犯的历史的情况下,我们怎么能确定其动机呢?

这种思考非常重要,否则,我们可能很容易地被表面的动机所欺骗。克劳斯说:"在大多数死罪中,有两个或多个动机共同作用,一个是表面的,一个是隐蔽的,每个罪犯都有促使其实施犯罪的表面动机。"[1] 小偷经常以自己的需要为由开脱;抢劫犯经常辩称,自己在抢劫过程中仅仅是自卫;儿童性犯罪者,会声称是这个孩子勾引了他;甚至在谋杀案中,当谋杀者认罪后,他还试图为自己开脱;毒死丈夫的女人,尤其是在她想和另一个人结婚的情况下,在讲述自己的故事时,故意让人觉得,她杀死丈夫是因为他特别坏,而她只是想摆脱这个令人厌恶的对象,是为民除害。

一般来说,对这类案件的心理分析,面临很多困难,因为,当事人在或多或少相信自己的陈述是真实的。如果一个人相信他所说的,那么,证明这个故事是假的,就更难了。这种情况,迫使我们在那些明目张胆的说谎者与自欺欺人的说谎者之间,划出一条鲜明的界线。因为,与确信真相的诚实人相比,自欺欺人的说谎者并不能形成根深蒂固的内心确信。所以,那些自欺欺人的说谎者,与那些对自身真正确信的人相比,面对怀疑和反驳时,往往更加谨小慎微。有句老话说得好:"坏心眼的人耳朵灵。"由于他知道自己心中有鬼,因此,他会关注所有的反对意见。作为司法人员,应当关注这一事实,不能对此视而不见。

通过这种方法,如果发现罪犯就犯罪动机向法庭做出似是而非的供述,还可以结合另一指标,做出进一步判断。即,当罪犯谈到他人实施的同类犯罪行为,并且涉及所提到的犯罪动机时,就可以暴露其内心想

---

[1] A.克劳斯:《犯罪者心理学》,图宾根,1884年。

法。常言道：一个人之所以不再做年轻时的坏事，不是因为他老了，而是因为他不能再容忍这些行为。同理，一个人之所以会做坏事，不仅仅是因为他道德败坏，而是因为他能为其他坏人开脱。当然，被告人为刑法规定的犯罪行为寻求辩解，通常不会使用显而易见的理由，因为没有涉及抢劫犯罪的嫌疑人，会为别的抢劫犯唱赞歌。但是，如果犯罪嫌疑人为自身罪行寻找冠冕堂皇的动机，他通常会维护那些出于相同动机的其他罪犯。这一点，已经得到司法实践的反复证实，据此，可以更好地识别那些对犯罪动机说谎的情形。

第 14 节 身体特征

人的心理状态，会影响外在行为。反过来讲，一些独特的身体特征，又会对人的心理状态产生重要影响。关于第一种情况，我们可以举出很多普遍现象，比如宗教信徒总是比较女性化。关于第二种情况，久尔科维奇曾提到阳痿者会表现出令人不快的特征。很多格言，也残酷而真实地体现了这一点。例如，《圣经》中首先提到："小心那些被标记的邪恶。"虽然没有人说身体畸形的人有一个或多个邪恶的品质，但是，没有经过专业训练的人，实际上也是大多数人，他们对身体畸形的不幸者，不是予以关怀和保护，而是以蔑视和虐待来对待。这种倾向不仅见于成年人，也见于儿童，他们戏弄身体畸形的小玩伴，并不断地让残疾孩子注意身体的缺陷。在大多数情况下，从早年开始，残疾儿童就会出现某种痛苦的情绪，然后是嫉妒冷酷、以破坏为乐，以及所有其他可憎的品质。随着时间的推移，所有这些保留的苦涩印象都会累积起来，由此产生的情感更加强烈和持久，最终就会演变成为一个"注定要作恶的人。

除此之外，被标记的人比其他人更聪明、更有教养。很难说这是偶然的，还是必然的。但更有可能是，他们中的大多数人，只是因为身体的畸形，而被剥夺了所有普通的快乐。所以，当他们被虐待、蔑视和嘲笑的时候，他们更关心自己，他们必须多思考，比其他人更多地学习，以锤炼自己的智慧，主要是为了防御身体的攻击。他们经常通过智慧获得成功，但这样一来，他们就永远没有好脾气和可爱的状态。此外，如果畸形人天生不友善，他身上就会出现其他邪恶倾向，比如撒谎、诽谤、阴谋、迫害等，但如果他不需要这些倾向来进行自卫，这些倾向可能永远不会实现。所有这一切，最终形成了一种复杂的外在特征，比如聋子的不信任、盲人的威胁表情、驼背的诡异微笑，凡此种种。

残疾人，比正常人更容易被怀疑犯罪。特别是，当犯罪实施者并不明确，而罪行本身显示，罪犯具有极其邪恶的品性，并引起了社会普遍的愤慨时，怀疑就会转向他们。在这种情况下，一旦怀疑一个残疾人，就不难找到怀疑的理由，像滚动的雪球一样，越来越多的人会选择相信，越来越多的证据会被收集。那句动听的谚语"人民的声音，上帝的声音"，把这个不幸的嫌疑人赶进了证据的旋涡之中，而这些证据，最终都可以简化为他长着红头发或驼背的事实。这类事件的发生频率令人吃惊。

第15节 刺激的来源

精神刺激的身体表征，也同样重要。因为，它可以解释一些不能用语言解释的东西，而且，它常常被过度解读或错误解读。它是犯罪动机，也可以帮助识别嫌疑人身份。关于犯罪动机，我们没有必要重复，哪些罪行是由于愤怒、嫉妒或暴怒而犯下的，以及恐惧是如何经常导致极端行为的，这些动机众所周知，机理也很复杂。此处仅仅关注那些较为边缘，以至于可能被忽略的心理现象。例如，针对特定对象的愤怒，可能转化为一系列恶意的破坏行为，比如纵火，这种对物体的愤怒，属于恶意损害。每个人都有这种体验：当一个物体给他带来一些特殊的困难或痛苦时，他对这个物体陷入了巨大的、无法解释的愤怒；他把它甩到一边、撕碎它、把它砸成碎片，以求解脱。当我还是个学生的时候，我有一本非常古老、厚重的拉丁语词典，镶嵌在用猪皮覆盖的木框里。每当我心烦时，这本巨著就会飞到地上，以减轻我内心的压力。这本书是我从曾祖父那里继承过来的，它并没有遭到多大的损坏。然而，当某位可怜的学徒途经栅栏，他唯一的外套被栅栏上的钉子剐破了一个大口子，他愤怒地捣毁了这个栅栏。或者当一个年轻的农民杀死了那条威胁他、追着他吠叫、试图咬伤他牛犊的狗时，我们就会遇到诸如此类的恼怒而导致的损害。这些人的所作所为，同我对待词典的做法没有什么区别。

在一起刑事案件中，我看到了任性与邪恶能导致多大程度的损害。在这起案件中，一个孤立的大干草垛被点燃了。那是一位长途跋涉的旅行者干的。他为应对即将到来的恶劣天气，寻找避雨之处，在大雨前的最后一刻，到了一个有坚实稻草覆盖的干草垛旁。他爬进干草垛，在干草垛里舒服地躺着，享受他的好运，然后他睡着了。不一会，他醒了，因为他上面的草垛正在漏水，他的衣服、周围的干草，都湿透了。他愤怒极了，于是点燃了干草垛，使之烧得一干二净。

也许有人会说，这个人的愤怒和动机，同其他人相比，并无二致，不应该对事件的法律适用产生影响。虽然这是非常正确的，但我们必须将犯罪和罪犯视为一个整体，由此进行判断。在这种情况下，如果我们说这个愤怒的反应，是人类性格中的一个自然结果，甚至我们在类似的情况下，可能也会有类似的行为，如果我们不能在这个行为中，找到绝对邪恶的东西，那么，它的犯罪性质就会被降低。在这种较小的案件中，现代犯罪学的基本概念就凸显出来。李斯特说过："惩罚的对象不是犯罪，而是罪犯，被惩罚的不是概念，而是人。"

如果案件存在严重刺激的情况，这对判决而言十分重要，需要给予认真审查，以确定严重刺激的具体原因。这一点非常重要。因为可以据此判断，这种刺激究竟是实际情况，还是虚假表现或者模仿。进一步讲，只有弄清楚了刺激的原因，才能准确评估刺激的实际意义。如果我让犯罪嫌疑人知道控诉方提出的嫌疑依据，再如果他的恼怒程度随着新材料的不断出现而明显增加，那么，这种行为就显得非常自然和真实。相比之下，如果他面对不甚重要的嫌疑材料而变得异常恼怒，或面对十分重要的嫌疑材料而做出迟钝反应，那么，这些无法解释的行为，就显得极不自然，也不真实。

关于极度刺激下的身体表征，人们在动物身上进行了大量研究。因为动物反应机制比较简单，比较容易理解，而且从总体上来看，它们在表达情绪方面与人比较相似。达尔文认为，许多动物在焦虑、恐惧或恐怖的情况下，会不由自主地竖起毛发或羽毛，以显示自己更大、更可怕。同样地，当人们面临上述情况时，头发也会竖起来，而且比一般人想象的更明显。每个人都在别人身上看到过，或在自己身上发现过，恐惧和恐怖会明显地使头发竖起来。在一次检查中，我特别清楚地看到，被逮捕者的头发突然竖了起来，只因为他突然清楚地意识到，尽管他是完全无辜的，但他面临着被当作真正罪犯的巨大危险。我相信，在恐惧和恐怖的情况下，我们的头发会竖立起来，尽管很难察觉，但可以通过观察人用手从前额抚向头顶的标志性动作中看出来。之所以这样，可能是当头发竖起来时，尽管头发根部的表征不易观察到，但当事人自身是有知觉的，会感到头皮轻微瘙痒和刺痛，用手抚摸头部就会减轻。那么，抚摸这个动作，就是一种用来消除刺激的、不由自主的抓挠。因此，在某些情况下，做出这样一个特征性的动作，可能是非常重要的。由于这个过程是神经对较细而薄的肌肉纤维的影响，它与以下过程有一定的相似性：由于恐惧、惊吓、焦虑，头发或多或少地突然变白。这种情况在历史上是比较多见的。珀彻列举了一些头发突然变白的案例，其中，有一个案例是在可怜的罪人被带去执行死刑时发生的。因为他没有提供头发变白与是否有罪或无罪相关的证据，所以，这些案例对我们来说意义不大。但是，对于证人来说，在他的头发明显变色的情况下，我们可以肯定，他经历了可怕的衰老。但是，他到底是真的经历过这种情况，还是他觉得他经历过这种情况，仍然是很难区分的，因为思虑与实际事件能够导致相同的身心影响。

为了正确理解其他由重大刺激引起的现象，必须研究它们的内在机理和原始根源。斯宾塞说，恐惧表现为哭喊、躲藏、抽泣和颤抖，所有这些，都伴随着发现了真正可怕的东西；而破坏性情绪则表现为肌肉紧张、咬牙切齿、伸出爪子，这些都是杀戮活动的预备形式。这一切，都是我们从动物祖先那里遗传而来的，只不过，它们在人身上体现的程度较轻，比如伸出爪子，这种动作可以经常看到，例如，当某人带着愤怒和烦恼，对另一个人说话时，他会伸出和收缩他的手指。任何这样做的人，即使是轻微的、不引人注意的动作，也意味着他对谈话对象的伤害动机。

达尔文以其敏锐的观察力，早已提请人们注意这一点。他提出，一个人可以强烈地憎恨另一个人，但只要他的身体机能没有受到影响，就不能说他被激怒了。这意味着，内心激动的躯体表现，与情绪紧密相连。如果一个人在身体上保持平静，无论他的言语多么嘈杂，多么露骨，我们都不会说他被激怒了。这说明了身体表达的重要性，要求我们必须更加仔细地观察肢体语言。福尔克马尔说："恐惧的颤抖和沉重的呼吸、愤怒的目光、压抑的苦恼、无助的愤怒、嫉妒的眼神和跳动的心，是多么特别啊！"[1] 达尔文对恐惧的描述是：心脏快速跳动、五官苍白、感到寒冷、汗毛竖起、唾液分泌停止、经常吞咽、声音变得嘶哑、打哈欠、鼻孔颤抖、瞳孔扩大、收缩肌放松。未开化的人类表现得更清楚，而且，他们的颤抖根本不受控制。这些都可以作为文化和性格的标准，用于衡量一个人究竟能在多大程度上控制自己的激情。这里有很多关于原始统治者的逸事，他们只从嫌疑人的外部行为中就能读出他的罪行，可以对人的行为明察秋毫。在印度，罪犯被要求把米含在嘴里，过一会儿再吐出来。如果它是干的，被告就被认为是有罪的，因为他们认为，是恐惧阻止了唾液的分泌——突然而来的恐惧会让人目瞪口呆、张口结舌。

对自己突然愤怒，这种非常典型的身体表征，是有罪意识的证据。我没有见过一个无辜的人，会陷入对自己愤怒的痛苦之中。如果一个人把他的手拧到流血，或者把他的指甲抠进额头，没有人会说他们对自己愤怒，这些举动是用来释放能量的。只有当人们对自己做出了可能对其他人做过的事情时，例如殴打、撞击、撕扯头发等，他们会对自己产生明显的愤怒。这种现象在东方人身上更为常见，因为他们比欧洲人更加感性。我曾看到一个吉卜赛人用头撞墙，一个犹太人跪在地上，伸开双臂，用双手猛击自己的耳朵，第二天他的脸颊都肿了。其他种族的人，

---

[1] 冯·福尔克马尔：《心理学教程（两卷本）》，克滕，1875年。

也会有类似的行为。例如，我看到一个女人，从她的头上撕下整把头发；一个杀了人的小偷，把自己的头撞在窗角上；一个 17 岁的杀人犯，跳进街上的沟里，把头猛烈地撞在地上，大喊："吊死我吧！把我的头砍下来！"

这些事件非常相似：罪犯以最明显的方式否认犯罪行为，避免罪行被发现、被抓捕归案。他们费尽心思反驳指控，竭尽全力否认罪行，然而，当他意识到大势已去，一切都完了的那一刻，他对自己产生了无限的愤怒，因为，他无法反驳定罪证据，而且，在犯罪过程中也不够小心谨慎，因此对自己大发雷霆，进行了可怕的自我惩罚。如果当事人认为自己是无辜的，就不会实施此类令人瞠目的自我惩罚。

这种对自己愤怒的表达，往往以昏厥结束。昏厥的原因，与其说是因愤怒而筋疲力尽，最终发生痉挛，不如说是对自己无助后果的认识。赖辛巴赫曾经研究过人们在困境下晕倒的原因。① 如今，它被解释为二氧化碳和人体毒素累积的结果。另一种解释是，它是一种神经现象，当人认识到，自己的情绪已经不能再释放时，就会晕倒、失去意识。对于我们，两种解释都是一样的。不管一个人是否注意到，他不能在物理意义上改变自己的状况，或者他是否认识到，犯罪证据已十分确凿、无法回避，这都是无所谓的。总之，是由于某种原因，当他发现自己在身体上或法律上陷入困境时，他就会晕倒，就像在小说中或舞台上那样。

当愤怒没有导致对自己的暴怒时，相对低级的状态是笑。② 达尔文指出，笑声往往掩盖了其他的心理状况，如愤怒、狂暴、痛苦、困惑、谦虚和羞愧，表达愤怒时就是对自己的愤怒，是一种嘲笑。这种木讷的干

---

① K. 冯·赖辛巴赫：《感性的人类》，科塔，1854 年。
② 参见亨利·柏格森《笑》，巴黎，1900 年。

笑很有意义，它不是普通意义上的笑，往往产生于被告不再看到自己有出路时。通常，笑者试图告诉自己："这就是你做坏事和蠢事的后果！"

第16节 冷血

在老一辈作家的作品中，有不少残忍的例子。在这些案例中，不仅仅是男人，许多人都把通过残忍行为产生的刺激，引到虐待动物、咬捏伴侣的脖子等上面。如今，他们被称为虐待狂。某些女孩讲述了她们对一些来访者的恐惧，这些来访者使她们遭受了难以忍受的痛苦，特别是在极度激情的时刻的咬人、压迫和窒息。这一事实，在犯罪学中可能有一些价值：一方面，某些罪行只能通过性虐待来解释；另一方面，对这类人在这方面习惯的了解，可能有助于对罪犯的定罪。在维也纳曾经发生过一起案件，一个妓女被扼杀了。当时，警察正在追捕一个在该地区被称为"鸡人"的人，因为他总是带着两只鸡，在高潮时他会掐死这些鸡。人们正确地推断，做这种事的人，在类似情况下，也有能力杀死人。所以，在审查一个被指控犯有残忍罪行的人时，最好不要忽视他的性习惯问题，甚至要特别调查整个犯罪情况是否具有性犯罪特点。此外，导致冷血行为和谋杀往往涉及癫痫。因为，残忍、情欲和精神失常往往是密切相关的，所以，应该经常向医生咨询有关被告的情况。

第17节 乡愁

乡愁的意义不能被低估。人们对它进行了大量的研究，并得出这样的结论：未成年人（特别是在青春期）以及智障和弱者，常常深受思乡之苦，并试图用强大的感官刺激，消除压抑的沮丧感。因此，他们很容易走向犯罪，特别是纵火。也有人说，在荒郊野外，如山顶、大荒原、沿海地区，没有受过教育的人特别容易怀旧。这似乎是真的，而且可以解释为，受过教育的人很容易从他们的悲伤中转移出去，并在某种程度上，在国际文化中找到家的感觉。那些不是特别个性化的地区的居民，特别是那些从一个城市到另一个城市的人，不会那么容易注意到差异，他们很容易找到自己。但从山区和平原来的人，包含了如此多的相反内容，以至于陌生的感觉是压倒性的。因此，想家的人，能够通过最嘈杂、最刺激的快乐，来摧毁他的乡愁；但如果不能，他就放火烧房子，或者在必要的情况下杀人。总之，他需要的是爆炸性的解脱。这类事件非常多，应该引起我们相当的重视。在找不到暴力犯罪动机的情况下，应该考虑有怀旧品质的人。同样，如果发现犯罪嫌疑人确实患有思乡病，非常思念自己的亲戚，那么，我们就有可能找到沟通的切入点。一般来说，这种非常可怜的人，在他们感到不愉快的时候，不太可能否认他们的罪行，因为他们的悲伤，不会因为逮捕而明显增加。此外，他们所接受的法律程序对他们来说，是一种意料之外的、新的和有力的刺激。

这些思乡者，在承认他们的行为时，从未承认过动机。因为他们不知道动机，也无法解释他们的行为。他们会说："不知道为什么，我不得不这样做。"当怀旧情绪成为犯罪的原因时，必须咨询医生。当然，一个罪犯为了激起人们的同情心，如果把他的罪行解释为不可战胜的思乡之情，这也不是不可能的——但是，真正因乡愁而犯罪的人不会意识到自己的思乡情绪，所以，如果嫌疑人自己说是因为想家，这种证词一定是不真实的。

第18节　自然反射动作

自然反射动作的重要性，远比一般人想象的要大。洛采认为："反射动作，并不仅限于日常生活中那些习惯和琐碎性的事件。即使是一系列复合行为，包括犯罪，也可能以这种方式体现出来。在某一时刻，如果有其他情绪状况的充分对立，针对某个障碍物的情感在持续积累，或者缺乏清晰的想法时，反射行为可能会自动产生，而不需要行为人的任何决定来推动……"[1]最为典型的反射行为包括：闭眼、咳嗽、喷嚏、吞咽等所有下意识的身体行为。此外，还包括膝跳反射、提睾反射等。一旦发现其他类似的身体行为，并且经常出现，也将成为反射行为。

例如，有个不算聪明的问题：要如何识别一个乔装打扮者是男人或女人？正确答案是：将一个小物件扔向其膝盖。女人会把她的双腿分开，因为她习惯于用裙子来接住物体，而男人会把他的双腿并拢，因为他穿的是长裤，只有这样才能接住物体。这样的行为有很多，以至于很难说哪些是反射行为，哪些是习惯行为。如果我们将前者视为单纯的下意识行为，那么，后者就是持续的、有时甚至是无意识的长期行为。这样，或许可以对两者进行适当的区分。例如，当我在工作时，拿起一根雪茄，剪掉末端，点燃它，吸烟，而我完全不知道自己已经这样做了，这不是反射行为，而是习惯性动作。只有那些具有防卫性质的行为，才属于反射行为。

因为有些行为属于自然反射，所以，换位思考是非常困难的。比如，一天晚上，我经过一条无人的街道，来到一家旅馆门口，正赶上一

---

[1] 洛采：《医学心理学》，莱比锡，1852年。

个醉醺醺的家伙被人扔了出来，这人直接扑向我。就在这一瞬间，我狠狠地打了那可怜家伙的耳朵一拳。我立刻后悔了。因为，被打的人哀叹着他的不幸："在里面的人把我扔出去，在外面的人又把我的耳朵打烂。"假设当时我打爆了那个人的耳膜，或以其他方式严重伤害了他，这将是一起刑事案件，但我怀疑，是否有人会相信这是一个"反射动作"？虽然，我丝毫不知道将会发生什么，我应该做什么，我只是注意到了有什么不友好的东西在靠近我，我就以上勾拳的形式在其耳朵上做了一个防御动作。只有当我听到打击声，并感觉到手的震荡时，我才知道发生了什么。当我还是个学生时，也发生过类似的事情。我在黎明前去乡下打猎，在离家约一百步远的地方，看见对面有一个大球，滚落到一条狭窄的路上。我不知道那是什么，也不知道为什么要这么做，就用手中的石块，重重地砸向那颗球。结果那东西出现了，是两只互相咬牙切齿、战斗着的猫。其中一只是我心爱的猫。我非常后悔。这里，我也没有采取有意识的行动，我只是因为有未知的东西在向我靠近，就砸了过去。如果我当时造成了严重的伤害，如果我有机会解释的话，我就不会被追究责任。但是，在这种情况下，我不太相信别人会允许我解释。

为了更深入地分析反射行为，我们需要考察特定的行为特征。这些特征本身，可能并不具有典型的犯罪学意义，但却能使得这种意义变得更加明晰。一个是在睡觉时的反射行为。比如，我们在睡眠中不排泄，是因为粪便对大肠壁的压迫，使得直肠括约肌产生了反射性收缩行为。这时，只有自愿放松，我们的身体才会有排泄行为。第二种情况是，在某些条件下，特别是当不同的感受同时出现时，反射行为可能不发生。例如，手感到疼痛并移开，是一种反射行为，但是，如果人沉浸在另一件事中，他会对整个过程一无所知。这时候，反射可能失败。比如，有一次，我的一个女仆打开了角落里贴着纸的一个火柴盒，她用拇指的指甲，沿着盒子的长边，撕开了纸。但盒子装得太满了，或者她的动作太快了，火柴爆炸性地燃烧起来，整个盒子都被烧着了。这个女孩既没有有意识地也没有本能地把盒子扔掉，而是吓得大叫起来，并把盒子拿在手里。在她的呼喊声中，我的儿子从另一个房间冲了进来，只有当他大声地喊出"扔掉它、扔掉它"之后，她才扔掉了盒子。她把燃烧的东西拿在手里很久，直到我儿子从一个房间进入另一个房间，以至于她的伤口非常严重，需要治疗几个星期。当被问及为什么她不顾非常可怕的疼痛，仍然把燃烧的盒子拿在手里时，她只是说："我没有想到。"她补充说，当她被告知要扔掉这个东西时，她才想到，这将是最明智的做法。很显然，因为恐惧和痛苦完全吸引住了大脑的思维活动，以至于大脑不仅不可能有意识地去做正确的事情，主动地发出指令将手移开，它甚至无法协助脊髓神经无意识地执行条件反射行为。这一事实表明，仅靠脊髓神经的活动，并不足以单独形成反射行为，大脑也必须发挥作用。而当大脑活动出现问题时，问题也就出现了——我们必须考虑：什么样的反射行为可以被判罪以及判罪的程度。

第19节 衣着

写一本关于衣着文化的书，是很容易的。有人说，鞋子能反映女人的性格。但实际上，这个问题，远远超出了鞋子的范围，而是每一部分的穿着，不论男女，都能反映出一个人的性格。法学家比任何人都更有机会观察人们的穿着，并做出记录与分析。如果我们看到一个人的大衣上，打了很多补丁，已经看不出原来的材料，但却没有破洞，他的衬衫，是用最粗糙的材料和补丁做成的，但却很干净，他的鞋子很旧，但却很完整，擦得很好，我们应该认为，他和他的妻子是诚实的人。现代衣着文化的智慧有限：我们怀疑，穿着性感衣服的女人，对她的丈夫不忠，穿着体面的女人，则不会引起我们的怀疑；但如果一个男人穿着体面，那就表明他的生活精致。总之，每个人在这个问题上，都有不同的观点。有时候，一个具体的细节是有说服力的；而又有时候，只有在与其他东西联系起来的时候，才有说服力。可能有人会反对说，在从穿衣方式上得出推论之前，至少需要进行详细和长时间的观察，因为一时的倾向、经济条件等，可能会对一个人在穿衣方面做出具体选择产生不小的影响。我觉得这种影响不是特别深——有谁见过一个诚实的农场工人穿一件破旧的晚礼服？他可能会穿一件最破旧的羊皮大衣，但他肯定不会买礼服。那些穿着礼服大衣的人，一瞥之下就能看出是故作优雅。相比之下，那些退伍军人、猎人、官员等的衣着，有很大特点。牧师、民主人士、保守贵族的衣着，也很有特色，与英国人、法国人、德国人和美国人的衣着特色同样鲜明。这些特色，不是由于气候条件所致，而是体现出独具特色、稳定不变的民族性格。自负、粗心、干净、油腻、焦虑、冷漠、受人尊敬、想要吸引别人的注意，所有这些，以及无数类似的品质，在任何地方，都能够通过人的穿着方式，清晰地表现出来。所以说，很多时候，一件衣服，就能暴露一个人的性格。

第 20 节　人相学及其相关学科

在古典时代，人相学这门学问很受重视。苏格拉底、柏拉图、亚里士多德和毕达哥拉斯都对其做了很多研究。但后来，人相学逐渐淡出视野。当巴普蒂斯塔·波尔塔写了一本关于人相学的书时，才重新引起人们的关注。后来，随着拉瓦特尔的自传和与之密切相关的加尔的作品相继问世，这门科学在短时间内进入了学术研究的前沿。尤其是拉瓦特尔那本著名的专著，在他的时代引起了极大关注，受到了读者的热情赞美。当今，人相学的地位在学界不高，因为人相学需要研究骨骼结构，而且关心面相和意识的关系，所以它对演艺界人士比较有用。其他学科，像物理学、人类学和心理学，也有对面相的研究，但是，人相学对犯罪学的用处究竟有多大，还不好说。对一般人来说，很多东西无法通过脸部来表达，而那些能够通过面部表达的心理想法，又没有固定的规则。因此，我们能够通过面部获取的信息，可能是直觉性的判断，也可能只是随意的猜测。特别是工作量很大的时候，人们不喜欢找麻烦，就会主张这些事情没有任何意义，称它们毫无价值。但是，认真的人、愿意不厌其烦地进行研究的人，就能够将这些知识广泛应用于自身的职业领域，会从中获得很多益处。

汉斯·维尔乔通过研究瞳孔，发现眼睛有非常大的相貌学价值。他认为，瞳孔是通往心灵的窗户。达尔文把儿童、疯子和愤怒的人作为研究对象，因为这些人有强烈的激情、不受控制。但我认为，在这些对象中，只有儿童是重要的，因为应用性更广。儿童与成人有相同的特征，只是更清晰、更简单。例如，在表达愤怒的时候，眼睛会发光，呼吸变得急促和强烈，鼻孔抬高，眼神会错过对手——这些明显的特征指标，在儿童和成人身上同样出现。此外，我还想增加一个观察对象，即简单的、涉世不深的人，比如农民，他们和我们打交道时没有复杂的意图。我们可以从这些人和儿童身上学到很多东西。而且，我们不是在研究一个特殊的群体，而是在为整个人类建立一个普遍有效的范式。

达尔文提出了三个分析表情及体态的一般原理：

1. 有意识的习惯动作原理；

2. 矛盾原理；

3. 神经系统直接支配原理。

关于第一个原理：在进化过程中，任何欲望、经验或不情愿等，都会表现为有意识行为，那么，只要经常经历类似的体验，就会产生自愿行动的倾向。这种行动可能不再具有特定目的，一般只是单纯的反射。

当我们注意到，习惯是如何频繁地促进了非常复杂的反射行为，如马抬蹄、指示犬指路、牛犊吮奶等的时候，这一原理就变得更加明显。当我们处于坠落状态时，很难做出与伸展手臂相反的姿势，即使落在床上也是如此，我们会下意识地张开手臂。格拉蒂奥莱特指出："当某人描述恐怖事件时，就会闭上眼睛并且摇头；那些身处附近的人就会扬起眉毛。人们努力思考时，也会表现出类似的表情，或者紧锁眉头，这些动作使人们的目光更加敏锐。这些都是人们的反射行为。"

关于第二个原理：猫狗对峙时，会表现出战斗的姿态。但如果它们情绪好，举动就会相反，就会和平相处，但这与我们的主题无关。泰勒指出：西多会人的肢体语言，主要取决于相对立的事物，例如耸肩动作，表示的是与坚定不移相反的特征。

关于第三个原理：神经系统的直接支配活动，比如脸色苍白、发抖（恐惧、恐怖、疼痛、寒冷、发烧、惊恐、喜悦）、心悸、脸红、出汗、用力、流泪、拉扯头发、排尿等。对这些具体行为进行细分，我们可以从中找出一些规律，进而对各种现象进行归类分析。

我们可以对达尔文的例证展开进一步分析。他提醒我们：肌肉活动不一定是情绪激动的结果。人们可能存在诸多习惯，肌肉运动的习惯很复杂，这些肌肉运动可能是偶然发生的，或者由于某种短暂的痛苦而导致，它没有任何意义，可能只是一种身体习惯。通常认为，我们应当仅仅关注整个面部肌肉的变化，并且认为这种肌肉的变化具有特定的含义。但我们仍然可能犯错。因为，那些公认的面部表情会以其他方式表现出来，如习惯行为、神经紊乱、神经损伤等。所以，我们必须保持足够的小心谨慎。

如果我们运用达尔文提出的标准，例如，当我们不想看到特定事物或者厌恶某事物时，就会闭上双眼，但同时，我们还必须认识到，实践中可能还存在一些人，当他们面临其他情况甚至相反情况时，也会习惯性地闭上眼睛。在办案中，这种现象非常重要。当我们向被告展示一个非常有效的证据时，他闭上了眼睛。这一行为很有特点、很重要，特别是当被告试图反驳对他十分不利的证据时。被告的眼神和言语之间的矛盾，也有足够的暗示性。同样地，在被告的面前，展示各种案情可能性以及后果时，如果他觉得危险，他就会闭上眼睛。证人也是如此：有时候他闭上眼睛，是因为觉得自己说得太多了，他不想说更多夸张和不负责任的话。这两种闭眼的行为是不同的。第一种是拒绝接受证词的后果，所以它的时间要短得多；后者要长得多，因为它需要时间来感知和思考。此外，前者伴随着恐惧情绪，后者只表现在时间的持续上。如果人们想要不受干扰地思考某个问题，他们不会出于这一目的而闭上眼睛。

当然，手势也具有干扰性，有心机的人，会故意摆手势作为干扰。值得一提的是，证人的双手可能展现出标志性的防卫姿势，这仅仅出现在心存抗拒的情形。即便是非常冷静的人，也可能展现这种特殊的行为。因此，这种行为表征相对可靠。

被告或证人突然闭上嘴巴，原因归于达尔文的第一个原则，即有目的的习惯动作。当一个人下定决心做某件事时，这个决定，就会立即通过与肢体行为紧密相关的肌肉运动表现出来。当我突然下定决心面对一些正确的、被认为是不愉快的事情，或者思考一些不愉快的事情时，身体有活力的动作，会随着这个决心而产生：我可能会把椅子往后推，抬起我的肘部，或者把头迅速放在两手之间，把椅子再往后推，然后开始看或思考。这样的动作，只需要相对较少的身体努力，而不同类型的动作，可能需要不同程度的努力。简而言之，一个坚定的决心做出后，一系列的动作会立即产生，身体的各个器官也会发生一连串的伴生行为。

如果我们要移动，肌肉就必须收缩。例如，当我们坐着时，很难使双脚保持行进时的姿势；人做出闭嘴姿态，口部肌肉必须收缩；当人伸出双臂、攥紧拳头、前臂弯曲，也都涉及肌肉的收缩。你不妨尝试做一个身体实验，亲自体验上述行为，体验心中是否具有某种信念。人们会发现，不仅心理状态会伴随外在行为，那些外在行为也会唤起或者显示出相关的心理状态。

如果我们发现某人有作出决定的迹象，就可以因此判断，在他的曾做陈述与下一步陈述之间，将会出现明显转折。如果我们发现，被告人身上出现这些征象，表明他已经决定，或者由否认犯罪转向认罪，或者坚持否认犯罪，或者开始认罪并隐瞒同案犯等。至于作出决定之后的具体行为，我们很难做出推断。我们只是知道其所包含的各种可能性，即被告人或者做出供述，或者拒绝做出供述。这种观察可以提高我们的工作效率，因为被告人不会轻易改变自己的决定。

上述分析，同样适用于那些并未陈述事实或者只陈述了部分事实的证人。如果这些证人显示出下定决心的征象，最终决定陈述事实或者继续说谎，那么，无论他在下决心之后如何做，我们都能不费力地确定他随后的可能行为。

观察陪审员下定决心时的表情，尤其是那些涉及有罪与否、后果严重，且此前难以作出决定的案件，更加富有趣味性。这种场景并不少见。这意味着陪审员已经决定如何行使投票权了。当陪审员下决心后，无论证人随后可能提供何种证言，对陪审员来说，都已无关紧要。下了决心的陪审员，很难改变自己的决定，因为他通常不再关注随后的证言，或者以偏见对待随后的证言，并对所有证据做出既定判断。此种情况下，我们不难判断陪审员会作出何种决定。如果陪审员的决定，是在控方出示一项非常不利于被告人的证据后作出的，那么，就可能作出认定被告人有罪的结论。如果陪审员的决定，是在看到无罪证据后作出的，就可能作出无罪结论。如果你对这一问题进行认真研究，就可能发现，很多陪审员会在法庭上表现出这些明确的行为特征。

我清楚地记得许多年前发生的一起案件：一个农民和他的两个儿子，被指控杀害了一个曾在他们家寄宿的弱智者。陪审团一致宣布他们无罪，因为，无论警方怎样努力，也未能找到受害者的尸体。后来，一个新的证人出现了，案件再次被审理。审判耗费了很多天，在这期间，三名被告收到了大量匿名信。这些信主要是提醒注意一个事实，在某某地方，有一个不知名的低能妇女，看上去很像被谋杀者。出于这个原因，被告呼吁推迟审判，或立即释放。当时的检察官对此予以反驳，并主张，既然案件已经到了这个地步（这个案子对公诉方非常不利），没有必要再考虑被告人的申请。他在总结陈词时指出："天网恢恢，疏而不漏。从现在开始，我会继续寻找新的证据，咱们一年之后这里见！"由于检察官的雄辩才能，他的这种认定被告人有罪的坚定信念，对陪审团产生了巨大影响，给他们留下了深刻印象。在检察官发表陈词的同时，你能观察到，大部分陪审员流露出了下定决心的明确迹象。被告人的命运，就在那时被确定了。

吃惊的征象，与下定决心的表现相似。达尔文的描述是"双手举在空中，手掌捂住嘴巴"；此外，有些人的眉毛通常会扬起；修养不高的人，还会拍打自己的额头；在许多情况下，人的身躯还会轻微向左侧弯曲。其中的原因不难理解。当我们得知，一些事情的结果出乎意料时，会感到吃惊。一旦遇上这种情况，如果事情并不复杂，听者就会想了解详情。当我听说人们发现了尼伯龙根的新手稿、医生找到了麻风病解药、有人登上了南极，我就会感到吃惊。但是，我的反应与常人无异。

在远古时候，我们的行为习惯已经形成，并且持续了很长时间，甚至远远长于现代文明时间。当时的人们，并不知道现代文明人的兴趣所在。在那个时代，使人们吃惊的，是一些简单、外在、绝对直接的新鲜事物，如洪水即将来临、营地附近发生狩猎活动、发现了敌对部落等。简言之，这些都是需要立即采取行动的事。因此，我们的重要肢体行为，都应当与早期一些必要的行为存在某种关联：当我们想要跳跃时，就会举起手臂；当我们想要抬头望向远处时，就会扬起眉毛；当我们想刺激因久坐而麻木的腿部肌肉时，就会拍打额头；当我们发现一些令人不愉快的事物，进而试图躲避、绕开时，就会用手掌捂住嘴、转动身体。人们吃惊的表情，就会通过这些存在矛盾的行为表现出来。

在法律领域，当被审问的人，本应在听到某些话时感到吃惊，但却不想表现出来时，这点就很重要。他可以用语言来掩饰，但至少有一个明显的肢体语言会出卖他，因此，这种行为中具有相当重要的意义。假如我们出示了某些证据，希望看到被告人有明显的反应。如果被告人没有做出反应，我们就可能需要重新审视整个案件。因此，我们要努力使得自己不被假象所欺骗。而要实现这一目的，必须仔细观察证人的体态，因为体态语言很少像口头语言那样具有欺骗性。

比如蔑视，会表现在某些口鼻动作上：如鼻子收缩时显示出皱纹，或者擤鼻子、吐口水、吹气，好像要把什么东西赶走似的。这些动作，似乎与人类原始时期的习惯有关，如当人们对一种气味表现出厌恶时，他会做出这些动作。至今，印度人提到其所蔑视的人时，仍然会说：

第一篇 取证条件 071

"他是一个恶臭难闻的人。"我们的祖先,可能也是这样思考。鼻子的动作,特别是抬高鼻子和撮鼻子的动作,会表现得很明显。还有抬起肩膀,好像要把整个身体从令人厌恶的环境中摆脱出来。实际上,这种行为是傲慢的表现。如果在证人的行为中可以观察到这样的东西,那么通常会暗示他否认自己与罪犯有关系,或者意味着他没有办法证明对方证人的证言是造谣,或者他试图说明其他人在说谎。

当证人出庭做证并展现轻蔑表情时,情况也是如此。对于证人而言,当被告人或者其他证人声称他是造谣,或者有人质疑他有不良动机、他早期与罪犯存在关联时,他就会表现出轻蔑的表情。一般来说,当某人有机会对别人表示蔑视时,通常都会对表示蔑视的人有利。这些情形在法律上非常重要。因为它们不仅表明,表示轻蔑的人具有良好形象,还表明我们必须对轻蔑的表情,进行更加细致的研究。毫无疑问,蔑视在很大程度上是可以模仿的,因此,对值得质疑的姿势,必须进行仔细观察。真正的蔑视,与人为蔑视的区分在于:人为的蔑视,往往伴随着不必要的微笑。人们普遍认为,微笑是沉默者的武器。然而,这种微笑,往往只出现在面对不太严重的指责时,它并不会出现在涉及严重指控及其所带来的恶果之时。如果涉及无可辩驳的邪恶和严重后果,没有一个真正无辜的人会微笑。此时,他的蔑视,会有其他表现方式。即使是最糊涂的人,当他被诽谤到不得不蔑视骗子时,他也不会笑,而只有装作无辜的人才会微笑。但是,如果有人练习过蔑视的表达,他就知道他不应该笑,但他的身体语言就会变成十分戏剧、夸张性的表现,以这样的方式来暴露自己。

比蔑视更进一步的,是抗议和怨恨。其身体语言特点是,龇牙咧嘴、脸部皱成一团。这种表情,经常会被随后的表情所替代:紧闭双唇,通过鼻孔沉重地呼吸。这是下定决心和表示轻蔑相结合的产物,也是抗议和怨恨的可能来源。

嘲笑和贬低的表情，与蔑视与怨恨类似，但程度较轻。这些情绪表达，给刑罚学者带来了大量的工作，而那些表现出蔑视和怨恨的嫌疑人，被认为是最难应对的。我们需要给予他们更多的关怀和耐心，因为他们当中不乏无辜的人。尤其是当一个人有多次犯罪前科又被指控，而且，主要依据就是犯罪前科时，他就会对"迫害"他的人，产生最强烈的蔑视和近乎幼稚的怨恨，特别是，在他无辜的情况下。这些人，把他们的怨恨转向不公正的法官，说几句冷酷的、蔑视的话。在这种情况下，没有经验的法官认为，这些表达，是嫌疑人有罪的心理反应，认为这个充满怨恨的人，应该为他的挑衅行为承担后果，所以，法官会不再关注这个不幸的人。这种情况，可能导致不公正的判决。无论当事人是否有罪，法官都有责任，对这些人做出特别的努力，因为蔑视和怨恨，在大多数情况下都是愤懑的结果，而这又往往来自于在别的法律人那里受到的不公正、令人厌恶的待遇。如果法官不能纠正这种不公待遇，至少不能因此增加他的罪责。与这种人打交道的唯一的也是最简单的方法，就是耐心、认真地讨论案件，向嫌疑人表明，法官准备仔细研究所有事实，甚至，倾向于参考无罪证据，并对这个人可能的罪行，进行不过分的讨论。大多数情况下，这种方法，一开始不会有多大效果。它需要时间，让嫌疑人在孤独的夜晚，知道这个世界并不是有计划地在毁掉他。当他开始认识到，如果他一次又一次地被审判，他只会因为他的怨恨性沉默而伤害自己时，他就会选择顺从。一旦冰层被打破，即使是那些一开始只表现出怨恨和蔑视的被告，也会显示出顺服和诚实。所以我们最需要的东西，其实是耐心。

不幸的是，我们经常遇到真正的愤怒。这时候，嫌疑人的身体直立或前倾，四肢变得僵硬，紧咬牙齿，声音变大或者嘶哑，额头紧皱，瞳孔收缩，脸涨得通红或变得惨白。人们模仿真正愤怒的情况很少，而且，愤怒的特征非常明显，很难识别不出来。达尔文说，一个人对自己罪行的认知，经常会通过眼神的闪烁和模糊的情感表达出来。这个道理，每个刑法学家都熟悉，也可以用一般的心理学来解释。知道自己无罪的人，会根据自己的情况，自然而然地表现出来，毫不拘谨；因此，有一种观念认为，天真无邪的人，没有任何可疑之处，因为他们不知道任何可疑的事情。但是，那些知道自己有罪而又试图不表现出来的人，必须通过伪装和模仿，来达到他们的目的，一旦这种伪装和模仿做得不好，其矫揉造作就会表现得很明显。

有罪的人，眼神会闪烁。人们观察到美好事物以及感到喜悦、热情、狂喜时的眼神，并不像想象中的那么有诗意，因为它不过是分泌泪水。人们之所以会流泪，主要是神经兴奋的结果。因此，有罪的眼神，也应该具有同样的性质，开始时，往往也泪流满目。

还有一个重要的身体姿势：双手叠放在大腿上。它表示的是顺从。因为，"双手叠放在大腿上"是一句谚语，表示当事人放弃了努力，意味着"我不打算再做了，我不能做，也不会做"。不过，必须承认，表示顺从的姿势，对于表示有罪与否，没有任何意义。因为，无辜的人和有罪的人，都可能选择放弃，或者他们已经达到了个人承受极限，对案件的处理结果已经漠不关心。在法庭上，顺从可能表示一个人已经放弃了自己对无罪的争取。考虑到被告人可能实际上无罪，也可能仅仅是主张自己无罪，比如，被告的亲属和朋友包括尽职的法律人，已经尽了一切努力，来挽救被告，但当认识到有罪的证据，实在无可辩驳的时候，被告人会出现这个姿势。在实践中，通常只有无辜者，才表现出顺从姿势，这并不是偶然的随机事件。被抓的有罪之人，发现自己难逃罪责时，也许会抓着自己的头发，咬牙切齿地望向天空，对自己大发雷霆，或者陷入沉闷的冷漠之中。对他来说，做出顺从的动作基本不可能。一个对自己的犯罪行为没有感觉的人，也不会以顺从的心态做出动作，而经常是以绝望、愤怒或暴怒，表达自己的情绪。如果某人接受了顺从的理念，也就意味着放弃了抵抗，或者说放弃了自己享有的某些权益。正是由于这个原因，有罪的人，不会表现出顺从的姿态。

除此之外，还有眉头紧锁的表情。人在研究处理密集事情的时候，随着事情难度的增加，眉头会越来越紧锁。这种姿态的最初来源在于，密集的活动，需要更敏锐的视觉，所以，通过眉毛上方额头皮肤的收缩，人可以获得更清晰的视觉。被告或证人的深入思考，对于确定他本人是否相信事情的真实性，具有重要意义。假设要求被告给出他在某个相当久远前的日子里的不在场证明，那么，他就必须记住那一天的行踪。对他来说，重要的是，记住有关的日子，并能说出他当时行踪的证人。他将进行密集的思考。但是，如果他不诚实地声称有不在场证明，就像罪犯经常做的那样，那么，就没有必要仔细思考没有发生的事情。在这种情况下，他表现出一种深思熟虑，然而，这种深思熟虑并不是认真的、深刻的，那么，在要求他认真思考的时候，他只是在装作思考的样子，其思考的动作，并没有相对应的具体表现。

眼神空洞，表明当事人完全陷入茫然的精神状态之中，已经失去认真思考的能力。此时，只能让当事人独处休息。在这种情况下，人不会有任何明显的身体姿势。只有在当事人感到尴尬时，例如，其发现大家都在望着自己，或者意识到，自己已经忘记了其他人的存在时，才可能在额头、嘴巴、下巴有一些表情。人们通常认为，这种情况不会发生在法庭上，但实际上，当法官与被告进行了长时间的讨论后，准备对所讲的内容进行归纳总结，这种情况也会出现。如果这个过程十分耗时，可能证人不再倾听，而只是茫然地盯着远方。他可能正在回顾其整个人生，或事件的整个过程。他沉浸在一种本能的思考中，沉浸在对事件的再现中。这里所提到的思考，不过是思绪上的走神而已。正是在这种情况下，只要法官够敏锐，供词是最容易得到的。

众所周知，蹙眉的意思是厌恶。但我认为，蹙眉伴有微笑时，还能表示不信任。我暂且无法解释这种关联是如何发生的，但这种表情，在表示不相信和怀疑上很可靠。因此，当看到有人做出这种表情时，千万别错误地认为，当事人是相信了所听到的话。你不妨亲自测试一下，就会发现，当你做出这种表情时，会不自觉地说出："噢，那不可能！"或者说："喂，那是谎言！"这种表情，常见于被告人质疑证人，或证人与证人之间对质的时候。

蹙眉与其早期状态——眉毛的轻微抬高，有着密切的关系。眉毛微微上扬，在尴尬的情况下经常发生，但它的发生不是很有规律。一个人在认真思考时，需要更加清晰的视野，因此，需要把多余的光线，挡在眼睛外面，就可能露出这种表情。当被告人主张，他并不清楚某项指控其有罪的证据时，这种表情就显得比较重要。如果他是有罪的，他显然知道在犯罪过程中发生了什么，所以，即使他一百次向法庭保证他不清楚，但因为他对事实的了解足够准确，不需要聚精会神地听，也不需要深思熟虑，所以，他就不会皱起眉头；如果他是无辜的，皱眉头的原因，可能是他真的不明白特定证据的内容，因为他不知道实际情况，因此，他在争论的一开始，他就会皱起眉头，认真倾听。如果不经过训练，很少有人能展示出这种表情。有些人，从来没有展示过这种表情。与男人相比，在妇女与儿童之间，这种表情更常见到。应当指出，它常常是精神痛苦而非肉体痛苦的表现。有趣的是，作为一种规律，这种表情常常伴随着嘴角下拉。

一般来讲，所有快乐和令人振奋的情绪，都是通过抬高额头、鼻孔、眼睛的皮肤来实现的。而悲伤和压抑的情绪则相反。这个简单的规则，使许多原本晦涩难懂的表达，立即变得通俗易懂。当然，没有人会断言，人相学能帮助我们克服所有的困难，但只要稍加注意，它能在很大程度上帮助我们。

第 21 节　手

　　手和脸，在人相学的意义上很相近，在某些情况下，手比脸甚至更重要。因为手的表达很难模仿。一个人的手，可能描述为细腻或粗糙、白皙或黝黑，指甲可能经历过精心养护，或任其长成爪子模样……这些外观的东西可以改变，但动作习惯很难改变。脸上折皱一千次，皱折会保留下来，让一个人有了特定的表情。但一个人的手，做一千次同样的事情，并不会因此留下印记。比如，人在长期祈祷中，会产生虔诚的面相，但即便日常祈祷、双手合十数年，他的手上也不会有任何印记。因为手的标记很少，所以，即便我们知道手的特征难以伪装，也似乎没有什么实际用处；但事实是，除了脸，手是人类器官中分化程度最高、最精细的器官。不同的人，有不同的手部动作，这是一个普遍的规律。如果我们观察到，人的手有无穷的变化，我们就能推断出，人有无穷的心理状态。

　　也许，所有人都会同意文克尔曼的观点，即美丽的灵魂有美丽的手，或者像巴尔扎克所说的，聪敏的人都有漂亮的手，还有人将手称作人的第二张脸。但是，当对手进行具体研究时，我们还会遇到很多问题。例如，埃塞尔将粗糙的手称为劳碌的手，将肌肉发达的手称为男性的手，这种类型的手，代表着缺乏思想和修养，只有意志和目的；同样的，敏感的手通常意味着乐观的性格，而灵巧的手代表的是拥有美丽的心灵与高贵的精神。

无论这种分类是否科学，实际上，我们很难确定和描述手的各种重要特征，尤其是，考虑到各种类型之间，并不存在明确、清晰的界限。如同人的性格一样，各种类型的特征几乎都与其他类型相交叉，以致难以准确描述和识别。然而，即便缺乏系统的研究，我们仍然可以开展审慎的观察，并将反复出现的特征，作为可靠的研究前提。

斯宾塞认为，那些先祖是靠手工作的人，其后代拥有一双厚重粗糙的手。这其实都不算心理学，但对犯罪学家来说很重要；反之，那些先祖不是靠手工作的人，其后代拥有一双小巧精美的手。犹太人的手小而精致，吉卜赛人的手也通常是小的、完美的，因为他们的手，是从印度贵族那里继承来的。艰苦地工作，甚至连练体操、弹钢琴都会改变手的形状。道理显而易见。因为肌肉会随着练习而变得更强壮，皮肤也会因为摩擦、风吹和缺乏保养，而变得更粗糙。在对种族的任何研究中，也可以观察到，身体的特性是遗传的，所以，只要熟练地看一眼一个人的手，就可以发现有关他生活情况的一些事实。

每个人都知道，农民粗糙的手掌，代表令人信服的品质，它是和谐的、平和的、值得信赖的。我们能感觉到他是一个诚实的人。他把自己和他的生活，原原本本地展示出来，他对合作伙伴负责，他每次说话都尽量真实。我们对他的信任，不仅来自他多年来的诚实劳动，而且是通过他的双手。另一方面，当我们看到一位优雅的绅士精心照料的粉白粉白的手时，我们往往不信任他，无论是因为我们不喜欢他那手的形状，还是因为那指甲的形状勾起人不愉快的记忆，或是因为手指的排列有问题，以及其他未知的原因。某些手部特征，能够揭示人的品性——冷酷、谨慎、强硬、平静、贪婪，如同仁慈、坦率、温柔和诚实一样，都能够在手部特征中反映出来。

女性手的魅力，是很容易被感受到的。许多女人的顺从、温柔、迁就、端庄和诚实的品性，是如此清晰而明朗，很容易为大家所感知。

起码，截至今天，对这一切所做的解释、分类、排列，仍然算不上科学的方法。这些现象，从一个身体传到另一个身体，虽然可靠，但没人可以解释。没有观察过它们的人，即使有人提醒，也仍然不会注意到。相信这种现象的人，也不要夸大其词、操之过急。我的建议是，先研究一下手的语言，不要立即对它的意思下判断。要谨慎，用经验来分析，特别是要追踪手指的运动，尤其是手指的活动细节。这里，我并不是指那些外部的、与手臂的运动相协调的运动，这些都是可以模仿的。我指的是那些从手腕开始、只发生在手上的动作。儿童时期的手，对研究没有什么用处，因为儿童过于单纯和幼稚，它没有经过训练，动作笨拙。儿童的手，会清楚显示占有欲望，即抓住和拉向自己，一般是向嘴拉拽，就像哺乳期的孩子拉拽母亲的乳房一样。这种运动，达尔文甚至在小猫中也观察到了。

男性的手，通常厚重而行动缓慢，显然难以展示更为精细的运动。精细的动作，只有在女性手上，才能得到充分的展示，尤其是在活泼、焦虑、易激动的女性手上。观察她们的犯罪学家，可能会从她们的动作中，读出比话语更多的东西。她们表面上是无动于衷的，但手放在腿上，慢慢地握起了拳头，或者手指向前弯曲，仿佛要把别人的眼睛抓出来似的。手部特征的表现形式很多，有时可能因为深重的痛苦，手指紧攥在一起；有时因为高兴，其余四个手指肚快速地擦过拇指肚；或者手指断续、紧张、焦虑、胆怯地动着；或者像开心的小猫一样，爪子不断地攥紧、又松开。

脚趾也会透露出很多信息，特别是在那些穿着相当精致的鞋子、可以轻松地移动脚的妇女中。在愤怒的时候，如果不能跺脚，她们就会把脚趾紧紧地贴在地上。如果感到尴尬，她们会把鞋底稍稍向内翻，用鞋尖在地面上画出小弧线。不耐烦的时候，她们的脚后跟和脚趾交替摆动，速度越来越快。鞋底朝向前，脚的重心放在鞋后跟上，表现出的是蔑视、反抗和表达欲。当想表现魅力时，将脚向前伸，胫骨轻轻露出，所有的脚趾都向鞋底并拢，就像猫感觉舒服时那样。如果女人没有用语言表达的东西，没有用五官表达的东西，没有用手动作表达的东西，她们就会用脚来表达。

第二篇
定义的前提

专题 4　如何推理

第 22 节　概述

心理学的目的，是探索意识的规律。一般的心理学问题，是描述实际发生的心理事件，并把它们分析成最简单的元素，从而进一步分析这些元素组合的规律。心理学分析，在法律上之所以重要在于其推论和理论的构建，往往在形式或逻辑上是没有错误的，但却充满心理学谬误，任何逻辑也无法纠正这些谬误。因此，我们要考虑决定推论的条件。今天，知识领域已经细化，每个人都致力于自己的专业领域，让我们可以从已有材料中得出推论，所以，我们更要研究他人如何进行推论，以及其推论对我们的结论有什么价值。

我几乎可以断定，很多法官对自己的任务没有清晰的认识。当一个法官把证词放到陪审团面前，并或多或少地进行了分析时，他就认为自己完成了任务。但陪审员也许是平生第一次上法庭、第一次看到罪犯，在这种情况下，如果法官已经意识到这一问题，却仍然让陪审员作为人的命运仲裁者，就未能尽到一名法官的职责。法官需要从心理学角度检验所有的证据，彻查不清楚的部分，填补空白，然后才能将材料交到陪审团手中。根据希尔布兰德的说法，许多看起来不言而喻的东西，实际上依赖于日常生活中的数百次重复，而不言而喻的印象，仅仅是偶然的直觉。休谟也证明，很多极复杂、极抽象的概念，来自于我们的感觉。所以，只有当我们仔细研究每一个感觉和心理过程后，我们才算履行了自身职责。

第 23 节 证据

米特迈尔说过："对于法律意义上的证词，必须对其每个材料来源依法审查。只有通过这样的审查，法官才能保证事实的确定性。"这里的"依法"与"材料来源"，不仅需要在形式上满足法律要求，而且必须在环境、心理学和逻辑层面，支持各种可能性。有时，法律上说得通的证据，也可能带来完全错误的结论，而且，那些看起来没有不真实的地方的证据，可能一点儿用都没有。法官处理一个案子，很有可能在一半时间里，对一个案件有一种认识，然后在另一半时间里，发现案件并不是这么回事。其中的原因，不一定是证人提供了虚假信息，而是法官的假设，使可疑材料变得合理。所以，每次检查，都必须准确分析人的心理过程，必须让法官了解当时的具体情况，也必须让可能有不同意见的人，有机会进行纠正。如果我认为，一场火灾是由于粗心大意造成的，有人因此而丧生，我就会在收集材料时，被这种预设所暗示，从而忽略故意纵火的相关材料。在审判中，对当地情况的描述，是重要的证词，如果形式正确，内容也正确，并按规定宣读就能符合法律标准。但是，只有当证据材料的提供者和采用者，都对所有事实情况了解清楚后，这种证词才是准确的。这项工作，属于心理学任务中最困难的一项，但我们必须认真做好。

对证词的判断和解释，也需要类似的处理。如果我把判断建立在证词本身上，而不对其进行批判性解读，这种证词，即使在法律上是有效的，但可能充满内在矛盾。比如，证人说，一个死者梦见自己的头被砍掉了，这个梦吓着他了，然后他死于中风。但没有人问，证人是怎么知道别人梦的。

在这种情况下，我们有的不是证据，而只是证据的一种形式。只有当证词在逻辑和心理上过关、证人说真话的能力和意愿明确时，它才能真正成为证据。正如米特迈尔所说，证人的话语，是通过与其他证据的一致性来检验的。不过，这既不是唯一的检验方法，也不是最有效的检验方法。对证词的检验，总会出现各种矛盾，如果各种证词，经比较后出现不一致，我们无法判断哪个证词是对的。证词的正确性，只能通过检验单一陈述、每个证人的意愿和能力来确定，既要看证词本身，也要看其与所有提交材料的关系。

现在，让我们看看案件中经常涉及的部分供认。一般来说，部分供认的价值，应根据其本身的性质来判断。供认仅是一种证明方式，而不是证明本身。因为，只有当它和证据的其他部分相一致的时候，才能成为证据。根据供词在逻辑和心理上的一致性，可将其分为：

a. 没有动机的供词；

b. 部分供词；

c. 暗示他人有罪的供词。

a. 没有动机的供词。逻辑学，不是帮我们寻找证据，而是使证据具有证据性。如果用心理学代替逻辑学，检验供词会十分有效。一般来说，许多命题，只有在不被怀疑的情况下才会成立。证词也是。承认罪行的人，始终是一个罪犯，没有人怀疑他，所以供词是成立的。但是，一旦有人怀疑，问题就不同了，供词变成了证据，需要经过心理学检验。

支持供词真实性的,是明确的动机,但人们很少有明确的动机。尽管动机并不总是缺席,我们却很难识别它。但是,有时候,忏悔也会无缘无故地发生。无论如何,理解供词,我们需要研究其产生的原因。寻找这些因素纯靠逻辑。可以用排除法,也可以将它们和其他材料联系起来寻找,或者,把所有可能动机集中在一起,共同分析。当忏悔者的整个内心生活,可以和外部条件联系起来,证明其动机的合理性时,我们就认为供词是真实的。我们必须用这种方法,来避免在无证据情况下谴责证人。

b. 部分供词。检验部分供词并不简单,因为,一方面,检验未供认的内容很困难,另一方面,已供认的内容也很可疑。即使在最简单的案件中,当供认和沉默不供的原因似乎都很清楚时,也有可能出现错误。比如,一般情况下,如果一个小偷承认,他身上的东西是偷的,而否认偷了其他东西,那么,他可能认识到,无法证明他偷了没有在他身上发现的东西,从而获得一些对自己有益的结果也有可能,在少数情况下,小偷想替另一个人包揽罪行,因此,他只能承认自己被指控的罪行,不会提供其他证据。

另外,部分供词,可以体现出一定程度的恶意。如果提供供词的人对法律有一定程度的了解,那么,我们有足够的理由怀疑他的供词。这类案件,大多属于被告承认一系列事实,并在没有任何明显理由的情况下,否认其中的几件。譬如,他可能承认,自己偷了十二件物品,但是,却拒绝讨论两件可能相当微不足道的物品。如果将类似的案件,提交给全体法官进行判决,一些法官会说,既然他偷了十二件东西,那么,他肯定也拿了另外两件。另一些法官会说,既然他承认了十二件,那么,如果他拿了另外两件,也会承认的。一般来说,双方都是对的。而且,这类案件不需要进行大量审查,因为,这个人偷了十二件或十四件物品，对他的罪行和判决都没有什么影响。但要记住，一个人是否认罪，从来都不是无所谓的，这种无所谓态度背后的意图，可能与无所谓完全相反。假设，被否认的盗窃物品，是一件没有价值但有特点的东西，比如一本旧祈祷书，如果，后来这个小偷再次被怀疑犯有他所否认的抢劫罪，而且盗窃的又是一本旧的祈祷书时，那么，作为一个证据问题，这个人是否应该因为偷窃一本没有价值的祈祷书而被判刑，这个问题就并非无所谓了。如果人们认为他"对旧祈祷书有某种热情"，这个人就会被怀疑是第二次盗窃，就会被判刑。

这种分析，对持有赃物的判决很有价值。曾经有一个案件，几个人因盗窃手杖而被判刑。后来，在同一地区的谋杀案中，行凶者使用了手杖，而犯罪的第一个嫌疑人是小偷，因为他早期偷了手杖。如果这个人曾承认，盗窃了除手杖以外的所有东西，而且，他是根据供词被判刑的，这样，他的供词变得意义深远。当然，这并不是说，我们要重新审理旧案。这种工作很困难，这样做也没有什么用处。

经验表明，盗窃案的受害者，会统计他们丢失的所有东西，虽然有些他们在第一时间并没有察觉。其实这些东西，可能在被盗之前就已经丢失了，或者是晚一些的时候被偷的。因为这个原因，经常会发生这样的情况：仆人、家里的孩子或其他常客，把盗窃当作一个解释他们弄丢家中物品的机会，把它归咎于"小偷"。此外，被盗的数量一般都被夸大，以便引起普遍的同情，也许是为了求得帮助。总的来说，提供供词的人，没有任何理由去否认那些不会给他带来额外伤害的供词。最后，我们必须谨慎观察被告的态度，研究被告提供的信息和观点，因为它通常包含不为人知的原因，例如，被告人之所以拒不认罪，是由于担心有关事实可能加重自身的罪行。所以，有个假设：如果被告人曾经偷过某种东西，他就会盗窃其他东西。其实也有轻微的合理性。

c. 暗示他人有罪的供词。如果供词指控一个拒不认罪的同伙，那么，对供词的理解将变得非常困难。我们必须认识到供词的核心价值，区分可能证明供述者无罪、被指控人有罪的证据。比较而言，判断有罪无罪较为简单，但是，要想确定犯罪的程度就比较难。首先，我们需要单独研究自首的证词。其次，我们还要参考其他人的证词。完全排除其他供词的干扰其实是很难的，因为很难将所有材料切割开来看，而且，在心理上，我们也很难排除已知事件对判断的影响。

当证人和其同伴一起提供证词时，识别复仇、仇恨、嫉妒、羡慕、愤怒、猜疑和其他情感，将会变得有价值。一个人把同伙带入危险之中，可能是想报复他在分赃方面的不公，或者发泄对盗窃过程中危险、愚蠢行为的愤怒。被告人通常由于嫉妒而指责同伴，以使对方也被监禁。也可能基于同行竞争心理，试图阻止另一个人处置隐藏的战利品，或者阻止他实施一起计划的抢劫。这些动机，虽然并不容易发现，但也是容易理解的。还有一些常见情况，就是普通人完全无法理解其供述的动机，而被告人却供述出了同伙的罪行。这里有一个例子，由于当事人们早已去世，所以我就直接用他们的名字，来讲他们的故事。1879年，一位名叫布拉修斯·克恩的老人，在一个早晨被人发现，他全身覆盖着雪，头部有严重的创伤。谋杀动机不可能是抢劫。因为，这个人像往常一样走在回家的路上，他喝得酩酊大醉，所以人们认为他摔倒了，磕坏了头骨。1881年，一个叫皮特·塞弗里德的年轻人来到法庭，宣布他受雇于布拉修斯·克恩的女儿朱莉娅·豪克和她的丈夫奥古斯特·豪克，因为二人无法忍受老人长期酗酒的折腾和无休止的争吵，于是便雇他杀了老人。他们答应给他一条旧裤子和三块荷兰盾，但只给了他裤子，没有给他钱。由于所有的要钱尝试都失败了，他就讲出了这个秘密。当我问他，是否知道他要受法律制裁时，他说："我不在乎，其他人至少也会受到惩罚，他们为什么不遵守诺言？"这个小伙子非常愚蠢，而且有小头症，但根据医学上的意见，他在法律上有能力区分对与错。他的陈述证明，一切都是真实的。

只有在很少的情况下，供述才可靠。供述的原因很多，这些原因既难找又难判断。唯一的方法是通过了解所有外部条件，洞察供述者和他所指控者的心理。如果一个人指控他人，我们必须要分析他的供词的言下之意：他的能力、情感和目的。例如，一些人的激情性格表明，他们会在别人的痛苦中找到快乐。激情几乎总是推动着人向前，而供述背后究竟隐藏着什么样的激情，一部分需要犯罪事实来揭示，另一部分需要罪犯之间的关系来揭示，还有一部分由受害人的性格来揭示。每个人都是根据自己的利益行事的。但问题是，这种利益具体是什么，寻求这种利益的人是否在谨慎地寻求它？如果复仇的满足感，比供认的痛苦更强烈，那么，它就是一种利益。

当被告人否认犯罪时，那些看似和案件无实质关联的情况显得很重要。这些情况可能将司法证明引入歧途，以至于使重要的证据被忽视。一旦否认的情况被确定为事实，就会导致人们错误的假定：犯罪事实由此得以证明。依此，人们就会经常犯下错误。

我这有两个例子。几年前，在维也纳有一个非常漂亮的单身女孩，她是一家非常体面的商店的销售人员。有一天，她被发现死在自己的房间里。由于司法调查显示是急性砷中毒，而且，在她的桌子上，发现了半杯糖水和相当数量的细粉状砷，于是，这两种情况自然而然地被联系起来。从邻居那里得知，这个死去的女孩，有一段时间与一位不知名的先生关系密切，这位先生经常拜访她，但双方都尽可能地对他的存在保密。据说，这位先生在女孩死前的那个晚上拜访了她。这位先生是一位非常富有的商人，居住在一个相当遥远的地区，他与其年长的妻子和平共处，因此，他对与女孩的非法关系保密。尸检进一步确定，该女孩已经怀孕，因此形成了一个理论，即该商人毒死了他的情妇，并将他列为嫌疑人。现在，如果这个人立即承认他认识那个死去的女孩，并与她保持着亲密的关系，而且他在案发前一天晚上拜访了她。如果他说，她对他们的关系感到绝望、她与他争吵并说要自杀，等等，加上也没有额外的证据表明是投毒，那么，自杀将自然成为判决结果，他就不可能被指控。但这个人否认他认识那个死去的女孩，或与她有任何关系，或者他否认在最后一个晚上见过她。他这样做，显然是因为不想向公众，特别是向他的妻子承认一种应受谴责的关系。而整个问题的关键，就在于他的否认。证据不再是"他是否杀了她"，而是"他是否与她有过亲密关系"。之后，通过一长串的取证，证明了他经常去找那个女孩，而且他在她死前的晚上去过那里。这决定了他的命运，他被判处死刑。如果我们从心理学的角度来考虑这个案件，我们不得不承认，他的否认既可以被视为下毒的动机，也可以被视为他不想承认与死者的关系。当他完全明白自己处境的严重性后，他坦言，自己改变证词太过大胆。现在，办案机关证明了他认识并拜访了那个女孩的事实，因此，他因谋杀罪被判处死刑。

几年前，还有一个类似的案件。一个寡妇、她的成年女儿和一个老仆人，在家中被抢劫和杀害了。犯罪嫌疑落在了一个泥瓦匠身上。这个人之前曾对另一起谋杀案供认不讳。据了解，在案发前一段时间，他曾在三名被害妇女的房子里建造过一个壁橱。通过对事实的各种组合，人们推测，该泥瓦匠以检查他在壁橱上所做的工作是否造成了任何损害为借口，进入该房屋，然后实施了盗窃性谋杀。在这里，如果泥瓦匠说："是的，我当时没有工作，想找工作，在指定的借口下进入房子，查看壁橱，并通过修理改进壁橱，得到报酬，离开时，三个女人没有受到伤害，她们一定是在那之后被杀害的。"如果他这样说，他的定罪就不可能了，因为，所有其他证词都是次要的。现在，假设这个人是无辜的，他能想到的是："我已经在一起谋杀案中被审问过一次，我有经济困难，我现在仍然处于这种困境之中，如果我承认在犯罪发生时我在现场，我就会遇到严重的麻烦，而如果我否认进入过房间，我就不会遇到更多麻烦。"所以，他真的否认曾在房子里或在街上待过一段时间。由于许多证人都证明了他说的话是不真实的，能够证实他在案发时曾出现在案发现场，办案机关就认定其实施了犯罪行为，因此，他被判刑了。

　　我并不是说，这些人都应该被判无罪，也不是说这种"细枝末节"的问题一点儿也不重要、不值得研究。我只是想说，有必要在两个方面谨慎行事。第一，这些枝节问题，不能与核心问题相提并论，前者只是司法证明的准备工作，但我们也必须谨慎地、不带偏见地分析它。但也不能被因分析这些枝节问题而满足，我们不能忘记必须完成的工作。第二，心理判断，必须找出导致或可能导致被告否认某些小事的动机。在大多数情况下，可以发现这种行为的理由。但如果心理学方面的先决条件被设想得足够狭隘，使我们不能假设有罪，我们也要小心。

　　在举证环节，经常将案件涉及的不同问题混为一谈。在次要问题得到证实时，办案人员就认为主要问题也解决了，这种情况在办案时很常见。假设一个受害人指认，某个人是否是在一次严重攻击中，刺伤他的人，并且，他还必须解释不久前与此人发生的争吵重不重要。如果嫌疑人希望让争吵看起来是无害的，而受伤的人却声称争吵是严重的，人们会觉得后者说的是真的，争吵是真的，嫌疑人就是刺伤他的人。这种假设有一定的逻辑依据，但其心理上的困难在于，和其他许多情况一样，涉及暗示的动机和行为之间的关系。对大多数人来说，逮捕的事实，就意味着有罪判决。如果一个人认定 A 是罪犯，当 A 穿着囚服出现在他面前时，这个人就会更确信自己的判断。即使他知道 A 的被捕，只因为有他的证词做证。又因为囚犯的外表和处境，影响了许多人，包括受教育的人，他们对囚犯产生反感，他们会情不自禁地想："如果不是他就不会把他抓到这里。"

第 24 节 因果关系

在某些方面，犯罪学家的工作类似于历史学家的工作。历史学家的工作，是将人和事纳入明确的因果顺序。我们在提出证据时，也特别需要这样的方法。根据案件的复杂性，寻找事件的来龙去脉，其中涉及很多细小的工作，这些工作必须单独完成。其中，必须检验每个证词及其优劣。这项工作很难，但它可以保证查清因果关系，这也是获得成功的唯一途径。正如席勒所说："在所有观察到的自然现象中，因果关系具有数学规律的力量。一切事物皆有因，这也是古老的人类经验。"

在审判中，最大的错误是不理解犯罪情况，或者做出仓促的推断。如果可以正确理解犯罪情况，仔细推导，就能成功。正确的推导，也不过是坚持因果关系原则。假设有一起重大的犯罪，而罪犯的个性，没有通过罪行特征显示出来。在这种情况下，经常犯的错误是：立即并肤浅地寻找罪犯的个性，而不是研究犯罪的因果关系。对犯罪的因果条件研究，并不是指所有发生的事情，而是从整体和要素上看，每个事件的发生都有一个理由。当所有这些原因都找到时，它们必须被汇集起来，并与所描述的犯罪相关联，与整个系列的事件结合起来。

这项工作的第二部分，涉及对嫌疑人行为的质疑。有些时候，要考察犯罪对嫌犯的影响，包括经济状况、身体损伤、精神状态等。只有当罪行被准确地认为，是犯罪嫌疑人活动的结果，并且仅仅是被告人行为的结果时，这种联系才得以确立。确定嫌疑犯以后，要对他进行观察，把嫌疑犯的每个动作联系起来，这是一项系统性、感知性的工作。休谟说："所有的事实推论，都取决于因果关系。只有基于这种关系，我们才能用我们的记忆和感官当证据。"休谟举了以下例子：如果在一个荒岛上，发现了一个时钟或一些其他机器，就会得出结论，有人现在或曾经在这个岛上。得到这个结论很简单。人能感知到钟表的存在，也可以观察到被害人身上的三角形伤口，这说明当时有人使用工具，造成特定的伤口，这是因果推理。尽管休谟的这个命题很简单，但在法律中却极为重要，因为我们要始终面对以下问题：结果是什么？原因是什么？它们是否属于因果关系？处理好这些问题，有助于我们克服心理困难、免于犯错，这是我们的职责。

他的得意弟子迈农，还提出了一个重要的条件。迈农说，如果没有先前经验，我们不能观察到任何因果关系，也不能分析个体现象。因果关系中的每一个元素都有价值，它是一个复合体，所以，它需要我们多次检验和反思。

这项工作，涉及一些重要的条件。首先，必须考虑普通人如何构想不同情景之间的因果关系。正如施瓦茨所表明的，普通人基本不考虑因果关系。他所观察的，主要是自然活动与人为行动之间的关系。这一观察无疑是有意义的。但我认为，施瓦茨把描述局限于普通人，是错误的，因为该结论也适用于非常复杂的自然界。

此外，我们经常要接触外部世界中的一些事物，其中，许多是与我们关系密切且很重要的要素——太阳、光线、温暖、寒冷等，我们根据事物对我们的价值，来判断它们的积极性和消极性。这种方法的错误在于，我们忽视了积极与消极之间的关系转换。对于两个事物，是否可以建立因果关系、是否相互影响等，人们的答案基本都是积极的。但事实未必如此。例如，没有人会说，什么事情会对太阳产生反作用。但在很多情况下，人们会认为，A 影响了 B，B 也反过来影响了 A。对这种可能性的重视，可能会使人免于许多错误。

一个重要的因果错误来源，在于一种笼统而根深蒂固的认知，即原因和结果是类似的。比如，奥维德让美狄亚用长寿动物熬制骨汤。日常迷信中充满这样的讲究：长寿狐的肺被用来治疗哮喘，蓍草被用来治疗黄疸病，姬松茸被用来治疗水泡，马兜铃（果实像子宫）被用来治疗分娩的痛苦，荨麻茶被用来治疗荨麻疹，天主教会的神圣守护神，因为在某一时期与一些特定事物产生过联系，被选为保护者。所以，神圣的奥迪利亚是眼睛的守护神，不是因为她知道如何治疗眼疾，而是因为她的眼睛是用针扎出来的。盗贼迪斯马斯是死神，因为传言中他与基督同归于尽。圣芭芭拉被囚禁在一个火药库里，因此她成了炮兵的守护神。同样，根据西姆洛克的说法，圣尼古拉斯是水手的守护神，因为他的名字与尼库斯、尼克、尼克尔相似，它们是未被遗忘的、古老的德国海神的名字。

即使是最有教养和技巧的人，也不能反驳这些毫无根据的因果联系。因为，在潜意识中，它们是相似的，所以，没有人会觉得，需要格外努力来解释这些因果关系。这种错误，可能很容易被纠正，很容易引起人们的怀疑，但这种因果关系存在的原因却很难找出来。因为，人们本能地意识到，这种因果解释可能是不成立的，或者认为这种因果关系只是一种潜意识，他们无法表达出来。因此，他们不知道其中的原因，反而更加确信自己是正确的。故而，如果一个聪明的人告诉我，他怀疑另一个人与本次谋杀有关，因为后者的母亲曾经死于非命。他可能坚持说："那个曾经与杀人有关的人，一定与这次杀人也有关。"或者，如果整个村子里的人都指责一个人是纵火犯，因为这个人出生的那个晚上，邻村被烧毁了。没有人能意识到，这个人的母亲也可能是邻村火灾的受害者。人们只是认准"他曾经与火有关"，就把它当作判决依据。

还有，因迷信而建立起来的因果关系，这样的例子数不胜数——珍珠意味着眼泪，因为它们有类似的形态；布谷鸟的叫声及次数，意味着死亡或者结婚的年龄、金钱数量等。这种观念深植于普通民众的脑中，以至于会自觉或不自觉地浮现出来，带来预期之外的影响。每当有人毫无根据地断言一件事，他的动机之一，可能就是这类迷信。叔本华说："动机是人的一种内在因果。"这话也可以反过来说，即，因果关系是一种外部结果。断言一件事，需要内心的动机，而因果关系，会推动人产生这种动机——如果没有找到真正的最终原因，人们就会用一个虚假的、肤浅的和不充分的原因，将事情与因果关系联系起来、努力建立世界的逻辑。否则，世界将是混乱的。斯特里克说："在任何地方，那些不按正确的原因，将他们的经验联系起来的人，是很难生存下去的：艺术家的画会不受欢迎，工人的工作会不成功，商人会亏钱，而将军会打败仗。"这里，我们还可以补充一句："犯罪学家会判错案。"只要寻找案件错判的原因，就会发现存在认定事实不清，从而导致因果关系混乱。在这种关系里，最困难的，不是检验某个人对事件链的看法，而是检验犯罪学家的观点与思维习惯，否则，当因果关系出现的时候，可能视而不见，或发生不应有的判决。

刚才提到的那些迷信，非常普遍，影响了历史。甚至拉罗什富科也认为，政治家们的政治蓝图和伟大事迹，通常与心理倾向和激情有关。这一观点，与法律人的工作也有关，因为法律人，总是试图分析一个案件中的每个事件，因此，他宁愿处理一个庞大而困难的因果结构关系，而不愿假设整个犯罪来自于意外或者冲动。在这方面，最有逻辑的法律人，也最容易犯错，因为，他们只会假设"我不会这样做"，而忘记了罪犯可能根本就没有这样的逻辑和系统，他们甚至没有按照计划去实施，而只是源于飘忽的冲动。

此外，一个人可能已经找到了正确的因果关系，但遗漏了许多东西，或在某个工作环节主动停止了工作，或将因果链延伸到了不必要的地方。在这方面，密尔明确指出，事情发生前的直接原因，永远不是真正的原因。当我们把一块石头扔进水里时，人们认为它下沉的原因是重力，而不是扔它的动作。同样，当一个人从楼梯上摔下来，摔断了脚时，没人会提及重力，这被认为是理所当然的。当情况比上述例子复杂时，往往会造成误解。在第一个例子中，直接原因没有被提及，这是表达上的缺陷，因为重力是科学常识，有效原因总是直接的先决条件。

所以，当一个医生诊断"死亡的原因，是血液外渗造成的压力升高，进而导致脑溢血"时，他之后才会补充，这一事件是由头部受到打击造成的。类似地，物理学家会说，木板被弹起，是纤维张力不均的结果，然后他才说，这是温度变化的结果，而温度变化是因为阳光直射木板。而外行人，在这两个案例中，都会省略直接自然原因。在案例一中，一般人会说："这个人死了，因为他的头被打了。"在案例二中，他们会说："木板被弹起，因为它在阳光下受到暴晒。"因此，我们不得不同意这样一个令人惊讶的事实：外行比起内行，会跳过更多的中间环节，但这只是因为，他不了解或忽略了中间的条件，所以，他也面临着因疏忽而犯下更大错误的风险。

由于这个问题所涉及的，只是缺乏对相似原因的正确认识，因此，我们法律人本身也会犯这类错误，但是，通过仔细训练与谨慎思考，这种错误也是可以避免的。然而，我们必须认识到这一问题的重要性。当我们面对证人的一长串推论时，证人只对第一、最后一个推论做了解释,此时,如果我们不对那些中间环节,开展合理性审查与调查,我们活该听到不合理的东西。更糟糕的是,我们会以此为基础,做出进一步的推论。而一旦这么做了,没人会再清楚,错误究竟出在了哪里。

再者,因为不言而喻的原因(如滑落楼梯时的重力作用),如果省略了对错误根源的推论,我们就会面对如下困难:一方面,并非所有东西都像看起来那样不言而喻;另一方面,两个人很少对"不言而喻"有相同的理解——对一个人来说是理所应当的事情,对另一个人来说却远非如此。当法律人审查专业人员时,这种差异变得尤为明显,后者可以随意想象出对其他行业的人来说并非不言自明的东西。物理学家玻尔兹曼是在世的、最重要的数学家之一。别人曾经告诉他,他的演示不够详细,不足以让非专业人员理解,所以听众无法跟随他。因此,他在黑板上,仔细计算最简单的添加或插入内容,但同时在脑子里整合它们。对这位天才来说,这简直是一件不费吹灰之力的事情,但世界上极少有人能做到。

几乎在每两起刑事案件中,都会遇到一次这种情况,它们会以一种微不足道的形式出现。遇上这种情况,我们需要替换作为证人的专业人士。例如,如果一个猎人正在提供证词,他会省略一组在他专业范围内的因果陈述,得出跳跃性结论。这是一个致命怪圈。即,证人以为我们可以跟随他的推论、能够提醒他注意任何重大错误,但我们并不能。另一方面,我们依赖他的专业知识,同意他跳跃式的推论,但无法检验其推论中的漏洞。

在这种情况下,"专家"的概念,不仅适用于某些特定行业的特殊人员,而且还适用于那些偶然拥有专业知识的人,比如,知道某些案件具体情况的人。拥有这种知识的人,会把许多事情说成是不言而喻的,所以,农民在被问及他们熟悉的家乡的某条道路时,会回答说"一直向前走，就不会迷路"，即使这条路可能向右和向左转 10 次弯。

证人，只有在他每一部分的证词都得以检查时，才是可靠的，复杂的推论，也只有在一个又一个的推论被测试后，才变得可靠。因此，法律人必须遵循要求，解释推论中的每一步，这样，会缩小错误的范围。

如果我们有幸能用实验作为辅助，工作就会容易得多。正如伯纳德所说："在自然现象的存在条件中，有一种绝对的决定论，存在于生物和非生物领域。当任何现象的条件得以确认并满足时，无论实验者是否愿意，这种现象必然出现。"但是，只有在极少数情况下，法律人能够做到这点。直到今天，能够通过实验检验证词的刑事学家，可谓凤毛麟角。大多数情况下，我们依赖的仍是经验，但是，如果我们实在不能通过经验对某事进行分析，我们的工作就会陷入困境。如果我们觉得证据之间没有关联，那么，通过经验来认识因果关系，就会很常见。假设，我们给一个没有物理学知识的人两个光滑的大理石板，他永远不会独自发现，将一个放在另一个上面的时候，它们竟然很难分开，这种特性，只有通过实验才能发现。同样，没有人会自欺欺人地认为，火药的力或磁铁的力是先验的。但是，虽然一点儿经验都没有，人们也可以依靠理解和分析，发现因果关系，比如，任何一个没有经验的人，也能马上推断出，一个台球会通过推力，把它的力传递给另一个台球。

然而，这种弹力不是一种外部可识别的性质。这一事实告诉我们，先验知识是不可能推导出来的。因此，我们确实可以这么说：也许，没有任何性质可以从外部识别出来。所以，我们不能先验地推断，人与水接触就会变湿；或者一个物体拿在手里，就会对万有引力产生反应；或者将手指放在火里，就会感到疼痛。这些事实，首先必须有我们或别人的亲身体验才行。因此，休谟认为：原因不等于结果，结果也不会包括原因，每一次先验知识的发现，必须是主动的。认识所能做的，是简化自然现象赖以发生的主要原因，从一般推演出个别。而这，只能借助于类比、体验与观察。

那么，相信另一个人的推论，意味着什么呢？这种信任意味着，相信对方已经进行了正确的类比、切实的体验、对事件进行了无偏见的观察。这是一个很大的预设。我们只要花点心思，去审查一下证人关于类比、经验和观察的简洁陈述，最后都会恐惧地意识到：证人是多么盲目地被信任了。凡是相信先验知识的人都会认为："这个人已经用他的头脑感知了它，并且用它再现了它，他的理解一定是合理的，因此，他的证词很可靠。"

先验主义和怀疑主义，决定了对证人态度的巨大差异。怀疑论者和先验论者，都必须测试证人的动机。但只有怀疑论者，会检验证人说真话的能力，会判断证人是否有足够的理解能力，会仔细检查证人从类比、经验和观察中得出的无数推论。所以，我支持怀疑论者。众所周知，不同的人，在类比、观察和解释方面有很大的差异，而明确区分这些差异，是我们的主要任务。

在这里，需要考虑两种情况：一种是必然因果关系和偶然并发情况的区别。经验，常常让我们误认为，两个同时发生的现象有因果联系。但实际上它们却没有。比如，一个90岁的长者发现，在他的一生中，每周二都会下雨。这是一种丰富的经验，但没有人会把周二和下雨，作为因果关系联系起来，因为这种联系会被认为是愚蠢的。然而，如果这种巧合看起来没那么简单，那么，就容易被认定为因果关系。例如，每年的万灵节或新月时都有雨。如果这种联系的偶然性不那么明显，那么，这种观察就会成为一个备受信任的气象学规律。这种情况发生在所有可能的领域，不仅证人常常犯迷糊，我们自己也经常很难区分因果关系和偶然关系。应遵循的唯一有用的规则是，预先假定是偶然关系，并仔细审查，看它是否揭示了因果关系。"任何在感知中联系起来的东西，都必有规则，但还有很多东西，可能没有任何因果关系。"叔本华说。他随之提出了第二种情况，那就是："一旦我们给任何巨大影响赋予了因果力量，并认识到它是有效的，那么，当它在面对任何阻力时，根据阻力的强度，将会产生相应的结果。一个人可能拒绝受贿10美元，但在面对25或50美元时，可能动摇而受贿。"这是法律人的金科玉律——它要求检验被告人在早期生活中受到的外界影响，当决定被告人在一起刑事案件中是否有罪时，这项研究显得特别重要。我们要问被告人的动机以及该犯罪对他有什么益处。因为动机，代表着人的品质和热情，它很少在没有任何原因的情况下消失，只要有奖励机制，它们就会表现出来；但它们在其他的时候并不明显，甚至可能被压制。当需要在相关品性间进行转换时，办案是最困难的。例如，当我们怀疑一个人有谋杀倾向，而他过去显示的只是虐待动物。或者，我们需要证明嫌疑人具有残酷性，但我们所发现的，却是他巨大的感性。或者，确认一个人的残忍行为，先要证明这个人贪婪。有时，这些有关性质转换的问题，也并非特别困难，但当必须解释诸如精致的利己主义、公开的嫉妒、对荣誉的异常渴望、夸张的自负、巨大的怠惰时，则需要对这个问题，进行非常谨慎和深入的研究。

第25节 怀疑主义

休谟的怀疑论，与前一章的主题十分相关，但这里需要特别对它解释一下。虽然，研究哲学上的怀疑论不是法律人的职责，但通过研究休谟有关怀疑论的学说，我们的工作会更容易。

根据休谟的观点，我们所了解和推断的一切，只要不是数学问题，就均来自于经验，来自于我们的感觉、记忆和推理。我们对因果关系的认识，也来自于经验，它可以应用于刑法工作，可表述如下："凡是我们认为正确的东西，都不是智力上的推论，而是经验上的命题。"换句话说，我们的假设基于数不清的重复事件。我们由此推断该事件在本案中又出现了。这就带来一个问题，即确定目前的案例是否真的类似、是否有足够多的样本案例以排除其他可能。

举一个简单的例子。假设有人走遍了整个欧洲，但从未见过或听说过黑人，也没见过不同肤色的人，无论是他所有的思考还是所有可能的科学手段，都不能帮助他认识到黑人。认识到黑人的存在，只能靠亲眼看，而不能靠幻想。如果他只依靠经验，从他观察到的数百万例子中得出结论，那么所有的人都是白人。他的错误在于，他所看到的人，都属于一个地区的居民，而他没有观察到其他地区的居民。

我们的案件不需要例证。因为我清楚，所有推理都是按照以下模式进行的："符合这种情况的案例成百上千，我们这个案件也不会例外。"我们却很少反思：我们掌握的案例数是否足够、内容是否详尽？不难发现，法律人之所以这样做，主要基于以下假设：我们已经在数千年里，积累了大量提示性的先验推论，其可信性毋庸置疑。却没有认识到，所有这些假定都是经验的产物，而所有的经验都具有不确定性，在旧有经验的基础上，新的经验不断积累，由此推动着人类知识的进步。同时，许多新经验与旧经验存在矛盾，从第1个案例到第101个案例，其中并无数学上的推理规律可言。认识到这一点，我们就能避免犯很多错误，避免造成很多损害。从这个角度讲，休谟的理论还是很有启发性的。

马萨里克将休谟怀疑论的基本理念诠释如下："如果我经常重复某个相同的经验，例如，我看见过太阳升起100次，并期望明天看见太阳升起第101次,但我不能保证、不能确定、不能证明这种期望。经验只能回顾过去,却不能证明未来。我如何才能通过前面100次日出,判断第101次日出呢?经验显示的是从类似情形推断类似结果。"所有基于经验的分析都是不确定的,也没有逻辑基础,虽然作为整体,我们可以预测分析结果,但只有数学才能证明其确定性。因此,休谟认为,基于经验的科学是不可靠的,因为因果关系的认定,依赖于经验事实,要求我们只有在明确的因果关系基础上,才能达到对经验事实的确定性认识,但是,这种显而易见的确定性非常少见。

休谟的怀疑论,对我们的工作有很大帮助。假设有十几个人,活到了120岁到140岁。这些样本来自对数百万人的统计结果。如果我们承认这个样本经验,那么,就可以据以推断,地球上没有人能活到150岁。但现在人们知道,英国人托马斯·帕尔活到了152岁,而他的同胞詹金斯至少活到了157岁(其实,根据他在铜版画中的画像,他都169岁了)。再者,这是目前我们看到的最大年龄。如果我又说,没有人能够活到200岁,但可能有人活到180岁至190岁,很难说人绝对不可能活到200岁。这些人的名字和历史都有记录,他们的存在,是反驳那些质疑可能性的重要根据。所以说,我们只能分析某种可能性,并且把这种可能性用于之后的案例中,用可能性来做预测。

不同的分析方式,会也对分析结果产生不同的影响。我们知道,每年在某一地区都会出现大量的自杀、手脚骨折、袭击、信件遗失等事件。如果当我们发现,某个季度的自杀人数明显少于同期人数时,我们就会推测,在本年接下来的时间里,会有相对较多的自杀事件发生,这样,全年的自杀人数就会变得大致平衡。这是对休谟法则的误用。休谟法则是平均概率法则,而不是替代法则。它的实际意思是,如果很长时间以来,这个地区每年都会发生这么多的自杀事件,那么,今年的自杀数量也会类似。

我的一个表弟有很多空闲时间。他在同事的协助下，花了几个月时间，计算每天经过他们常去的一家咖啡馆门口马的数量。他在每天两小时的观察时间中认真计数，发现每四匹马中，就有一匹花马。如果在任何一天，在第一个小时内有大量的棕色、黑色和灰褐色的马出现，他就不得不推断，在接下来的60分钟内，会有更多的花马出现。这样的推论，与休谟法则并不矛盾。因此，我们必须假设，第二天也会持续类似的关系。

虽然法律人不解决数学问题，但是，我们必须根据全部事实和经验，来构建推论。推论的前提是不确定的，而且经常会修改，而且，在应用于新的事实时，特别是之前的案例数量太少或者条件缺失的情况下，经常可能导致严重的错误。要知道，知识的进步，在于样本的收集——在100个案例中可能正常的东西，在1000个案例中，不一定还是这样。只要发现一个例外，该规则就不能再被认为是规范的。在新荷兰（澳大利亚）发现之前，人们认为所有的天鹅都是白色的，所有的哺乳动物都不能生蛋。现在我们知道，还有黑天鹅，鸭嘴兽会生蛋。在X射线发现之前，谁敢断言，光可以穿透木材？谁又敢断言，当今的伟大发明不会被随后的事实所否定呢？所以，对那些伟大的、颠扑不破的理论，也要保持应有的审慎。在这方面，当代医师都是杰出的代表，他们认为："现象A是否由B所致，我们尚且不能确定，但截至目前，每当我们发现A时，事先都会有B出现，还没有人发现相反的例证。"司法领域的专家，也应秉持类似的理念。尽管，这种做法很难接受，但无疑更稳妥、更安全。唯有如此，我们才能避免盲从那些看似无例外的一般规则，这样，我们的工作才能安全地进行下去。

这一点，与我们的职责密切相关。当我们认为发现了普遍有效的规则时，就会舍弃专家的协助，得出独立结论。我们经常依赖自己的理解和自以为是的先验推理，实际上那些只不过是经验，并且是非常匮乏的经验。法律界尚未将刑事科学推进到更高的境界，还无法充分利用同行的经验以及经过同行审查和确认的文字材料。我们投入大量精力，研究法律难题，界定司法概念，但缺乏对人类及其情感的研究，也没有这方面的研究传统。因此，每个人不得不依赖自身经验。如果这种经验已有数十年的经验作为支持，并且得到过别人经验的支持，就会被认为具有相当的可靠性。从这个角度看，并不存在不容置疑的规则。每个人都可扪心自问："我可能从未经历过这个事实，但其他成千上万人可能经历过，并且，可能形成了成千上万种不同的认识。所以，我自己如何能排除各种例外情况呢？"

所以，只要任何一个因素不为人知，既定的规则就可能会被打破，这种情况经常发生。假设，我对水的性质没有充分了解，然后，我从陆地上走到某个平静的水池边，我觉得水和陆地一样具有密度、结构和重量，我认为自己还可以在水面上继续行走，就像在陆地上一样——这仅仅是因为，我对它的流动性和其他风险一无所知。李普曼将这总结为：具有不同逻辑关系的因果联系。事物的因果关系，包括闪电和雷声、火药燃烧与爆炸之间的关联，仅仅是一种先前事物与演绎结果之间的概念关联，逻辑关系完全不同。这也是众所周知的休谟法则的内核。我们永远无法确定，是否掌握了一个现象的所有决定因素，因此，我们必须审慎地制定所谓排除了任何例外的法则。另外，休谟法则并不是数学法则。虽然莱布尼茨说过："数学家用数字计算，法律人用的是理念，它们在本质上是一样的。"不过，数学是否能够真正免于怀疑主义的困扰，仍然值得深入研究。高斯、罗巴切夫斯基、波尔约、兰贝特等人的研究，已经给出了否定的答案；而我们也不只是与理念打交道。就司法职业的现状来说，它最重要的对象是人类自身，这构成了司法研究的重要内容。

让我们再讨论一下数学定理的意义。当毕达哥拉斯发现他的命题时，他首先画了一个直角三角形，然后在每条边上建了一个正方形，最后测量了每个图形的面积并进行了比较。如果他用不同的三角形做了10次或100次实验，结果总是一样的，那么，他才有理由说他已经发现了一个定理。即便如此，他的研究方法也仅仅是经验方法。这就如同一位科学家所断言的：我们从未发现一只鸟在直接生产小鸟，所以，我们说所有的鸟都产蛋。但毕达哥拉斯在发现他的定理时，并没有使用这种经验性的方法。他在构建理论时，根据假设开始计算，并基于假设进行研究。他假设"如果这是一个直角三角形""如果那是一个正方形"，而这是科学研究所采用的基本方法。科学研究一般的命题是："如果这个关系和以前一样，那么，明天月亮一定会在特定时间升起。""如果这一推论成立，那么它就会遵循后来的推演。"犯罪学家的工作和这有类似之处，但我们必须对出发点和假设持有怀疑。

第26节　案例研究中的实证方法

在对休谟的怀疑论讨论画上句号之前，我需要讲一下科学领域的实证方法。实证方法，是在对自然界的研究中，通过观察和实验得出的规律性知识。有人认为，通过这种观察发现的法则差异很大、不太靠得住，所以，实证经验法则很少被应用。经验法则不是绝对定律，但它能够解释一些实际情况，比如，从天象中概括天气状况、物种通过杂交得到改善、某些合金比其成分因素更坚固的事实。法学也可以应用实证方法，来观察杀人犯是否是一个先前罪行未受惩罚的罪犯；所有的赌徒都有某种显著的相似性；暴力流血犯罪中的罪犯，可能习惯于在桌子下面擦拭双手；狡猾的人常常在犯下严重的罪行后，做一些十分愚蠢的行为，由此留下重要的案件线索；欲望和残忍是否有一定的关系；迷信在犯罪中起着很大的作用。实证方法让观察变得简单，这种经验也很重要，但我们在这种问题上做的工作很少。

此外，经验法则并不似想象中的那样确定无疑，即便从数学角度分析也是如此。例如，自从测量科学出现以来，没有人成功地发现三角形的三个角之和等于180度。那么，当连这些从我们年轻时就认为有效的东西，都可能并不真实或者只是在理论上真实的时候，当我们从不太确定的规则中进行推论时，必须更加小心。犯罪学家的工作范围太小，只能接触到非常有限的社会生活，而且，从其他领域获得的启示也非常稀少。而其他科学领域的情况则截然不同。詹姆斯·萨利说："经验，使我们能够理解外界的情况、预测政治变化和科学发展、设想北极的地理条件。"其他学科有理由能够做出此类判断，我们的学科也能够吗？一个人可能已经与小偷和骗子打交道多年，但他可以判断出面对杀人犯的情况吗？他能否把与知识分子打交道所学到的经验，用到农民身上？在上述情况下，进行推论要非常谨慎，并不断提醒自己要倍加小心，因为，我们的工作仍然缺乏适当的证据。此外，我们必须记住，归纳与类比很接近。根据里普斯的说法：归纳法的基础，就是类比法的基础，两者具有同样的基础。他进一步指出："如果一个人仍然怀疑，先前据以判决的有效条件，是否还能再次利用时，那么，这种归纳就是不确定的。因为不应该使用过时的无效条件。那是不合理的。"办案中，使用类比是很危险的，它应该从刑法中排除。我们必须牢记这两种方法的限度，牢记那些普通规则如在伪证问题上的偏见、可反转性、特殊倾向等；牢记我们关于证词的构成和间接学说；牢记关于证人和供词价值的规则……这些都与归纳和类比有关。我们在每个案件的审判中，都会使用这些方法。然而，这些如此频繁和普遍使用的方法，必须确保其可靠性，或者，必须以最谨慎的方式对待之。

关于归纳法的使用，在此介绍一下常用的方法。关于密尔的逻辑体系，菲克已经提请人们注意一个惊人的问题：为什么在许多案例中，一个例证就足以得出归纳结论，而在其他案件中，大量一致性的例证，即使没有发现任何不同或者疑似例外，也只能在做出普通而有效的判断方面，迈出一小步呢？

该问题在刑事司法领域，具有非常重要的意义。因为在任何特定的审判中，我们都不容易确定我们所面对的究竟是第一种情况（即单个例子就足以证明），还是第二种情况（即大量的例子也不足以证明）。这一难题隐含着重大的错误风险。如果用第一种情况代替第二种情况，就会出错。比如，我们对几个例子感到满意，并认为已经证明了这个案子，但实际上什么都没有证明。

首先，我们要考虑问题的性质和形式。如果有人问："袋子里的一千颗弹珠中，是否有白色的弹珠？"如果第一次摸出来的弹珠里面就有白色的，那么答案就出来了。如果问题的提出方式是："袋子里只有白色弹珠吗？"那么，我们就必须得摸到最后。问题的形式决定了答案，虽然它只是决定了不同的研究对象。

举一个例子，如果我问："A偷过东西吗？"只要有一个相关判决记录，或者有一个证人，就足以证明A在他的一生中至少犯过一次盗窃罪。然而，如果要证明这个人从未犯过偷窃罪，就必须回顾他的整个人生，而且，必须证明他在任何时候都没有犯过偷窃罪。在这种情况下，我们的证据少得多，我们不会得到这个人是否从来没有偷过东西的证据，我们只能知道他是否从未因偷窃而受到过惩罚。我们不可能从所有的权威机构那里，打听关于这个人的消息，但是，至少我们可以去问最了解情况的机构。如果权威人士说，这个人没有因偷窃而受过惩罚，我们也没有听其他人说这个人曾因此受过惩罚，我们的工作就算完成了。这就是我们所说的，在有限的空间得到令人满意的证据。

在大多数情况下，我们必须处理各种各样的证据，而且，经常根据办案需要，调整工作中需要解决的问题，或者把某些问题搁置在一边。假设涉及一个保存完好的脚印，然后我们怀疑某人作案，将他的鞋底与现场脚印进行比较。它们的长度和宽度、钉子数量以及其他指标都是一致的，因此，我们得出结论：这是嫌疑人的脚印。但事实上，我们只证明了在长度、宽度、钉子数量等方面的关系是一致的，因此，我们认为部分证据是充分的，而忽略了整体问题，也就是在当时、当地，没有其他人的脚印相符合。因此，我们只是计算了当时可能没有另一个人拥有类似长度、宽度和钉子数量的鞋子的可能性，但是没有从证伪角度做出确切的证明。所以掌握的细节越少，找到那个人的概率自然就越小。比如，证据指出的这种鞋子，在该地区很少或从未出现过，而且没有任何本地人会在现场，钉子的形状提示此人来自外地，其中就可能是嫌疑人的家。所以说，证据只能表明一种概率或可能性。

涉及"否定性命题无穷尽"这一断言，能够反驳该断言的，是以否定形式出现的正面证据。如果我们让一个专家检查一块污渍，我们问他这是不是血迹，他告诉我们："这不是血迹。"那么，这个单一的科学断言，就证明了我们不需要将之视为血迹。这一例子似乎是"否定"证明，但事实上是一个"正面"证明，因为专家给我们的是命题，而不是结论。他发现这个污点是铁锈污点或烟草污点，因此他说这不是血迹。如果他是一个怀疑论者，他就会说："我们并未发现哺乳动物的血迹，因为其中没有与之相关的血迹特征，我们也从未在没有血迹的情况下识别过一具尸体。所以，我们认为这不是血迹，因为我们发现该污渍的特征与铁锈相符合。"

逻辑关联与经验之间也有区别。如果我说："这种矿物质尝起来很咸，所以我认为它可溶于水。"我的推论基于逻辑——因为咸味意味着矿物质可以与唾液产生结合，味道传递到味觉神经，所以如果它能溶于唾液，它也一定能溶于水。如果我又说："这个东西尝起来很咸，它的硬度应该是2，比重为2.2，它的结晶应该是六边形。"这种判断就取决于经验，因为我说的其实是："我知道，具有上述硬度和比重的矿物，一定是岩盐，而且岩盐是六边形结晶，没有岩盐不是六边形结晶的。"这两种推论的假设都是经验问题，但是，第一个推理依据的是逻辑。不同的时候，我们会遇到不同的问题，有的时候我们用逻辑来解释，有的时候用经验。

众所周知，每当我们受到一个事件的强烈影响时，对于那些影响小的事件，我们就可能体验不到或者只会有轻微的印象，因此，它们就被忽略了。从数学角度分析，这就是：无穷大加一，还是无穷大。当我们经历巨大的痛苦或巨大的快乐时，任何伴随的微不足道的痛苦或快乐，都将感觉不到，就像拖着很重马车的马匹，不会注意到车夫是否加了件外套。当犯罪学家面对一个涉及证据问题的困难案件时，需要关注两个维度的问题。如果在一个维度面临特殊困难，而另一个维度的困难很容易克服时，那么，后者经常会被完全忽视。在这种情况下，对推论做出的调整，往往是错误的。即便消除了某个维度面临的特殊困难，错误依然存在。有鉴于此，如果查明事实需要付出更多努力，耗费大量时间，而建立逻辑关联又显得较为容易，就往往会轻易认定逻辑关联，进而得出错误结论。

根据我的经验，当我们面临的是逻辑维度而不是经验维度上的困难时，办案就会频繁出错。说实在的，犯罪学家，并不是训练有素的逻辑学家，无论我们多么有必要通晓逻辑学，犯罪学家中的大多数人，都满足于我们很久以前在课上学到的、后来又被遗忘的一丁点可怜的知识。在检查预设时，我们往往会发现逻辑没有问题，在案件上也花了很长时间，但是预设前提不对，同经验相矛盾，实际上并不可靠。这种预设前提的错误，会导致推论也是错误的，让整个工作都白费了。如果法官使用逻辑解决问题，而忽略了经验问题，那么，很少有人会责怪他们。法律人习惯性犯这种错误，且还有理有据。例如，如果我已经就同一事件，询问了十个一致的证人，并且，已经完全证明了案件的状况，那么，在询问最后两个证人时，我会草草了事。因为我会认为，虽然他们已经被传唤出庭，但他们提供的证词不再重要。所以，我要求他们尽快简单地做出陈述，而一旦进行这种错误操作，就可能导致错误的结果。以此类推，在一个方向上侧重了，而忽视了另一个方向，这种故意忽视证词的现象，也会出现在其他程序中，带来错误结论。这种错误，会使之前的所有劳动变得毫无价值。

第 27 节 类比

类比，是所有归纳法中最重要的方法。类比的基础假设是：一个东西，如果与另一个东西有一些共同的品质，那么，它们的其他品质也会相同。如果我已经感知了 X 次某种颜色的花的香味，我就会倾向于在 X+1 种情况下，期待相同颜色的花有香味。如果我已经观察到 X 次某种结构的云彩有雨，我将在 X+1 种情况下期待下雨。第一个类比没有价值，因为颜色和香味之间没有关系；但第二个类比却很有价值，因为雨和云之间，确实存在这种关系。

这两个例子的区别，并不在于一个例子存在类比关系，而另一个例子没有类比关系，而是在花的例子中，虽然这种关系时常发生，但这种关系并不是永久的。如果有一种自然法则，控制着颜色和气味之间的关系，而且，这种法则是已知的，那么，我们需要讨论的是自然法则，而不是类比。我们对类比的一无所知，来自于我们只关心表面的因果关系，而不是两个事件的共同机理。假设，我在街上看到大量穿冬大衣的人和大量手里提着溜冰鞋的人，如果我不认为，寒冷的天气是需要大衣和溜冰鞋的条件，我就会认为，大衣和溜冰鞋之间存在某种难以理解的对应关系。如果我观察到有一天，街上出现许多衣冠楚楚的人，却看不到在大街上工作的人，如果我不知道今天是星期天，那么，我会认为工人是被绅士们挤走了。反之亦然。

类比的风险在于，我们在心理上总是倾向于依赖已经知道的东西。在审查陪审团的裁判过程中，我们会注意到，陪审员提出的问题，总是和他们的职业相关，即便很难建立这种关联；同时，还倾向于从自身职业角度看待当前的案件。这让人不安。所以，即便证人的证言与案件并无关联，商人陪审员可能据此解释交易余额，木匠陪审员会用证词来解释木工活，农场主陪审员会注意牛的养殖……他们在自己的领域中提出问题，然后构建最大胆的类比，来确定被告的罪行。法律人也不例外——一个案件越是困难、越新颖，就越倾向于类比。因为我们找不到确定的自然规律，所以，我们从类比中寻找依据。比如，证人X在某一案件中提供了一份模棱两可的证词，我们把它和一个老案子中的证人Y的证词作类比——其间丝毫不做调整——来分析现在的问题。我们从没见过地毯上的血滴，但我们用衣服和靴子上的血渍作类比。我们此前曾经碰到过一起案件，被告人在变态的性冲动驱使下，实施了新型犯罪行为，但我们却和另一个案子作类比，尽管两起案子的性质很不一样。

可以使用类比的唯一地方，是做案件假设的时候：我们首先提出一个假设，然后检验这个假设。为了构建案件假设，通常要结合此前的典型案例进行类比推理。我们通常会说："如果案件情况是这样的话"，然后，再基于现有材料验证案件假设，逐步开展证实和证伪分析，直到我们得到一个一致的结果。这种方式经常获得成功，而且，这往往是开始工作的唯一方式。但用类比方法的风险在于，人们在匆忙之中工作，却容易忘记初始理论只是一个假设。在这种情况下，突然认为这个假设是已经证明了的东西，这样一来，结果一定是错误的。如果你还要给类比方法增加一些变量，这种变量又不易加以识别，情况就会变得更糟。比如，我们从未到过月球，因此不能判断月球上的情况，但通过类比，我们分析得出，如果我们跳到那里的空中，我们应该落回月面；更进一步，我们再次通过类比，得出火星上有智慧生物，然而，如果我们要说出这些人可能的样子，是像我们还是像立方体抑或线，是像蜜蜂一样大还是像十头大象那样大，我们就毫无头绪，因为我们没有任何类比基础。归根结底，类比取决于类似条件的重复出现。因此，当我们通过类比来判断时，我们需要确认条件和结果的背景是一致的。

第28节 概率

对刑事法官来说，最重要的东西，是有证据价值的东西。但是，一个材料是否可以用作证据，这个边界很模糊。在不同学科中，证据的概念很不同——在数学家、物理学家、化学家、医生、自然学家、语言学家、历史学家、哲学家、律师、神学家等所举的例子中，判断什么证据有价值、什么证据很普遍，是很有意思的一件事。但是，这不是我们的任务，也没有人需要知道"确证"的判断标准，我们只需要知道，学科间判断"确证"和"可能"的标准差异很大，就可以了。至于"所争论的事究竟是得到确证还是仅具可能性"这一问题，刑事学家可能会做出差异化的解答。之所以存在这种差异，主要是由于刑事学家可能在数学、哲学、历史或自然科学等领域，存在特定的倾向。实际上，如果我们了解一个人，就能够事先判断出他对"确证"的理解。而对于非专业人士，他们会对该问题无所适从。

要定义"证据"，至少需要明确概率问题，也就是假设情境发生的可能性。那些可能的事情，产生概率的预期，那些看起来确定的事情，才能成为确证。从某种程度上说，概率是证据的标准。

当学者发现了一个新思想、新秩序、新解释或新解决方案的时候，他并不关心是否发现了确定事实。他只关心一种思想或一个事件发生的最大可能性，而不是它无可辩驳的确定性。因为，如果一个证据百分之百会发生，进一步研究也就没有必要了。事件只有在高概率的情况下，才具有研究的价值。例如，如果 X 被认为是最有可能的罪犯，同时，他不在犯罪现场的证据又不成立，那么，他的脚印就是佐证。同时，在他身上看到的赃物，以及他在犯罪现场丢失的、被认为是他财产的东西，也成了佐证。总之，只有当所有这些指标本身被确定为高度可能时，然后在某些情况下，它们合并在一起，就会产生完全的确定性，才能成为确证。

假设和概率，对刑事学家来说只有启发价值。有了假设，我们就可以开始分析，如果没有假设的帮助，许多案件就无法开始。一个案件，如果有一半的证据是混乱的，首先，需要尽可能早地应用一些假设。一旦一个假设与事实不一致，就必须放弃它、换一个新的假设，重复这个过程，直到最后，有一个假设站得住脚。假设是操作的中心，直到它本身成为一个证据，或者，当我们在不同方向上，收集了较多高概率事实时，按照一定顺序，它们可以起到证明作用。指控时，有高度的可能性就足够了，但判刑时则需要"确定性"。在大多数情况下，控方和辩方之间的斗争，以及法官的质疑，都是围绕着证据的可能性与确证性问题展开的。

概率以这种方式，在处理一些关系中，给我们带来了很大的价值。对犯罪学家来说，概率的价值是毋庸置疑的。米特迈尔说："概率不能导致判决，然而，它通过授权某些审查行为，提出在不同方向上附加某些法律程序，对案件审理具有重要的指南作用。"

谈论一个已知结果的概率，是不妥当的，也没有人会断言，明天绝对下雨还是绝对不会下雨。如果我考虑接下来的天气变化条件，比如温度、气压、云层、阳光等，作为与明天的天气有关的条件，那么我能分析的，是明天下雨的可能性。而我的陈述是否正确，取决于我是否准确和完整地知道雨水出现的条件，以及我是否将这些条件恰当地联系起来。至于无条件的概率分析，即今天的天气条件与明天的天气条件无关，而只是对雨天的数量进行统计学上的观察，情况就完全不同。这两种情况的区别，对于犯罪学家来说非常重要。因为，用一种情况代替另一种情况，或者把一种情况和另一种情况混为一谈，会混淆并错误地解释概率。如果在维也纳发生了一起谋杀案，我基于事实，分析出了发现罪犯的概率是多少。这样的概率，意味着我已经计算出了一个有条件的概率。如果我通过计算十年间在维也纳发生的所有谋杀案，其中案发后找到罪犯的概率是多少，以此来预测此案找到罪犯的概率，这就是无条件概率。无条件概率，可以自行研究，并将事件与之相比较，但决不能作为判断依据。

在实际生活中，人们不常用数字来呈现这两种情况，而只是使用大致描述。假设在案件中，各项证据已经支持罪犯的人选，并且我们也找到了罪犯的脚印。在不了解更多细节的情况下，我就说："哦！脚印能说明的很少！"在统计学上，我的意思是说，脚印和犯罪的正相关的可能性很小。但是，假设我已经检查了脚印，并根据其他情况对其进行了检验，我可能又会得出结论："在各项条件下，脚印能说明的很多。"这两个结论，可能都是正确的，但如果把它们放在一起，说"各项条件都支持我们得出的结论，但是脚印能带来的证据支持很少"，这种说法就不对。

这种错误，在确定被告的共犯时，尤其容易发生。假设我们说，依据犯罪的方式，罪犯极有可能是一个惯犯时，我们的概率判断就是有条件的。而现在，我们又进入无条件概率，说："众所周知，屡次受罚的小偷，经常再次行窃，因此，我们有理由假设 X 是罪犯。"这两种情况都是真的。但事实上，我们所处理的概率用两种方式计算，当这种不确定性人人皆知的时候，这种推论并不完全危险，但如果计算比较隐蔽时，对它的使用，就可能带来很大的风险。

基希曼对概率做了进一步的细分：

1. 一般概率。该概率取决于个案的原因和结果，由此才有自身的特点。涉及原因的例子如天气预报，而涉及结果的例子如亚里士多德的箴言，他说："因为星星是转动的，所以地球是静止的。"历史和法律科学（尤其是刑法），特别依赖于一般概率，它们都使用人为信息，这种信息表达的是事件结果，因此，它们由人为推断所组成。

2. 归纳性概率。它必须由真实的单一事件所构成，这样归纳出来的概率，才是有效的普遍性概率。它在自然科学中使用广泛，例如，由杆菌引起的疾病——在 X 疾病中，我们发现病症 A，因此，在类似原因的 Y 和 Z 疾病中，我们也会发现病症 A。

3. 数学性概率。它推断 A 与 B、C 或 D 有联系，并推断概率大小。比如女人生产，要么是男孩，要么是女孩。因此，男孩的概率是二分之一。

在以上不同类型的概率中，前两种对我们最重要，第三种价值不大，因为，我们的数学基础很有限，而且必须做长期研究。密尔建议，在应用数学概率之前，先要了解必要事实，即各种事件发生的相对频率，并清楚地了解这些事件的原因。如果统计显示，每一百个人中，平均有五个人的寿命达到七十岁，这种概率表达了长寿与短寿之间的关系，那么，这种概率就是有效的。

在此基础上，库尔诺又区分了主观概率与客观概率。之后，克里斯又定义了客观概率，他说："在绝大多数情况下，抛骰子的结果是有规律的。所以，我们认为它是客观有效的概率。所以，如果改变骰子的形状，这种关系就会改变。"但是，如何看待这种"客观有效的关系"、如何证明这种概率关系，我们仍然不清楚。因此，数学概率是否有用，依然是一个问题。

克里斯还说："数学家在确定概率法则时，把一系列采取不同方式的类似案例，归纳为一般条件的不变性、单个事件的独立性和偶然的等同性。因此，我们发现有一些简单的法则，并根据这些法则，从之前观察到的案例中，计算出一个案例的概率，也可以得出所有类似案例出现的概率。这些规则的确立没有例外。"这句话并非不准确，因为这些规则普遍适用，但它会错误引导死亡率的计算、证人的陈述、司法判决等工作，因为这些工作，并不按照普通模式进行。只有当一般条件恒定时，这种数字概率才会有效。数字概率只对无条件概率有效，因为它是从一系列数字中计算出来的，在这些数字中，个人经验是完全缺失的。

数字在概率方面，对每个人都有很大影响，以至于我们在使用数字的时候，必须特别小心。密尔举了一个法国人受伤的案例：假设一个由999名英国人和1名法国人组成的军团受到攻击，有一个人受伤了，没有人会相信受伤的是法国人。康德说得好，如果仆人替主人给医生送来9个金币，医生肯定会认为这个仆人要么丢了一个金币，要么私藏了一个金币。这些概率都取决于主观判断。

只要有人为参与，就会出现规律。如果我让一个人去数案例的数量，他数出来正好是100，我就会怀疑，然后让他重新去数。如果听说某人的收藏品正好有1000件，我会感到惊讶。当一个人说距离是300步时，我会认为那是一个估计。那些不在乎准确性的人，以及想让自己的陈述看起来尽可能正确的人，在引用数字时，会使用特别不规则的数字，例如1739、7/8、3.25%等。我有个陪审员投票的案例。在这个案例中，投票的比例很容易预测。那天，同一个陪审团得对三个案子投票。在第一个案件中，比例是8票赞成，4票反对。第二个案件的比例相同，第三个案件也是如此。但是，当领班观察到这个比例时，他宣布一个陪审员必须改变他的投票，因为比例连续三次一样，显得太不可信。经验说明，虽然在总体上，大自然有着令人惊叹的秩序性，但它是完全自由的，因此，在小的方面是不规则的，这是我们对不规则高度信任的原因。正如密尔所述，我们不期望自然界有任何形式的一致性，就像我们不期望明年和今年一样；而且，当一些规律性被一个新的事件打破时，我们也不会感到奇怪。曾经有人认为，人，不是黑人就是白人。后来，在美洲发现了红色人种。这样的假设，给我们造成了很大的麻烦，因为，我们不知道自然规律的界限。

事物是否属于自然法则，取决于我们的经验。我们永远无法得出普遍结论，只能通过仔细观察，从已知情况中总结出最大概率、识别例外情况。培根把建立可靠假设称为无意外案例的累积。我们得到规律，依靠的是数量。没有受过训练的人，不会自找麻烦考虑意外情况，而受过训练的人，则会寻找他需要的事实作为推论的前提，只要没有出现例外情况，那么，就可以认为，真实的无例外的情况，就是普遍情况。

这提示我们应该如何解读他人提供的信息。如果我们听到："既然以前都是这样，那么现在也是这样的。"就此直接接受一个现实跟怀疑所有事情一样愚蠢。正确的方法，是审查和确定前提条件，即谁计算了这个"总是"，以及使用了怎样谨慎的措施，来避免忽略任何例外。解读的真正工作，就在于检验。我们不想一蹴而就达到真理，我们只能希望越来越接近它。

我们在审查和判断中的最大错误，往往在于过度重视个别情况，并试图仅用这些个别情况来解决问题，从而不敢充分使用前提条件。后者其实有些科学精神。但是，这种愚蠢想法在实际事务中却很危险。一般来说，这也是对前提条件缺乏评估的后果。法律程序中，虽然不需要初步审查、逮捕、场所调查这些步骤，但确定事件的大致概率是很有必要的。虽然没有法律规定此类案件需要达到多大的概率，我们也无法提出具体的概率数，但是，我们有必要强调，如果特定事件无法证明为真实，也没有其他证据能够否定其真实性时，必须坚持其似真性。休谟说过："我们有理由相信先前的经验，并把它们作为判断未来经验的标准，这些理由就具有似真概率。"

概率在现代刑事诉讼程序中很重要。当法律确定了陪审员或者法官的数量时，其概率前提是，这个数量的裁判者足以查明真相。起诉制度，将被告是罪犯的可能性看作一个概率；诉讼期限制度的概率前提是，随着时间的推移，在经过特定时间后，惩罚效果可能弱化，起诉也将变得困难；专家制度的概率基础，在于专家不犯错误的可能性；逮捕

第二篇　定义的前提　　117

令的概率基础，在于被告可疑，或可能供述出自己的罪行；证人宣誓制度的概率基础，在于证人在宣誓后更有可能说出真相的概率。

我们有必要追问"规则"的含义，及其与概率的关系是什么。科学的"规则"是指主观法则，与行为准则意义相同。由此可见，只有艺术和道德层面的规则，而没有自然规则。不过，规则的用法并不包含这种解读。我们说，白天下冰雹是一个规则，但在例外情况下，晚上也会下冰雹；鲸鱼的出没规则表明，它们生活在北冰洋；一般规则表明，易溶于水的物质，在温水中比在冷水中更容易溶解，但是，食盐在这两种水中的溶解度相同；我们通常还认为，作为一种规则，杀人犯是未受惩罚的罪犯；还有一种规则是，闹事者不是小偷，反之亦然；赌徒是团伙成员；等等。因此，我们或许可以这么说，规律是重复出现的属性，而那些规则可以被看作可能性。我们经常把允许例外的规则，与不允许例外的自然规律相混淆，因为我们已经在重复中迷失了自己，并认为由于事情已经发生了十几次，所以，它们必将以同样的方式出现。特别是，当我们听到其他学科中描述的某些现象，总是频繁、有规律地出现时，我们就认为它是自然规律，其实，我们并不了解整个事件，或者整个事件早已发生了变化。

此外，规则之所以不可靠，是因为它们是从概括中产生的。正如席勒所说，如果事件互相矛盾，我们就不该选择概括。在实践中，大体概括往往是我们概括的唯一指南。自然定律的前提条件太多，情况太复杂，太难做出区分，以至于我们无法根据自然特征，来确定一个自然现象的存在。而我们这个时代概括得太多，观察得太少，抽象结论又出得太快。大量的案例，如果它们相似，就会被概括、被归纳成一种规则，而那些重要、例外的情况却没有被观察到。这种规则一旦被制定出来，就会导致无数错误。

第 29 节　偶然

偶然的心理学意义，取决于其概念和它影响我们思维的程度。什么可以称为偶然，以及在什么特定情况下可以被称为偶然事件，在很大程度上取决于案例的性质。随着科学的进步，规律会不断增加，偶然会不断减少，偶然只在特殊的日常生活和普通事物中出现。当特定事件是由必然规律引起的，但我们又不知道这种规律是什么时，就称之为偶然或者意外。但如果人们发现，在多雪的地方，动物都是白色的——这一事件不是偶然。因为在高山地区或北方，雪的形成及其在地球表面的长期存留，是一种自然规律，动物颜色也是如此。这两个有序事实的出现，需要用另一种或另一类规律来解释，之前没人知道这些规律是什么，但现在已经广为人知。

对我们法律人来说，偶然及其解释具有十分重要的意义。这不仅体现在证据分析方面，也体现在事实疑问方面。因为在犯罪行为和嫌疑人之间，二者是否存在因果关系，或者这种关系是否只是偶然的，是经常会碰到的问题。"不幸的巧合""事实之间的密切联系""极其可疑"，这些术语实际上都是将偶然事件误认为因果关系。对二者之间区别的认知，决定了大多数审判的最终结果。如果法官能正确认识到意外是什么，他就能幸运地正确审判案件。

关于是否存在偶然性理论，我认为很难一言而概之。我们得把所有可能的偶然事件汇集在一起，并仔细寻找规律，才能大致解释偶然性问题。这方面的研究成果实际上已经不少，如文德尔班、亚里士多德、伊壁鸠鲁、斯宾诺莎、康德、洪堡、席勒、凯特勒、巴克尔、特伦德伦堡、罗森克兰兹、费希尔、洛采等各有偏重，但均没有给出一个完整答案。其中，霍夫勒所述最为可取，他说，某种情况下的偶然事件，在其他情况下，可能就是一种因果关系。

偶然性，在法律工作中起着很大的作用。在大多数情况下，审判的结果，取决于我们是否承认各种情况的组合是偶然的，而偶然和规律之间的区别，取决于我们对日常事件拥有的知识量。在特定案件中，日常知识有助于寻找因果关系，或者在没有明确规律的情况下，它可以对事件的组合原理做出谨慎的解释。

第30节 说服和解释

在审判过程中，人们是如何被说服的？作为主审法官，犯罪学家不仅要提供能使人信服的事实，作为国家官员，他也有义务让被告相信某个论点是正确的、让证人相信他有责任说出真相。他自己也经常被证人或被告的论点所说服，无论最终结果是否正确。

米特迈尔称，说服是一种条件，在这种条件下，我们是否确信事情真实，取决于我们所知道的令人满意的理由。但是，这种确信仅仅是一个目标，只有在提供了令人信服的材料之后，司法工作才能完成。卡尔·格罗克说，没有一个哲学体系能向我们提供全部真理，但对于理想主义者来说，真理是真实存在的。这表明了科学工作和实际工作之间的区别：对科学研究来说，寻求真理就足够了，但对我们来说，必须拥有真理。如果真理本身令人信服，那其实就没有什么困难，人们就会满足于仅仅正确的东西，被它们所说服。但事实并非如此。统计学上的数字是用来证明的，但实际上，数字只是一种工具，它是按照具体用途进行证明的。正是由于这个原因，才有了诡辩术——以一种方式排列事实，你会得出一种结果；以另一种方式排列事实，你可能会得出相反的结果。如果你诚实地、不带偏见地研究可疑案件中的事实，你会发现，根据不同的梳理方式，可以得出很多种可能的结论。我们一定不能满足于通过大量词汇形成的结论，而是要考虑利用或多或少的技巧、有意无意的方式，推演出简单或复杂的事实与解释。

福尔克马尔说："所有草率、绝对的判断，一旦成为习惯，就会暴露出观察的肤浅性和对事实基本特征的不尊敬。对孩子们来说，很多事是完全确定的，但成年人会对这些事存有疑虑。"由于犯罪学家比目击者的经验更多，组织事实的技巧也更高，所以，他们经常能够说服目击者和被告人——这是特别需要小心的地方。

没有人会确定地说，任何人都不完全相信的事情，法官会去说服一个证人相信。但我们知道，我们却能经常说服自己，而且，没有什么比看到其他人也同意我们这样做更好的了。因为权力和工作要求，犯罪学家常常会保留自己的观点。我们经常以谨小慎微的态度开始工作，其间遇到很多错误和知识盲区，当我们最终达到一种相对稳固的状态时，我们自己知道其中的错误和不足该有多少。然后，希望其他人也这样，但是这是不可能的。所有的错误、残酷现实和对正义的误判，都没有成功地剥夺法律人在国民眼中拥有的尊严。事实上，普通人预设的犯罪学家的知识、敏锐度和力量，要比犯罪学家实际拥有的多得多。法官说的每一句话，远超其应有的分量，尤其是当他正儿八经发言的时候，因为法官缜密的语言组织能力，更具有说服力。我敢肯定，我们每个人都观察到一个可怕的现象，就是在庭审结束时，证人接受了主审官的观点，更糟糕的是，证人还觉得是按照自己的判断进行思考的。检察官对事情的关系了解得更多，就知道如何更漂亮地表达它，并因此提出完美的理论。证人在问题的暗示下，变得自负起来，认为自己把事情讲得非常精彩，因此很高兴地采用了主审官的观点和理论。而实际上，主审官在急切中走得太远了。受过教育的人接受审讯时，这种危险性较小，因为他们更善于强调自己的观点；再就是，妇女在庭审时，因太固执而不容易被说服。但对大多数人来说，这种风险还是很大的，所以，一定要经常叮嘱犯罪学家，在审问目击者时，不要过度使用修饰。

自古以来，法庭上的证词就特别有说服力，但它不一定正确。学者型法官不会把检察官和辩护律师的辩词看得很重要，如果我们向人们了解，很少有人会说被检察官和辩护律师的证词所说服。一个学识渊博、经验丰富的法官，在证据齐备之前，不会对案件做出任何结论，也不需要对辩护人给予太多关注。控辩双方可能贬低或强化法官没有想到的证据，或者，他们可能会要求法官注意某些从轻或从重处罚的情节。但是，如果这些材料很重要，它们在举证时就会被触及，而且，这些辩词通常与案件的真正问题无关。如果不是这样的话，说明我们需要更多法官来处理这类事，或者说，即便法官再多，他们也可能忽视这样或那样的事情。

陪审团就不同了，他们很容易受到影响。在审判过程中，只要花点心思研究一下陪审团的表情就会发现，在审判中，原告和被告吸引了陪审团的大部分注意力。进一步讲，对他们来说，被告是否有罪，取决于控辩双方的演讲，而不是证据的数量和质量。我不是指责陪审团，而是指责那些原本应当承担相应责任的主体。首先，我们要知道案件审理的难度有多大，陪审团审判本身并非一门艺术，与刑事学家的其他工作相比，难度可能只在第三或第四位。在这种情况下，处理案件困难的地方，是提供证据的时间顺序，例如案情概要中证据的时间顺序。如果案情概要写得好，逻辑上和心理上说得通，案件审理就会顺利进行。但是起草案情概要很难。这里只有两种可能性：如果案情概要写得不好或没有用，案件审理就会无的放矢、不合逻辑、不知所云地进行下去，陪审团也无法理解发生了什么。否则，它就需要充分的准备和足够的智慧。但陪审团不具备这些条件，因此，他们无法欣赏这项极具艺术性的工作的魅力。因此，他们必须把注意力转移到控方和辩方的演说上。同时，这些演讲以某种可理解的方式，为他们再现了证据，而最终的判决，将根据争论双方中的一方或另一方更高的智慧，来决定无罪还是有罪。休谟告诉我们，当说服达到极致时，几乎没有给智慧和思考留下任何余地，它完全是针对想象力和情感的，抓住倾向性强的听众，并支配他们的理解力。幸运的是，很少有人能有高超的说服力，足以对那些内行产生说服效果。但说服陪审团也不是什么难事。所以，陪审团对案件带来的风险还是很大的。

唯一有用的方法是，法官作为心理学家而不是仅仅作为法律人，在法庭辩论的时候，注意陪审团的面部表情。他要非常仔细地观察控辩双方的发言对陪审团所产生的影响，有些发言，可能与案件的实际争议无关，他就有必要提请陪审团注意，将他们带回正轨。法官这种掌控庭审的能力非常重要，但能做到也非常困难。

第31节 推理和判断

这一节要讨论的判断，不是法院判决，而是普遍意义上的判断。如果认真履行职责，我们就会从最简单的案例中得出无数的推论，也会从其他所涉及的案件中，得到同样多的推论。我们的工作正确与否，取决于对这些案件推论的真实性。我已经提过，尽管观察本身是正确的，但具体到一系列复杂的推论，每个推论都可能涉及错误。然而，在日常生

第二篇 定义的前提

活中，诸如此类的简单而又确定的观察结论，都可能影响到最终判决。通过感知进行推论的频率之高，更是令人吃惊，它超过了一般法则所允许的范围。因为在条件不充分时，做出草率的推断，可能比仔细观察和研究更省力。即使是对最微不足道的事情，也会有草率的推断。在案件调查时，如果我们一直在做推论，那我们的工作就白费了。然而，我们又很少检验这些错误。

比如，一个证人可能"看到了"一个钟表，实际上，他只是听见了钟表的嘀嗒声，所以他就觉得钟表一定存在；另一个证人断言某人有很多鸡，事实上，他仅仅听到了两只鸡的叫声，所以推断有很多鸡；一个人看到了牛的蹄印，就说有一群牛；还有，某人自称知道一起谋杀案的确切时间，因为在某个时间里，他听到了有人叹气。

如果人们告诉我们，他们是如何推断的，那就没有什么困难了，但问题是，他们常常不会说。我们工作的时候也做着同样的事情，并且经常相信并断言自己已经看到、听到、闻到或感觉到了某些东西，尽管我们只是推断而已。我这里说的，既包括正确推论、部分正确推论，也包括错误推论。这里有一个常被提及的故事：在办理一个案子时，现场将棺材从坟墓中挖掘出来，所有在场的司法人员闻到了一股令人厌恶的气味，但最后，他们发现棺材是空的。如果棺材没有办法打开，所有人都会确证说他们闻到了难闻的味道，虽然他们的感觉都是推论，但是，这会导致很大的错误。

埃克斯纳举了一个优秀的例子：当孩子哭的时候，母亲会感到害怕，这不是因为哭声听起来很可怕，而是母亲觉得孩子可能发生了什么事。在这种情况下，声音的联想起了很大的作用。正如斯特里克说的那样，任何概念的复合体，都会有一个专门的词语来解释。我们如果看到手表这件事物，就会想到"手表"这个词语。如果我们看到一个人有明确的肺病症状，就会立即想到"肺结核"这个词语。后一个例子更有意义，它说明当复杂的情形出现时，错误出现的概率比只有一个症状的词语时低很多。一个症状的出现，不一定意味着另一个症状也存在，关于任何症状确定性的概念，会随着时间、地点和人的变化而变化。当人们对自己的症状十分肯定，以至于没有检查如何据此做出推论时，就特别可能出错。这种推断，是与字面意思直接相关的。回到上面提到的例子，假设A在B身上发现了肺结核的某些症状，随即想到"肺结核"这个词语，但他并非仅仅想到这个词语，而是让他产生了"B有肺结核"的推论。我们从来不会单独讨论一个词语而是把它附加到一些事实上，把它当作是一个判断。

这会出现另一个问题，也就是说，在每一个推论中，每个人都会根据自己的性格和思维方式，做出跳跃式判断。推论者并不会考虑另一个人是否能够做出类似的思维跳跃，或者思考方式是否不同。例如，一位英国哲学家说："我们不应该期望一个不懂天文学的国家，能够制作出完美的羊毛制品。"我们可能会说这句话逻辑不通，有的人会说这句话自相矛盾，但也有人说这句话非常正确，因为，天文学带来的科技进步，在纺织领域也有体现。爱德华·哈特曼说："在谈话中，简单的思维跳跃，是直接从小前提中得出结论，省略了许多其他推论。所以，我们在提供信息时，要考虑其他人的思路。女性和缺乏教育的人不会如此思考，因此，其交流经常出现中断。"所以，审查证人有风险，因为我们会不由自主地在对方的跳跃推论中，插进缺失的细节，然后，根据我们自己对事实的了解做出判断。因此，检验对方推论的正确性的工作，要么完全是不可能的，要么是粗糙的。在仔细观察证人所做的跳跃式推论时，我们会发现，一个人自己做出的推论可能是不同的，或者是以不同的方式进行的。相同的前提，在不同的人那里，会得出不同的结论。

所以，我们如果对证言所有的前提进行检验，就会得到与证人不同的结果。这种工作也有规律可循，比如推论所涉及的一些特殊情形，通常与证人的职业有一定关系。例如，喜欢数学的人，跳跃性很强，虽然这些跳跃经常是正确的，但当数学家以数学方式处理非数学领域的事情时，出错的风险也不小。

另一个风险是证人的证词。因为，证人在陈述时，往往遵循特定的模式，所以，他们的跳跃推论会省略一些具体内容、插入一些特定词汇。我从一个大工厂的记账员那里发现了这种心理问题。在日常工作中，他经常要应对大量的加法计算。二加三等于五，再加六是十一，再加七是十八，他认为如果这样计算的话，我们要一直加个没完。为了避免错误，我们必须换一种计算方法：让二加三立即呈现五的图像，让五加六立即呈现十一的图像，以此类推。根据这一点，我们不仅会看到一系列的图像，而且速度如此之快，比用笔计算快得多。而且，这些图像是如此清晰，以至于不可能出错。

但这类人把两个事件联系起来的时候，他不会考虑这样的联系会产生什么，他看到的只是一个图像。这个图像，也不像数字那样确定无疑，它可能有各种形式，而且也不完全是正确的。例如，目击者在黑暗中看到两个人、一把刀的闪光，听到一声喊叫。他就不会意识到，有人可能被闪光的刀吓到大叫，或者被用棍子攻击而喊叫，或者刀伤导致了啼哭——都没有，他看到、听到的是刀子和哭声，这两个图像结合成了一个图像，即某人眉毛上方有一个伤口。图像组合发生得如此迅速，以至于证人认为，自己看到了他所推断的东西，并对此确信。

许多类似的感官体验，都依赖于迅速和无意识的推断。假设我看到了花园的小部分照片，照片中，有一队人马正穿过这个花园，虽然我观察到的只是一小部分，但我可能会说，它是一个非常大的花园，因为我不自觉地推断：马匹只出现在大花园中，在花园的小部分图片中，出现了马车和马匹，暗示道路很宽，所以，这个花园一定非常大。这样的推论经常发生。因此，就有证人信息来源和可能性的问题，它可能是真的，也可能只是一种印象。就算它只是一种印象，因为推论被反复检验，才会形成相应的印象，所以，它也经常是正确的。但无论如何，都有必要回顾这一印象的一系列推论次序，并检查其正确性。不幸的是，证人很少意识到，他究竟是亲身感知到了事实，还是仅仅做出了推论。

当证人观察了几个，或仅仅一个线索后，特别是当线索不是非常有价值的时候，审查就尤为重要。在团队办案中，这种印象可能是通过推理形成的，但它经常是主观的、个人的判断。奥贝特说："就像古时候的来客，通过比对各自的一半指环来识别老朋友一样，我们也是通过单一的特征来认识客观对象，后者因这一特征而生动。"

如果不出错，这一切都没问题。德尔图良说："不合情理的东西，反而最可信。"这位伟大的学者说得很实在，尤其是在提到宗教信仰问题时。苏格拉底谈到赫拉克利特著作的令人费解时，也说："好的东西是被理解的，但是我不理解的东西也是好的。"虽然苏格拉底说这话时不是认真的，但许多人都遇到了类似的情况，他们都不像这些伟大学者一样有智慧。对证人的无数次审查，使我想到了德尔图良的格言，因为这些证词，把最不可能的事情当作事实，而当我遇到这些解释不了的事情时，我会常常想到："不合情理的东西，反而最可信。"

维兰德对没有文化者的盲目自信，做了最出色的描述。在维兰德的作品《阿伯特拉城居民的故事》中，第四位哲学家说："世界是无限的，像洋葱的皮，一层一层地包裹着。""这个描述非常清楚"，阿伯特拉人说。因为这些人知道洋葱长什么样，所以他们理解了这位哲学家。其实，将一个词比喻为另一个词，如此得出的推论，是发生误解的重要原因之一。虽然理解了比喻的含义，但对于其如何使用，以及存在的疑问是否弄清楚了，则往往早已忘记。据此，我们可以看到例证和比喻具有的特殊价值。实际上，古往今来的智者都会使用比喻方法与知识匮乏的人进行交流。有鉴于此，我们可以看到比喻的巨大影响，也看到人们对此的各种误解，更看到那些愚笨的人，想通过比喻来理解其他事物的努力。幸运的是，人们在试图向别人做出解释时，习惯于使用这种难以寻找的比喻方法，以至于其他人只要具备足够的观察力，就能够通过不同术语的比喻，评估从特定术语中所做推论的准确性。我们在询问证人时，也经常这么做。我们发现，证人经常利用想象来澄清一些难以理解的观点，因为，这是属于他的思维范畴。但是，比喻的东西是什么，对他来说仍然像以前一样混乱。因此，检验这种证词是非常耗费精力的，而且常常没有结果，因为人们很少能成功地把一个人从想象中解放出来，证人也并不了解他想要描述的事物。但在此类案件中，我们也获得了很多东西，因为我们能够据此确定，证人并不了解当前的问题，这一点有助于确定证人证言的价值。

作为合理推论的基础，要重视任何可能性。通常，人们基于细节或者一些显而易见的东西，说一件事情不可能，但是，他们可能忽略了很多其他可能。所以，不能相信证人说一件事不可能。举一个最简单的例子：证人向我们保证，一起盗窃案不可能是某个外乡人做的。如果你问他为什么，他可能会说："因为门是锁着的，窗户也关上了。"但是，小偷也可能从烟囱进入室内，或者将一个孩子通过窗户的铁栅栏送进室内，或者使用了某种特殊的工具，等等，这些情况，证人都没有考虑。

我们犯罪学家也不应纠缠于数学逻辑，而必须寻求历史真理。我们把大量的细节整合起来，通过思考得到结论，判断事件的特点。我们调查的对象，蕴含在大量的细节之中，而其呈现的方式和可靠性，决定了我们推论的确定性。

休谟提出过两个命题：

1. 一个物体总是伴随着一种影响；
2. 其他外观相似的物体也会有类似的影响。

休谟还说："从一个命题中合理地推断出另一个命题，要解释推理的理由。因为这些命题之间的联系不是直观的，它需要有一种媒介来让我们得出这样的推论。如果你不理解这种媒介是什么，你也得承认它存在。但是，如果你认为它存在，那么就有责任做出说明，因为那是我们关于事实问题所有结论的来源。"

如果我们更仔细地考虑这个问题，我们可以说，这种媒介不是某种物质，而是一种方式，比如"类比"。没有任何东西是绝对类似的。所以，当我在第一个命题中说到"一个物体"时，我其实已经进入了第二个命题。

现在，让我们再把这两个命题具体化：

1. 我发现用玉米制成的面包有滋补作用；
2. 我预见到其他明显相似的物质，例如小麦，也会有类似的效果。

在第一种情况下，我不可能用同一玉米做各种实验。但我们可以从另一个角度来考虑，比如，我可以用不同土壤中生长的玉米进行实验，甚至用来自不同地区的玉米进行实验，这样我们处理的就只有相似度的问题。最后，我可以比较两种不太一样的玉米，它们的区别比玉米和小麦的差距都大。这时，命题一和命题二处理的内容相似度就变得很高，两个命题之间的联系就会建立起来。

这种"联系"，在犯罪学上的重要性在于，推论的正确性取决于事实证据。我们持续关注休谟的两个命题，并经常做出断言：第一，有些事情存在因果关系，我们将本案与其他案件关联起来，就是由于我们认为两者具有相似性。如果两者确实具有相似性，并且第一个和第二个命题的关联实际上是正确的，就可以认定推断的真实性。达朗贝尔说："如果某种自然法则更常阻止有规律的组合出现，较少阻止不规律的组合出现，那么，第一种情况在数学上更好推测。比如，当我们看到某个骰子抛出的数字总是很高时，我们马上会认为该骰子是假骰子。"

我们还可以进一步说，如果偶然发生的事情有规律的数学关系，我们通常认为这是错误的推论——谁会相信猎人说他在过去一周里打了100只野兔、赌徒说他赢了1000美元，或者病人说他病了10次？至少可以说，每个数都只是表示一个约数，因为，96只野兔、987美元和11次疾病，听起来更可信。将这种情况放到审讯过程中，就会出现下列情况：证人为了让自己的证词可信，羞于说出这种"不可能的数字"。然而，许多法官听到这样的数字后，会毫不犹豫地指出问题，要求他提供"准确的陈述"，或者立即判定证人只是说了个约数。银行家和卖彩票的人发现，有"漂亮数字"的彩票很难被卖出，这表明这种观点是多么根深蒂固。序列号为1000、数字为100的彩票，是完全卖不出去的。再者，如果要把一列偶然的数字数出来，而总和是1000，那么这个总和的正确性总是受到怀疑。因此，我们必须同意，既不相信所谓的整数，也不特别依赖不规则的数字，而是对两者都应该审查。

对推断正确性的判断，类似于对数字准确性的判断。数字对判断的影响，既是人们普遍认可的现象，也是人们努力克制的对象。自康德以来，人们已经很清楚，"傻瓜占多数"的推论总是对的。无论是法院的判决、立法机构的投票，还是单纯的判断，都是如此。席勒说："人们常认为，法官和陪审团的数量越多，判决就越可能正确。"这是人们的错误推论，不符合实际的案件情况。而且，他们还没有考虑到法官不仔细、不努力，法官的助手不关心案件等因素。当偏见或心理弱点影响案件审理时，错误会成倍增加。不管是谁，如果他能避免感到厌烦、遵循集体决策、准确地跟踪陪审团投票情况、逐个了解陪审团成员的想法，就能发现，每个人的想法都不同，就能接触到一些罕见的事实，从而确保自身不受多数派意见的影响，做出严格公正的判断。针对法庭错判的案件进行研究，是非常有意思的。令人惊讶的是，其中往往只有一个人的声音是正确的。它给法官一个警示：应仔细听取个人意见，并考虑它的研究价值，因为真理只属于少数。我们也要记着，当一件事情由大量的证人断言时，要了解他们相互依赖、相互暗示的可能，一个错误证词，可能影响之后所有的证人，这种情况也经常出现。

一项判决，究竟是由一名法官做出的，还是由很多陪审员做出的，这无关紧要，因为判决的正确性不在于数量多少。埃克斯纳说："一项判决的正确性程度，取决于确立判决时因果关系的丰富程度。这里，知识的价值在于，它扩大了因果范围，让价值与所需知识的关联程度成正比。"这是我们必须牢记的最重要的学说，因为它驳斥了这样一种观念，即我们应该满足于掌握几十部法律、一些法律评注和大量例子。

如果我们再加一句："每个判断都是主观识别。每次判决，我们都可以对样本内容有两种不同的诠释。"那么，如果一个法官的想象力太贫乏，案件就会有被误判的风险。七十年前，米特迈尔说过："如果有足够多的样本来检验证据，法官判案的思路就都一样了，大家会不约而同地确信案件事实。但其实，判断的决定因素不是样本特征，而是法官的思路特征。"

我们还需要考虑证人对事实进行组合以及描述，进而做出推论时的价值判断问题。在这种情况下，加倍和多次审查的必要性往往被忽视。

例如，假设证人不知道某个重要的日期，但是根据已知内容，他推断出了6月2日是这个事情发生的日子。因为那天A给他打了个电话，A一般都是周三来拜访他，但是6月7日以后他就去度假了。A也不可能5月26日过来，因为那天是个节假日，商店开门很晚，A打电话来的那天没有发生这些事。5月20日也不可能，因为那一天很暖和，而这个地方一般5月20日之后天气才转暖。考虑了这些事实以后，证人将日期锁定在了6月2日。通常情况下，这样的事实组合非常有影响力，因为它们看起来很谨慎、明智、有说服力，不会影响主观判断。通常，给我们留下深刻印象的事物不会被特别审查，而常常被检查的是令人震惊和不可信的材料，在这里也是如此。但是，我们还是需要仔细研究每一个细节的假设，因为单个日期、事实和假设可能很容易出错，而最小的疏忽，都可能颠覆审判结果，或者至少让人产生怀疑。

　　检查手稿比较困难。书面的东西有一定的说服力，这不仅对读者如此，对作者也同样。虽然写的时候作者本身持有怀疑，进行了改进，但是，手写稿总是具有某种权威性，让我们审查它的时候不那么严格。所以，如果出现了书面描述是否完全正确的问题，答案通常是肯定的。对此，我们不可能给出任何检验的一般规则，只是说，我们可以通过分析手稿目的，来确定手稿的来源和作者的个性，通过这些方式，我们可以有一些更清晰的判断。手稿的形式有很多，但这也并不是说，只有逻辑通顺的笔记才重要。曾经，我出版过一个既不识字也不会写字的老农民的账目，他与邻居的账目是以未经训练但非常清晰的方式完成的，这种材料，在一个民事案件中是可以被接受的。因为它的这种目的性、逻辑性、连续性以及作者的个性，表明它不是在事后写的，这些因素决定了它的价值。

第 32 节 错误的推论

诚如赫胥黎所言,如果人类能牢记自己倾向于错误判断,而错误判断依赖于实际经验,那么,就会少犯很多错误。当人们说,他们感觉到、听到、看到了这个或那个时,在 100 个案例中,有 99 个他们只是产生了某种感觉。大多数错误推论都是这么来的。它们很少是形式错误,也很少是逻辑漏洞,而是它们的假设不对、初始概念有问题。正如密尔说的,一部分人之所以犯错,是因为他们默认自然界的秩序和知识的秩序相同,因此,事物必须按照人的想法而存在,所以,当他们认为两个事物的联系不可能存在,这种联系就真的不应该存在。但是,不能想象的东西,决不能与不存在的东西混为一谈。想象的困难,可能只是因为一些不为人知或被忽视的条件,这些条件,让我们无法理解一系列事件的关系。在刑事案件中,当我在一些简单的问题上无法取得进展时,我常常想起一个众所周知的故事:一位老农妇,从一扇打开的马厩门中,看到一匹马的尾巴,从不远处的另一扇门中,看到另一匹马的头。由于马的头和尾的颜色相似,于是,她激动得大叫起来:"天啊,好长的一匹马!"这位老太太一开始就认为,这两匹马的臀部和头部属于一个整体,因此,没有将马分成两部分来想象。

这种错误,具体可分为五种类型:

1. 先验错误(自然偏见);
2. 观察错误;
3. 归纳错误(事实正确,推论错误);
4. 混淆错误(术语模糊或者联想的错误);
5. 逻辑错误。

在法律人的工作中，这五种谬误具有重要影响。

我们经常与自然偏见做斗争。我们认为，某些阶层的人比一般人好，另一些人比一般人差。在没有明说的情况下，我们期望高阶层的人不会轻易作恶，低阶层的人也不会轻易行善。我们对某些人、某些生活观念、什么是正义等存在偏见，虽然我们应该认识到自己存在这种偏见，但可惜难以避免。还有其他类似的偏见，包括：过于相信已有知识、刻板印象以及既定事实等。我们的偏见太多了，以至于我们对一个人的喜好，都会影响对案情的判断。

现在，我们再讨论一下第二种错误——观察错误。观察上的错误是指，尽管知道具体情况不同，但是，人们还是按照一般规则以及感觉做推论，而不进行深入思考。正如哈特曼说的："由感觉产生的偏见，不是理解后有意识的判断，而是本能的实用性假设，因此，很难有意识地予以消除或控制。比如，你告诉自己一千遍，地平线上的月亮和天空中的月亮一样大，但是，你还是看到，月亮在天上比较小，在地平线上比较大。"在每一次刑事审判中，我们都会受这种印象的影响。一旦我们考虑到被告人的可疑行为，就无法摆脱这种想法，即使我们可以肯定他没有犯罪。

第三，归纳错误。它涉及的问题是事实的排列。这里，情境因素或伴随情况，对案件分析有决定性影响。一个艺术鉴赏家家里的雕像，我认为是真品，不需要检查；一块金表，如果是从一个流浪汉口袋里发现的，我们就肯定它是偷来的；柏林皇家博物馆里的陨石、鬣蜥骨架以及看起来扭曲的雕塑头像，我们认为它们一定是原创的，但是，如果放在小城市的大学博物馆里，我们就觉得它们是赝品。对于事件也是如此：在山区，如果我听到了口哨声，我就会以为有羚羊，但如果附近有教堂的话，我还会推断，它可能来自于风琴。

所有这些，都是建立在对过往经验的综合、总结以及偏见的基础上。有时，它们会带来正确的结论，但在许多情况下，也会出错。正是因为人们常常依赖第一印象，草率下结论，所以，仔细检查它们太重要了。人们的理解，通常来自简单而又仓促的归纳与概括，缺乏正当的理由。因此，将事实从其情境中提取出来，并在排除情境干扰的情况下研究它，是唯一避免巨大风险的方法。情境只是一种证明手段，而不是证明本身，只有当事件本身得到验证时，我们才能证明推论方法的适当性，并相应地修改我们的观点。要不然，我们会总在推论上犯错，还不知道错在哪个环节，于是，就会在错误里越陷越深。

关于混淆错误，即术语模糊或联想错误，我们很少接触这类案件。但是，如果一旦遇到了，通常情况是将一个事件的很多符号，乱七八糟地聚集在一起，而我们没有意识到这些符号的重要性，或者它们本来不应该被放在一起。比如，如果我们因为一个罪犯有"可识别的动机"就给他定罪，那么我们就犯了这种错误。

第33节 道德情境的统计学

乍一看，统计学和心理学似乎没什么关系。但其实，二者有着非同寻常的关系，深深影响着我们的思维，对犯罪心理学非常重要。罪犯的责任感和犯罪成员数量，以及罪犯在不同时间、地点、性格、环境下的分布，罪犯出现的规律性，会对我们的判断和判决，产生深刻的影响。这种影响，不亚于其对罪犯行为本身的影响。此外，统计和概率的密切联系，让我们在不能缺失其一的情况下做出判断。闵斯特贝尔格的心理学贡献，正表明了统计学对心理学的重要性。他警告我们，不要过度评价道德和统计结果，道德倾向在很久以后才会呈现出来。我们只有通过仔细研究，才能发现统计的真正价值，涉及犯罪的情况时更应如此。没有人怀疑，统计学数字有神秘感。保罗·德·德克尔认为，即使是最微小的人类行为，在整体上也服从恒定不变的规律，这是一个谜。关于这个谜，阿道夫·瓦格纳说："如果一个旅行者告诉我们关于某个民族的一些事情，比如在那里有一条法规，准确地规定了每年有多少人结婚、死亡、自杀，以及某些阶层的犯罪数。这个旅行者还说，这些法律被完全遵守。我们应该怎么看？事实上，这些法律不仅在一个地方，而且在全世界范围内都得到了遵守。"

虽然道德统计涉及的是数量而不是质量，但是在统计检查的过程中，我们也会接触质量问题。例如，研究犯罪与教育（入学率、教育水平）的关系，我们会将人口质量和统计数据联系起来。在统计表的帮助下，我们通过研究罕见的犯罪案件、可疑的自杀、特殊的精神现象来验证假设。当数据显示难以想象的稳定性时，这种可能性就变得更为显著。假定我们研究奥地利自1819年以来的自杀人数，设定"8年"为一周期，得到了以下数字：3000、5000、6000、7000、9000、12000、15000。这些数字表明了有规律的增长。再或者，我们研究法国10年内开枪自杀的妇女人数，发现是6、6、7、7、6、6、7，也就是6和7的交替出现。现在，如果某一年出现了8或9的自杀人数，我们就会考虑伪装自杀的可能性。

数字可以体现有关的道德秩序之间的统计关系，比恒星系统的机制更让人吃惊。当把数字汇集在一起、画成一条曲线时，它们就更加显著了。正是通过这种方式，德罗比什绘制了一个罪犯的年龄分布表格，发现在1000起犯罪案件中，根据年龄，有这样的数字排列：

年龄（岁）	财产犯罪	人身犯罪
<16	2	0.53
16~21	105	28
21~25	114	50
25~30	101	48
30~35	93	41
35~40	78	31
40~45	63	25
45~50	48	19
50~55	34	15
55~60	24	12
60~65	19	11
65~70	14	8
70~80	8	5
>80	2	2

根据这两组数据，我们可以画出一条明确的曲线。这条曲线稳定地增长，稳定地下降。想获得数字上更大的确定性，通常是不太可能的。当然在这里，一些重要条件的并行出现同样重要。例如，如果把1826年至1870年法国的自杀案例按每五年划分，会得到1739、2263、2574、2951、3446、3639、4002、4661、5147这些数字。如果这一时期人口从3000万增加到3600万，我们就要考虑其他的决定性因素。

古特贝勒特的资料表明，大多数自杀事件发生在 6 月，12 月最少；大多数发生在夜间，尤其是黎明时分，很少发生在中午，尤其是 12 点到 2 点之间；最常发生在教育程度不高、60 岁至 70 岁撒克逊（厄廷根）人中。

目前来看，统计数字对个人来说没有什么用。比如，死亡率对保险公司有帮助，但对个人来说，却不能提供关于他寿命的有效信息。根据阿道夫·瓦格纳的说法，统计数据在处理大量案件时才是有效的。因为，只有当案例非常多时，才可以察觉到恒定的规律，而单个案例会产生许多变化。凯特勒举了一个画圆圈的例子："如果用粗粉笔在黑板上画一个圆，在小范围内仔细研究它的轮廓，你会发现最粗糙的不规则之处。但如果你退到很远的地方，把圆作为一个整体来研究，它的规则、完美的形式，就会变得相当明显。但是，圆的画法必须仔细、正确，即使画画的时候碰到苍蝇腿，也不能受干扰。"杜·布瓦－雷蒙的看法却不一样，他说："邮政局局长宣布，每年 10 万封信中，总有一部分没法寄出去。我们觉得它不是啥大事。但是，如果说每 10 万人中有这么多的罪犯时，我们的道德感就被唤醒了。因为我们觉得别人是罪犯而我们自己不是，只是因为别人占了我们的名额。"但事实上，我们不必感到遗憾，如同每年有那么多的人摔断腿、那么多的人死去，我们觉得没有什么大不了，因为，还有那么多人没有摔断腿、没有死——这时候，我们的逻辑非常通顺，也没有什么道德判断。

我们要处理犯罪统计数据，得用其他特别的办法。在研究自杀统计数字时，我们只有在对材料进行了仔细、全方位的检查之后，才能得出有关个案的推论。但犯罪学统计，很少进行如此彻底的审查，且检查的官僚化成分很多，并受法律和司法程序的限制。犯罪学家向统计学家提供数字，但统计学家却无法从这些数字中得出任何重要的信息。就说任何一个国家刑事法庭的年度官方报告吧！你会看到数以千计的数字，从中可以看到法院的艰苦工作，但这些数字基本都没用。我面前有四份涉及奥地利法院和刑事机构的年度报告，这些报告在完整性、正确性和修订装帧方面都很出色。例如，当我翻开全国各部门的重要刑法管理报告时，会发现一切都有记录：有多少人受到惩罚，他们的罪行是什么，根据年龄、社会地位、宗教、职业、财富等因素被判刑的比例，还有无尽的逮捕、判刑等表格记录，等等。现在，所有这些数字的价值，要看其中的规律是否能被发现，但其中我很少能找到心理学层面有价值的材料。在涉及文化、财富和先前判决的部分，可能包含一些心理学因素，但也只是做了极其简单的处理。在涉及同死刑有关数据的关系时，我们可能会发现一些关联。但是，关于死刑判决的根据和动机，则几乎没有涉及。这时候，只有在各个层面细致处理数据的质量而不是数量，这些材料才会具有真正的科学价值。

专题 5 知识

第34节 概述

和所有其他学科一样，刑法重视对案情条件的分析。重要的是，我们的分析是否会产生实际结果。当我们讨论某个问题时，比如战役地点、月球温度或某种动物在上新世的出现，首先假定这些问题是有最终答案的，然后，我们提出支持和反对的理由，并根据证据的累积，得出最终结论。我们把这些知识写到书里，这样，知识得以传播和延续下去，就算它不对的话，也没有什么实质伤害。但是，当科学研究试图确定某种物质的质量、某种药物的治疗效果、某种通信媒介的可能性、某国家政策的适用性时，就需要更多时间来确定事实。我们的知识和对事实的判断，会产生实际效果。

司法工作，显然有具体的实际后果。基于司法工作的要求，经常会将不完美的知识视为一无所知，每一次法官说"不"的时候，意思是"我们知道他没做这件事"，或者是"我们不确定他做没做这件事"。在这种情况下，我们的知识仅限于对模糊事项的认知，而最广义的知识，是对某些确定内容的认知。如同其他情况一样，知识是有局限性的，因为它在大多数情况下是有意识的、肯定的判断，但是它不能处理模糊的事物。所以，知识自身也是矛盾体。不论何时何地，知识都不等同于事实，知识只是主观事实。拥有知识的人，都有理由维护他的理论，而且所有承认知识的人，都会证明它是正确的。但是，即使所有人都维护一个理论，这件事也有时效性。今天的某件事情，到明天可能性质就变了。因为这个原因，犯罪学家应该比其他专业人士做更少的假设。如果冒昧地做出假设，我们就会在办案中失去公正审判、修订、重审等机会。总之，知识来自我们内心深处的信念、对事件发生条件的假设，而这些都可能发生变化。因此，如果条件发生变化，我们会随时对此重新进行研究。我们需要的是实质性的相对真理。

当代最敏锐的思想家之一、能量守恒定律的发现者迈尔说："对于真正的自然科学而言，最重要乃至可以说唯一的原则是，要在寻找更高级别的原理之前，仔细观察事物的现象。能够全面观察和解释事实，科学的任务就完成了。"他在说这些话时，虽然根本就没有想到我们这些缺乏头脑的法律工作者，但是我们一定要把他的话放在心上。我们研究的每一项犯罪都是一个事实，一旦我们了解了它的方方面面、每一个小细节，我们就解释了它，也就完成了我们的职责。

仅仅对一个事实做出解释，并不能让我们走得更远，因为解释只是简化事实——我们真能简化事实可就好了！但在大多数情况下，我们不是用一个人尽人皆知的术语来描述事实，反而使用一些更加奇怪、大家都看不懂的词，把事情解释得更复杂了。不幸的是，法律人比其他专业人士更倾向于做不必要的解释，因为刑法已经让我们习惯于愚蠢的术语，这些术语很少让我们更接近问题，而只是给我们提供了很多难以理解的词语。因此，我们常常做出一些十分晦涩的解释，甚至连我们自己都不愿意去相信这些解释。看到这种解释以后，大家都很怀疑，但我们还得继续解释，直到我们发现矛盾时，我们自己都变得不确定了。然后，我们还得劝自己说，自己还是知道一些东西的。虽然从一开始，我们就啥也不知道。所以，我们一定不要忘了，我们的知识是有限的、充满矛盾的，它只能涵盖几个想法而已。我们的任务，就是要把一个现象和我们的想法，说得更具体。我们解释得越清楚、越彻底，我们的工作结果就会越好。

莫兹利说过："当一个神学家说了他能说的一切，当法学家检验了所有的基本法、分析了所有的原因之后，在某些情况下，拥有最终权威的却是医师，因为他们致力于对生命问题的研究。"它提醒我们，我们的知识非常片面和局限。每个人的知识都是属于他的专业知识，而不是普遍知识。因此，每个犯罪学家都必须将自己的知识建立在尽可能多的专家知识之上。换句话说，只有骗子才知道一切，而受过训练的人都知道，自己的知识极其有限，要和很多人合作才能解释清楚最简单的事情。

CRIMINAL
PSYCHOLOGY

刑事调查的客观条件：
被调查者的心理活动

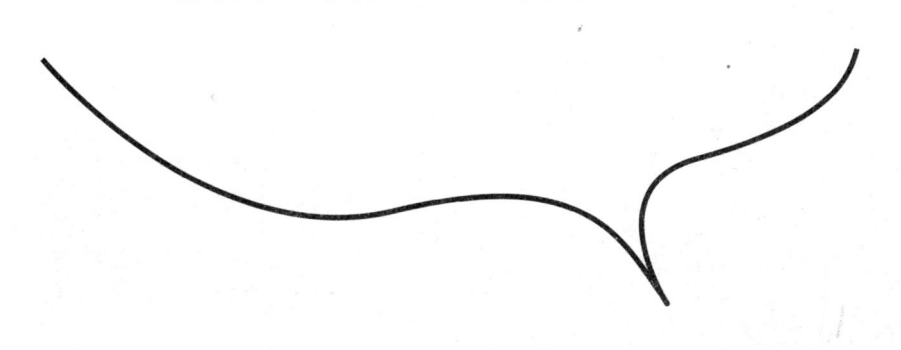

下 卷

第三篇

一般条件

专题 6　感官和主观

第 35 节　概述

我们做出的结论，是基于自己及他人的感知。如果感知是对的，我们的判断可能就是对的；如果感知不对，我们的判断肯定也不对。所以，研究感性认识的形式，是研究司法管理的基础，对其关注越多，司法工作的确定性也就越大。我们的目的，并非想提出一种感知理论，而是为了解释犯罪学中涉及的重要条件。从这些案例中，我们可以看到，人们是如何感知问题的。当然，全面研究这个问题，是再好不过的了，最近的科学研究，也在这个方向上取得了很大进展，并且发现了很多非常重要的东西。总之，我只是想说，不要忽视感知形式，因为忽视它，就相当于把自己限制在了问题的表面与外围，不仅会漏掉有价值的材料，还会把垃圾材料当作宝贝。

第 36 节　一般考虑

犯罪学家通过研究生理心理学，来了解感知的基本属性、对图像和概念的影响、可靠性及其条件，以及感知与感知对象之间的关系。在研究法官、陪审团、证人和被告方面，都涉及对其感知的心理学分析。

一旦从根本上理解了感知的功能及其相互关系，处理一些案件就容易多了。

感官知觉的重要性，不需要特别说明。米特迈尔说："即使在大事上，我们对事实真相的认知，最终都来自感官证据。似乎感官是确定性的唯一、真正的来源。"

人的感知是否客观可靠，学界一直存在争论。感官不会说谎，康德常说："这并非因为它们总是正确的，而是它们不会做出判断。"古希腊昔勒尼学派也说过，快乐和痛苦不会骗人。亚里士多德和伊壁鸠鲁都曾经分析过感官体验的实质。笛卡尔、洛克和莱布尼茨都认为，我们不能仅仅根据变化的情感，来判断图像是真实的还是错误的。哲学家伽桑狄、孔狄亚克和爱尔维修都曾为感官认知辩护。基于亚里士多德的学说，雷德认为，每一种感觉在其自身范围内都是真实的。

以上理论，可以进行量化分析，但它们是否能应用到实践中，也是个问题。现代心理学的量化分析，是从赫尔巴特开始的，他通过数学计算，把感官知觉整理成非经验性的数据。在他之后，费希纳认为，感官刺激可以叠加。最后是备受关注的韦伯定律，根据韦伯定律，增加感官刺激的强度，可以相应提高感官体验。比方说，如果20个单位的刺激可以带来3个单位的感官体验，那么，60个单位的刺激就可以带来9个单位的感官体验。这个定律对犯罪学很有用，迈农对此进行了全面、详细的研究。

现代心理学认为，外部感知的本质是主观的，但是，这种外部感知，可以作为一种客观性被感知到。这种客观性，就是我们与外部世界的关系……由外部刺激产生的主观感觉，主要依据我们的感官组织。这是感知的基本规律，是现代心理学的基本规律，其在整个生理心理学中的重要性，是不言而喻的。在这个方向上，亥姆霍兹通过研究视觉感知问题，做出了开创性贡献。他发现，人通过光这种媒介，看到外部世界的事物，光线照射到眼睛的视网膜上，引起了一种感觉。通过视神经，光线信息传递到大脑，通过视神经机制，构建出外部物体的存在、形式和状况的表象。因此，图像是视觉知觉。我们的感觉是外部刺激引起的身体反应，这种反应取决于我们身体的特征。

这里还有一些已知的推论，例如天文学家从星图推测星体的空间位置。这种推论是建立在充分研究光学原理的基础之上的，普通视觉一般用不到这种光学知识，但是，我们可以把一般视觉看作无意识推论，把它和有意识推论区分开来。

最后，我们需要通过调查来确定光、声音和感知之间的关系。比如，一个人说一辆马车要驶过来，因为声音是从那边传过来的，但声音也可以被反射，所以，这个人的话可能是错的。声音的反射经常具有欺骗性。在法庭上，证人说马车在右边，但其实，它也可以在左边。同样，如果我们不知道光在水中的折射率与在空气中的折射率不同，那么，我们就会说，水中的棍子变得弯曲了。但是，由于每个人都知道光与水的关系，所以，我们会说这根棍子看起来是弯曲的，但实际上是直的。

从这些最简单的，到那些最复杂的、只有极少数一流的物理学家能够弄明白的感知，尽管有一系列规律控制着每个阶段的感觉，但关于这些阶段，人们的知识却是有限的。所以，我们要根据证词成熟程度和证据质量，来判断证人的感知和证词价值。当然，实际办案没有这么麻烦。首先，我们大多数人都会根据对人的印象，大致判断他的品质和知识素养怎么样。一般情况下，一两个简单的审问就能判断出证词质量。这种做法可能导致严重的错误。但是，另一方面，证言几乎总是与一个或几个事件有关，因此，当我们进行简单的讯问时，通常能够确定证人是否了解与之相关的自然法则。但实际上，我们很少关注这一问题，并不确定证人究竟是怎样形成特定感知结论的。如果在调查时，立即发现其中的矛盾情况，就无法继续进行推论，那么就不会导致危害。因为，在缺乏任何确定性证言的条件下，法官很少会做出进一步的推断，这点也是很幸运的。但是，如果只对一个证人进行观察，或者证人虽然多，但立足于相同的知识，就会犯同样的错误，且其中并不存在矛盾，我们就会认为自己掌握了得到几名证人共同确认的事情的真相。在此基础上，我们就会愉快地开展法庭辩论，却已经完全忘记了：矛盾，实际上是帮助我们摆脱被假象所蒙蔽的救星——缺乏矛盾，通常也意味着缺乏进一步审查的切入点。

所以，现代心理学要求我们谨慎行事。看起来，感知很简单，但实际上包含了想象、判断、努力和个人意志。感知很少是纯粹的，它总是伴随着主观臆断。因为我们忽视了这种情况，所以，太多的证词都被错误解读了。在许多其他领域也是一样。菲克说："当人的感觉神经受到刺激时，我们称之为感觉的状态，出现在了人的意识中。"他的意思并不是说，神经刺激本身就能引起感官体验，而是说，这种刺激只是无数刺激中的一种，这些刺激同时影响了我们，而且，对每个人的影响都不同。伯恩斯坦说："感觉，是传递到大脑的感官刺激，它本身并不代表我们对一个外部事物或事件的感知。"他的意思是，感知的客观性并不总是一致的，而是因人而异的。对所有事物的感知，都取决于主体的不同情况。奥贝特认为，感觉，是更主观的东西，是感觉器官的特殊功能活动，是主动的器官功能，而不是被动的。当我们把具体的感知、图像、空间、某种思维方式结合在一起的时候，就有了感知。它是外部事物和个体认知相结合的产物。

任何东西，只要设想为被动的，它就可能比设想为主动的东西更容易重复出现。人们只需看一眼,就能感知到各种各样的事物,但是,他们的感知能力会随着个人技能的不同而不同。愚蠢的人看待他人狭隘、短视、片面,而聪明的人看待他人广泛、全面、客观。当观察时间很短时,这一点尤其明显。某一个人,他能感知的东西不多,而且一般是最不重要的东西。而另一个人,在同一时间内,从上到下,看到了所有的东西,区分了重要和不重要的东西,对重要的东西额外关注,也能够对他所看到的东西做出更好的描述。当两个如此不同的描述同时出现在我们面前时,我们很容易确定,其中一个人的观察是不对的。

很多学者测量感知的速度,发现复合图像的形成时间为 0.015 秒至 0.035 秒。遗憾的是,这些实验结果都不一致,而且,他们也没研究过不同智商的人感知时间的区别。

还有一种情况就是感官替代性,即一种感官替代了另外一种。我们目前只讨论听觉和视觉相互替代,而不考虑触感和视觉相互替代。例如,当我多次听到某个人的模模糊糊的声音,但没有看到他时,我会想象出一个明确的面孔,这就是纯想象。同样地,如果我在某条溪流附近听到呼救声,我会或多或少地想象出溺水者的样子。这跟触觉以及视觉不太一样:如果我闭着眼睛触摸一个球、一个骰子、一只猫、一块布等,我可能会感知到面前物体的颜色,以至于我相信真的看到了这些物体。这时候,可能或多或少地存在真正的感官替代现象。

在同样的情况下,还有混淆的感官印象。比方说,事件发生时,某证人不在场,或者在半睡半醒时感知了事发现场的情况,产生了感官印象,或者证人在很久之前感知过事发现场的情况,但当时还存在其他印象,这些感官印象和当时同时发生的其他印象混合了。例如,你可能只是听到某人特别是亲密朋友的名字,后来却很确定地认为当时曾看到了他。嗅觉敏感的人,通常对任何感知到的气味都会联想到其他印象。视觉感受的替代现象更为常见，也更重要。在条件允许的情况下，任何被推搡或殴打的人，都会确信他看到了攻击者及其攻击行为。有时候，被枪击的人，会声称看到了子弹的飞行。在夜里，人们只听到了马车发出的声音，感受到了震动，就以为自己看到了远处的马车。幸运的是，一般来说，这些人在回答感官替代问题时，一般都努力地做到相对公允。但是，我们也要及时质询有问题的地方，尤其是对那些神经质和想象力丰富的人，因为他们的证词往往错误百出。

  感官回溯的特殊现象，对我们有更重要的意义。它不是被刺激的感知，而是被明显打断的刺激不能像平常那样继续产生某种感知。举一个简单的例子：小时候，我的卧室里有一个钟，多年来，我已经习惯了它的声音，所以我听不到它的响声。有一次，当我躺在床上的时候，听到它突然嘀嗒了三下，然后就沉默了。我觉得很有意思，赶紧找来一盏灯，仔细检查了时钟。钟摆仍然在摆动，但没有声音，而时间是正确的。我推断，时钟一定是在几分钟前停止了摆动。很快，我就发现了原因：钟摆是自由悬空的。在钟的下面，总是放着一把椅子，它比往常向后倾斜。钟摆跟着倾斜，于是就不出声了。我将时钟再次启动，并保持重心向后，发现在时钟突然停止之前，钟摆的最后一次摆动既不快也不慢，不比其他任何一次响亮或柔和。我认为，由于习惯，使我以前没有听到钟摆的声音，但它的突然停止，扰乱了支配着房间的声音平衡，使我注意到了停止的嘀嗒声。在最后的嘀嗒声之后，我的注意力才被自然唤醒，但是，我的感知是一直存在的。

  我还听说了另一个法庭上的故事：在某个房子里，发生了一起枪击案。在房间里忙着缝衣服的老农妇说，她听到枪声之前，从声源方向，传来过脚步声。人们都不信，因为，如果有脚步声，它在枪声发生之前就应该有了。但我相信证人说的是实话。人的脚步声，是在潜意识中感知到的。最后，当她被枪声惊吓时，先前的潜意识被唤醒，他开始有意识地感知到此前已经进入潜意识的噪声。

我从一个特别重要的案例中了解到，在视觉方面，这种感知回溯现象也存在：一个孩子被粗心的马车夫碾压致死。透过窗户，这一幕被一位领取退休金的军官看到了。军官的描述很有特点：那是某次战役的周年纪念日，他站在窗边，茫然地看着外面的街道，想着早已死去的战友。然后，那个不幸孩子可怕的哭声把他惊醒了。他注意到，在孩子被撞倒之前，他看到了所发生的一切——马车夫转过身来，将马匹转向、侧身扑向受惊的孩子。他以这种方式，正确地表达了自己的观点："我看到了这一切，但我没有察觉，也不知道我看到了这一切，直到孩子的尖叫声响起。"为了证明他证词的正确性，他还说，他是一名老骑兵军官，所以，如果有意识地看到马车夫的动作，他就能预知到即将发生的不幸，肯定会受到惊吓。但是，他很清楚自己是在孩子哭喊的时候，才受到的惊吓，因此，他不可能有意识地察觉到前面的事件。他的话，后来也得到了其他证人的证实。

第 37 节　视觉的一般情况

视觉，是所有感官中最重要的感觉，也是刑事审判中最重要的因素，大多数证人，都是为他们所看到的东西做证。如果将视觉与听觉进行比较，人们会认为，看到的东西比听到的东西更加确定和可信。老话说得好："百闻不如一见。"其他感官所提供的证据，无论多复杂，都比不上瞥一眼所呈现出的一半内容，也没有任何感知能像视觉那样给我们带来惊喜。如果让我想象尼亚加拉的雷声和一千枚子弹的爆炸声，如在这之前，我从没听过它们的声音，也就不能正确想象它们的声音，即使这样，我也会大概猜出来一些，因为它们与现实的差别，只是程度上大小的差别。视觉想象则完全不同。我们不需要举出像金字塔、热带光线、著名艺术作品、海上风暴等明显的例子，只要列举一下最微不足道的例子就足够：我们看见一个东西的第一眼，就会发现它与想象中的完全不同。所以，视觉想象，对处理刑事案件中的特征是很有用的。通常，证人对没见过地方的想象结果，和实际情境很不相同，所以，他们的证词会导致很大错误。每当我带人参观格拉茨犯罪博物馆时，我都会不断地听到有人说："这个原来是这样的吗？和我认为的看起来很不一样！"同样的情况，也出现在证人叙述他们的观察结果时。当我们的疑问涉及听觉问题时，我们通常会假设证词出现错误。例如，如果有人听到了枪声、隐秘的脚步声、噼里啪啦的火焰声，我们就认为，他的经验永远是近似的，而不是完全正确。但是，我们对证人视觉感知错误的了解却很少，所以，我们很容易把它们看成可靠的证据。

费希尔认为，视觉过程是复杂过程，它以非常快的速度相互衔接，其中存在因果连接。这一过程主要分为以下几步：

1. 物理化学反应过程；
2. 生理感受；
3. 心理感受；
4. 生理运动过程；
5. 感知过程。

这里，我们只讨论最后一步，也就是"感知过程"。曾经，我试图通过瞬时电影照片来解释感知过程。如果在快速运动中观察瞬时动作，我们的视觉不可能捕捉到这种快速运动。这说明，我们的视觉比照相设备的速度要慢，我们看不到小的瞬时运动。但是，我们可以无意识地把一系列小的瞬时运动联系起来。因此，我们可以说，我们眼睛看到的瞬时运动，只有高能相机才能捕捉到。如果我们把这些小运动用a、b、c、d、e、f、g、h、i、j、k、l、m标注，那么，不用多说，每个人看到的一系列运动的组合都不一样。第一个人以三个动作为一组，a、b、c，d、e、f，g、h、i，等；第二个人以两个动作为一组，a、b，c、d，e、f，g、h，等；第三个人看到了一个难以观察到的瞬间，却像第一个人一样以三个为一组，b、c、d，l、m、n，等；第四个人看得慢而且也看得不准，他得到a、c、d、f、h、i，等。这样的组合有很多，不同的人，观察结果也不一样，而且各有各的特征，其中的差异也是巨大的。我们对视觉元素的观察反应较慢，它的后果是，我们会将主观预期误以为视觉结果。比如，旅馆里的十个人，观察到A要举起啤酒杯砸向B的头。其中，有五个人预感到，现在A要用瓶子"揍"B，而另外五个人却以为，现在A要用酒瓶子"扔向"B。现在，酒瓶已经打在了B的脑袋上，但是，所有十个人，都没看见是怎么打的。因为他们都经历过这事，所以，他们都觉得自己的判断才是对的。在我们指责证人说谎、疏忽、愚蠢之前，除了判定证人的观察不完美，也要考虑到人类观察能力本身的局限性。这就是李普曼所谓的"个人中心论"，即我们把人的认知和行为看作事物的中心，不同的事物，观察的角度不一样，它们的呈现也不一样。

此外，我们常常认为，视觉的清晰程度代表物体离我们的远近，但是，物体呈现出的清晰度更取决于亮度和亮度差。所以，当一面墙在阴影中，墙上有扇门，门上有个锁孔，锁孔的对面有一扇窗户时，试着确定一下，你能在多远的地方看到墙上的锁孔。一个像锁孔那样大小的黑暗物体，在上述距离的1%处，一般是看不到的，但是，我们还没考虑到光线强度及光差。奥贝特证明，从18度的角度看一张正方形的白纸，和从 35 度的角度看一张在白色背景上的黑色正方形，看到的准确度差别不大。当我们把一张灰色的纸放在阳光下时，它可能变得比影子里的白纸更亮。当我们把纸片从光线环境中拿出来，我们就能判断出，纸片一张是灰色、另一张是纯白色。但事实并不总是那么简单。在纸片实验中，我们知道一张纸是灰色、另一张是白色。但在办案中，我们不会知道这些前提条件，所以就会经常发生错误。比如，一个穿着深色衣服的人，站在光线充足的环境中，他的衣服颜色，看起来会比在阴影中穿浅色衣服人的衣服更浅。

光差揭示了许多难以解释的现象。费希纳说："在晚上，每个人都能看到星星，在白天，甚至连天狼星或木星都看不到。这里的差别，就在于照明度。"对我们来说，更重要的是伯恩斯坦已经注意到、但没有解释的情况。如果在白天，我们从外面看一个地下室，我们几乎什么也看不见——一切都很黑暗，甚至窗户也是黑色的。但是到了晚上，如果房间里有一点儿光亮，我们从外面看进去，甚至可以清楚地看到细小的东西。其实，在这个房间里，白天的光线，比晚上的单一照明要强烈得多。有人说，这种差异，是一种光线标准问题：白天，眼睛已经习惯了日光的主导亮度，所以，房间的照明相对黑暗，到了晚上，人们处于黑暗之中，所以，即使是一根蜡烛的微弱光线，也足以使人看清。我认为，这种解释是不对的，因为它没有控制变量。如果你在白天，闭着眼睛走到窗前，把额头靠在窗玻璃上，用手遮住两侧的光线，然后睁开眼睛，你看到的，会和之前的一样少。同样，如果在夜间，你注视着附近的一些煤气灯，然后瞥一眼房间，最多只有一会儿模糊不清，但这之后，单根蜡烛的光线就足够了。所以，问题不在眼睛的光度标准。我们只有通过做实验，才能解决这个问题。实验中，请法官或第三人参与观察，在同样的照明条件下，他们是否能在特定地点看到特定事物。实

第三篇　一般条件　155

验也是判断眼睛视力的最好方法，比如，分辨每个人的视力差别。那些半开化和野蛮的民族，他们的视力就好得很，他们能清楚地看到远方。1878年，波斯尼亚战役中，有一个士兵，他能比使用野战眼镜的其他人更准确地分辨出远处敌人的位置。虽然这个人是山区一个采煤工人的儿子，而且是个傻瓜，但他有一种难以置信的、动物般的方向辨别能力。

我们对远视知之甚少，同理，我们也无法确定近视者能够看到什么。由于他们的视力不强，他们不得不在智力上进行补充。他们会比眼尖的人更准确地观察人的形态、动作和衣着，因此，更容易认出远处的熟人。因此，在怀疑一个近视者的断言之前，应该做一个实验，或者，至少应该询问另一个值得信赖的近视者的意见。

物体的背景、运动轨迹和形式，对视觉感知的差异，也有决定性的影响。古老的说法是，像电线杆、电线等较长的物体，比同样长度的正方形，在远处的可见性更高。我们在研究中发现，感知中的物体边界很难确定。我知道有一个地方，在有利的照明条件下，紧绷的、白色的、非常细的电话线，可以在超过一公里的距离上看到，但这需要一个非常小的观察角度。洪堡提出了一系列"光学寓言"。他认为，在白天，从深井、矿井或高山上，不可能看到星星，尽管在亚里士多德之后，"井底星光"理论得到了许多人的赞同。

亥姆霍兹等人指出，将一个点保持在视野内10或20分钟，是非常困难的。奥贝特较早的研究发现，物体的消失，在于边界的模糊，所以，固定看一个物体是很困难的。如果我们从一个遥远的固定点看，每一次拉长距离，视线就会模糊，就不可能有精确的视觉。但是，如果我们盯着一个细长的东西，比如一根线，我们看到的不只是一个点，所以，通过调整视线，我们反而能够看清楚这个东西。

我们的任务,并不是去解释人类在远处观察细长物体的能力。但是,对这种能力的了解,有助于解释证人所说的类似现象。

亥姆霍兹还说,弱图像在固定单一点的消失,就像水滴在温热的锡纸上消失一样,只留下一个点的痕迹,如同夜间看到的风景。他的观察多敏锐啊。这种观察,成了许多物体在夜间突然消失的证词基础,它在我的办案经历中帮助很大。我们还不能忘记,证人会过高估计月亮光度的情况。根据亥姆霍兹的说法,满月的光线强度,并不比 12 英尺外蜡烛的大。但是,人们总是声称在月光下看到了多少东西!文森特博士说,一个人在上弦月时,可以在 2 到 6 米外被认出,在满月时可以在 7 到 10 米外被认出,而在最亮的满月时,最远在 15 到 16 米外可以被认出。这种推断大致是正确的,同时,也表明月光的照明情况被高估了很多。

除了视力的自然差异外,还有人为差异。但人的视觉区分能力,可以通过训练得到提高,就像识别潦草的字迹一样。在这里,视觉训练的目的,是削弱感知中想象力的影响。比如,我们可以把手稿放在远一点儿的地方,从不同角度,尝试通过不同的光线去阅读。如果我们用放大镜看到了什么,我们就可以尝试在没有放大镜帮助的情况下寻找细节。调整这些阅读条件,可以使我们看到区别非常大的,甚至是相反的结论。如果一个人的身体靠近我们的面部,与它在一定距离之外进行比较,我们对它的印象是不一样的。在谋杀案中,有很多不可思议的事情,被解释为恐惧、完全混乱或故意不诚实,但其实,它们不过是光线的变化。

还有两件事情需要考虑。首先,在通常情况下,视觉习惯对提高黑暗中视觉能力的影响,一般都被低估了。没有任何动物,能在完全黑暗的环境中看到东西,但是,有些人只用很少的光,就能看到很多东西。

比如，囚犯们有许多关于在地下监狱里看东西的故事。有一个人的视力非常好，就是往牢房里扔进七根针，他也能找到它们。另一位自然科学家卡特勒梅尔能够准确地观察牢房中的蜘蛛，并将这种观察，作为他"蜘蛛学"研究的基础。奥贝特说，他不得不待在一个非常黑暗的房间里，以至于其他人必须摸索着前进，但他还是能够在不被发现的情况下阅读书籍，因为其他人看不到书。

人眼很快就能习惯黑暗环境，这是众所周知的。一个人在黑暗中的时间越长，能看到的也就越多。但是，长期使用视觉，会导致眼肌肥大或萎缩，就像深海鱼类的眼睛那样。对于那些长期生活在黑暗中证人的证词，要小心地反驳。有些人在黄昏时，几乎什么都看不见，而另一些人，在晚上看东西就像猫一样。而在法庭上，必须检验这些视觉差异。

第二个重要因素是，看见其他人运动时自身肌肉的神经反应。比如，看到一个人扛着重物，你的肌肉就会变得紧张。当人们看到士兵在锻炼时，他们会不自觉地想加入。这些情况下，肌肉神经都是跟着视觉刺激走的。虽然听起来不太可能，但是，每个人在某种程度上，都会做同样的事情。我经常在斗殴案件中观察到，从无害的攻击到谋杀，人们虽然没有实施任何打击，但经常因为他们做出了可疑的动作，就被指控为同谋。"他把手伸进裤兜里寻找刀子，握紧拳头，看起来好像要跳起来，挥舞着双手。"在许多这样的案件中，嫌疑人可能只是无害的旁观者，他们只是对攻击行为做出了明显的神经及肌肉反应。我们要铭记这一点，因为这点可能会让许多无辜者脱罪。

第 38 节 色觉

关于色觉，我们只讨论以下几个方面：

1. 颜色是否存在。李普曼认为，如果所有的人都对红色视而不见，那么，红色就不存在。红色是神经产生的幻觉，就像光、声音、温暖、味道等一样。根据亥姆霍兹的说法，有人询问朱砂究竟是红色，还是一种幻觉，这种问题毫无意义。"红色，是眼睛对朱砂反射的正常反应。一个对红色色盲的人，因为他的眼睛与其他人的眼睛不同，会把朱砂看成黑色或暗灰黄色。即使能看到红色的人占绝大多数，这种感觉既不比其他人正确，也不比其他人错误。朱砂被认为是红色，只是说明大多数人的眼睛功能相似。"这完全是无稽之谈，以至于一位公正的摄影行家说，凡是紫色和蓝色的东西都非常明亮，而绿色和红色的东西都是非常暗的。自然光下，色盲者看到的红色、绿色和灰黄色，在强度和阴暗度上都是一样的。但放在照片上，他就能分辨出这三种颜色的差异。因此，我们可以假设，颜色有客观差异，当人们对颜色有不同的判断时，我们需要检查他们的色觉，看看是否正常。

2. 在不同距离下观察单一色调。奥贝特对此进行了一些研究。他构建了 10 毫米的两个正方形，并确定了可以看到这种颜色的视觉角度。通过实验，他发现，白色背景上的蓝色的角，几乎是黑色背景上的白色、橙色以及黄色的 9 倍。因此，了解颜色、背景和角度大小，是确定证词准确性的前提。

3. 亮度减弱时，红色会先于蓝色消失。在夜间，所有颜色都消失了，但蓝色仍然可见。所以，如果有人说，他看到了一个人的外套是蓝色，但没看到他的红褐色裤子，他的话可能是真的；但是，如果他说他能看见红外套、看不见蓝裤子，这话就不是真的了。对于颜色在黑暗中消失的顺序，并没有可靠和一致的说法。所以，我们要加大对它的研究，这将对刑事审判有很大帮助。

4. 视网膜的周边看不到红色。一根红色的蜡烛，从右到左穿过眼睛视野，在视野的外围，蜡烛看起来是黑色的。如果一个目击者没有直视一个红色的物体，而是斜着看它，他肯定不会观察到它实际的颜色。每个人都可以亲自做一下这个实验。

5. 根据匡茨的说法，折射率较低颜色（红色、橙色、黄色和紫色）的物体，在白色背景下，看起来比它们原本大 0.2%～3.6%，而蓝色、蓝绿色和紫色的物体，则较原来小 0.2%～2.2%。深色和修长的物体看起来更长，明亮和水平的物体，看起来更宽。这些规律，可以判断证人证词中对物体大小的描述。

6. 通过小孔观察颜色，颜色的细微差别，会变为差别显著。绿色可能看起来没有颜色。

7. 奥贝特认为，闪光的本质是物体中的某个点非常明亮，并从这个点开始，亮度逐渐减弱。例如，电线有一条非常狭窄的亮线，其两边有很深的阴影，电线由此显得很亮。一个温度计中的水银球，有一个闪亮的点，然后是很深的阴影，所以它看起来闪闪发光，因为我们把闪光点与周边亮度结合起来了。可以想象，在很远或者偶然的照明条件下，我们有可能把丝毫没有闪光的东西，看成是闪光的。另外，我们还倾向于把"闪光"和武器等特殊概念结合起来，因此，"闪光的武器"经常出现在只有无害的、呆板的物品的地方。在寂寥的大马路上，我们会看到硬币在闪闪发光。

第 39 节 盲点

每个人都知道盲点，心理学和生理学教科书也都会提到它。但一般来说，教科书中的盲点是一个小点。请不要忘记，盲点的大小是随着距离的增加而增加的：在相当远的距离外，盲点会变得很大，以至于一个人的头可能会从视野中消失。亥姆霍兹说："我们在一张纸上画一个小十字，然后，在它右边两英寸处画一个豌豆大小的斑点。现在，我们闭着左眼看这个十字，这个斑点就消失了。盲点的大小，足以遮挡住空中一个直径为月亮 12 倍的盘子，在 6 英尺外，它可能会覆盖一张人脸，但我们可能观察不到，因为我们通常忙于填补视野空白。我们会看到视野中有一条线，并认为它是完整的，因为我们认为它应当是那样，所以，就在头脑中填补了缺失的部分。"

为了解释盲点，人们做了许多实验，也或多或少取得了一些成功。豌豆大小的斑点，它在我们看十字的时候才会消失，这是我们的视觉习惯。当我们的眼睛盯着任何东西看时，我们只注意它，并不会注意其他东西。如果一个不感兴趣的物体消失了，这对我们来说无所谓，但当我们开始关注"像豌豆一样大的点"时，它就会立即出现在我们面前。现在，有人反对说，用眼睛盯着看和感兴趣地看，是不一样的。我的回答是，我们只有在做实验时，才会考虑这种区别。日常生活中，要想盯着看一个不感兴趣的点，也不容易。

第 40 节 听觉

在声音方面,我们考虑两点:证人听得是否正确,以及我们是否听得正确。在证人和我们之间,还有其他因素,包括理解力、记忆力、想象力、诚信等。但回过头来讲,最重要的还是证人听力的准确性。一般来说,证人不可能完全再现他所听到的内容。所以,我们要考虑他的回忆内容有多少是出自尊心。如果我们的问题是关于他对诽谤的回忆,那么,不同的证人,证词会各不相同。他们的记忆也会发生混淆,比如"流浪汉"和"骗子"这种侮辱性词汇,证人只会记得这个词的意思,但他不会记得具体是什么词。

如果证人只复述他们听到的,对办案就不会有什么危害。但是,如果他们只说他们以为的意思,就会犯错。没有受过教育和只受过一点儿教育的人,好像会过滤掉他们不理解的词,这时候,听觉似乎和智力有关。

我们不可能完全准确地判断听觉,因为不同的人对声音的分辨和记忆不同。而且,不同的时间、地点、声音等都会带来差异。例如:在我的卧室和邻近的三个房间里都有挂钟,每个挂钟都在正常运转。每个房间的门,都是左右打开的。在夜间,当一切都很安静时,我有时能听到这些钟的嘀嗒声。但是,如果我只听其中一个的声音,其他三个钟的嘀嗒声就完全消失了。这时候,我如果告诉自己,不要听这个钟表的嘀嗒声,而要改听其他一个,于是,我也能听到其他的钟声。但是,我不能在同一时刻听到两个钟的声音。改天,在类似的情况下,我的实验却完全失败了——我要么没有听到任何一个钟的声音,要么只听到很短的时间,或嘀嗒声马上消失在噪音中,要么我听到了一个钟的嘀嗒声,但它不是我想听的那个钟的声音。对这种现象的解释有很多，我们也可以在不同的人身上重复这一实验。这个实验说明，听觉能力在不同环境下是有差异性的。

廷德尔曾说，很多听力灵敏的人，听不到像蟋蟀鸣叫那样的高音调，有些很容易听到低音的人，却很难区分这些低音，因为他们只听到了滚动或吼叫的声音，却听不到单个音调。一般来说，几乎所有的人都判断不了声音的方向。冯特认为，我们对声音的判断，在左右方向比前后方向要强。这是相当重要的理论，也多次被实验证实。普莱尔、阿恩海姆、克里斯、闵斯特贝尔格参加了这些实验。实验表明，右边和左边的声音，确实是最好区分的，而前面和下面、前面的左右方向、下面的左右方向的声音是最不容易区分的。前面的声音经常被误认为是后面的声音，并感觉高于他们的自然头部水平。还有，一般认为，双耳听觉对于声音方向的识别是非常重要的，而只用一侧耳朵识别很困难。并且，所有这些实验再一次表明，恒定的听觉规律是不存在的。

每当我们确定声音的方向时，我们就会把头转向声音的来源。通过实验，我们发现，那些双耳听力都很强的人，在判断声音的方向上并不准确，还有一些人，他们的判断可能来自于对地点的主观判断等其他因素。所以，在判断声音方向和双耳听觉问题上，我们需要通过实验，才能获得准确性。

声音可以通过紧密的物体传得很远，这令人吃惊。这是声音的传导问题。将耳朵贴近地面，就能听到马蹄的奔跑声、大炮的轰鸣声，这种场景在小说里很常见。如果一个证人，说他用这种方式，听到了很远地方的什么事情，或者他把耳朵贴在墙上过，那么，他的证词就不容忽视。我们也可以通过这种证词，判断听力的极限。尽管在这种情况下，很难进行决定性的实验，但这样做是有用的，因为，这样就可以近似地估计出他的能力极限。

在某些情况下，了解头部和耳朵浸在水中时，能听到什么声音，是很重要的。我们可以在浴室中进行这个实验：把头的后部放入水中，完全覆盖耳朵，但露出嘴巴和眼睛，闭紧嘴巴，保证声音不会通过咽鼓管侵入。此时，我们几乎不可能听到通过空气传播的声音。如果有人在你身边大声说话，你也只能听到最低限度的内容。另一方面，由紧凑的物体，即墙壁、浴缸和水所传导的声音，可以达到惊人的清晰度，特别是，如果浴缸不可拆卸、建在墙上——此时，如果敲击某堵墙，我们就会听到敲击的声音，但站在浴池附近的人，却什么都听不到。这种现象，在某些意外情况下，如企图淹死人、窃听等情形，具有很重要的意义。

关于聋人或听力障碍的人，需要注意几件事。根据费希纳的说法，聋人开始时听不到高音调，到后来听不清低音调，所以，如果聋人原告说，他仍能听到高音调，我们通常不会相信他。此外，聋人经常能从嘴唇的动作中获得大量信息，对这些动作的解读，已经成为他们的所谓"听觉"基础。有一些关于聋哑人的故事，就是讲聋人如何通过这种方式以及必要的练习，得到比听力好的人更多的信息。

年龄对听力的影响也很大。贝佐尔德通过研究不同年龄段人的听力后指出，在 50 岁以后，具有正常听力人的数量持续减少。并且，随着年龄的增加，听觉的限制也不断增多。听力衰退，比人们想象的还要惊人。

在 100 个 50 岁以上的人中，没有一个能在 16 米的距离之外听到对话，10.5% 的人能在 8～16 米之间听到对话。在 1918 个 7～18 岁的学龄儿童中，46.5% 的人能在 20 米之外听到声音，32.7% 的人能在 8～16 米之间听到声音。在 50 岁以上的人中，这个百分比是 10.5%，而 7～18

岁人群的相应比例是 79.2%。老年妇女比老年男子听力更强——能听清 4～16 米之间的对话的女性，与男性的数量比为 34∶17。儿童的情况则相反，在 20 米及以上的距离能听清对话的人，男孩的数量比例为 49.9%，女孩为 43.2%，这种差异的原因，来自体力劳动和噪声对男性的负面影响。当我们检查一个证人比一个普通人的听力差距有多少时，这些因素变得尤其重要。

第 41 节　味觉

案件处理中，味觉的重要性一般不大。但是，一旦它变得重要时，就是非常关键的因素。这里，味觉主要涉及中毒问题。通常，我们很难确定味觉信息，因为我们不能简单地测试人的味觉的敏锐程度。

同时，很少有人用刺痛、多刺、金属味以及灼热等词来形容一种味道，但对普通的甜、酸、苦、咸等味道描述的词大都一致。人的年龄、习惯、健康和智力，都可能对味觉产生影响。所以，当人们觉得某种味道很好、很糟糕、令人愉悦、让人恶心的时候，我们至少应该对他们进行测试。

隆热通过实验方法，测试了舌头不同部位的味觉敏感度。在这种情况下，尤其是当疾病和个人体质产生了较大影响时，就需要请医生加以鉴别。德恩的实验结果表明，女人比男人的味觉更敏感；再就是，受过教育的人比没受过教育的人，其味觉更敏感；在这方面，女性的受教育与否，对味觉敏感性没有明显影响。

第42节 嗅觉

嗅觉的研究，对办案非常重要。许多人的嗅觉能力比他们以为的还要敏锐。他们通过嗅觉得到的信息，可能比通过其他所有感官获得的还要多。生活中，嗅觉没有什么特别的重要性，它似乎只是偶尔引起人的不愉快。人们如果不是特别需要它，就不会特别注意嗅觉。但是，嗅觉的作用是巨大的，它是准确的，它的联想性也很强。但人们却很少能注意到这一点。即使联想被唤醒，也不归因于嗅觉，而认为是偶然的。当我还不到8岁时，我和父母一起去拜访一位牧师，他是我父亲的同学。在牧师家的这一天，并没有什么特别之处，所以，这么多年来，我都没有特别去想这一天。不久前，那天的所有细节都非常生动地出现在了我面前。它的突然出现毫无根据，我仔细研究原因也没有找到。过了不久，我在同一地点有了同样的经历。于是，我想起我曾和牧师的小侄女一起，经历过一次发现之旅。我们去了一个果窖。在那里，我发现稻草上铺着一大堆苹果，墙上挂着牧师的很多猎靴。苹果、稻草和靴子的混合气味，构成了一种独特的、经久不散的香味，深深地印在我的记忆中。当我经过一个包含相同气味元素的房间时，所有我第一次闻到这种气味的相关情景都立即出现了。

每个人都有过很多这种联想。审判的时候，一点儿小麻烦就会引出这些联想，特别是当问题涉及久远的事件时。如果根据对气味的记忆进行研究，人们往往可以成功地找到正确的线索，并有所收获。

人们很少考虑嗅觉问题。询问人们记忆是不是来自于嗅觉时，我们得到的答案通常是否定的。然而，事情没有这么简单。我们可以成功地唤醒无意识的印象。例如，假设一个证人闻到了火的气味，但由于他正在从事其他工作，所以没有完全意识到它，或者认为它是厨房的气味、坏雪茄的气味。这种感觉后来被他遗忘了，但在适当的询问下，它能被忠实地、完整地带回到记忆中。

显而易见，这在很大程度上取决于是否有人喜欢某些微妙的气味。通常情况下，我们可以认为，细腻的嗅觉与神经紧张有关。同样，拥有宽大鼻孔的人，大部分时间都闭着嘴，所以，他们有细腻的嗅觉。打喷嚏的人和习惯性吸烟的人，他们的嗅觉会很迟钝。在一定程度上，练习可以起到很大作用，但过多练习也会使嗅觉迟钝。屠夫、烟草商、香水商，不仅不能察觉到萦绕在商店中的气味，而且他们的嗅觉已经变迟钝了。另一方面，那些必须通过感官进行微妙区分的人，如药剂师、茶商、酿酒师、品酒师等，则达到了很高的嗅觉技巧。有一次，我在法庭上几乎只和吉卜赛人打交道，所以我马上就能得知，是不是吉卜赛人被带到了法庭上。

敏感人的嗅觉，有一种其他人根本无法想象的细腻和敏锐。现在，我们对气味是如何产生的，并没有真正的了解。它们并不是非常微小的东西散发出来的结果，因为我们知道，某些物体并不散发微粒，但仍然释放气味。例如，锌和铜、硫和铁等都有各自的气味，当链条或放在口袋里的钥匙环在摩擦的时候，就会释放出气味。定义气味很困难。即使是正常人，也常常喜欢一些令人厌恶的气味（烂苹果、湿海绵、牛粪、马厩的气味、大蒜、野禽等）。一个人在饥饿时，觉得食物的气味很好闻，吃饱后觉得很舒服，而当他有偏头痛时，这些气味则让他难以忍受，这说明一个人的嗅觉跟环境有关。

第43节 触觉

在这里,为简单起见,我们把对位置、压力、温度的感觉统称为触感。分析触感并不简单,许多证人讲述他们在黑暗中被袭击的情况,都是通过触觉得到的。因为在大多数情况下,证人无法看到身体接触的部位,所以得依靠触觉。然而,只有当视觉和触觉一起工作并互相纠正时,才有可能完全确定相关情况。有些人无法通过单纯的视觉来区分事物,比如银制笔架和大钥匙,只能说它们是不同的东西,只有在触摸到它们之后,才能认识到它们的区别。另一方面,尽管触觉也有欺骗性,但生活中的触觉还是相当准确的。这一点,使它在许多情况下比视觉更受信任。例如,我们总是用手指来检验纸张和皮革的质量、光滑度、凸起的小点,因此,如果一个证人向我们保证,这个或那个非常光滑,或者这个表面非常粗糙,我们必须询问他是否用手指触摸过,只有当他说是的时候,我们才能确信。有些盲人可以感觉到织物的颜色,因为各种颜料和它们的媒介,给着色的布带来了不同的表面质感。

另外,聋人也有特别的触觉能力。因此,阿伯克龙比说,在他的医疗实践中,他经常观察到聋人比正常人更早感知到一辆马车或一个人正在靠近。在很长一段时间里,我养着一只安哥拉兔。这只兔子和所有安哥拉兔一样,是完全失聪的,它的失聪情况已经被医生测试过。然而,如果这只动物在某个地方打瞌睡,每当有人走近它,它就会立即注意到他的脚步、分辨出来人的身份。如果来者不善,它就会吓得跳起来;如果感觉到有朋友来了,它就会高兴地伸展身体,期待着被抚摸。最轻微触碰的物品它都能感受到,如长椅、窗台、沙发等,而且,它对来自外部的非常轻微的抓挠也特别敏感。

触觉，可以通过训练肌肉得到改善。斯特里克发现，那些经常锻炼肌肉的人，他的观察能力常常比那些久坐的人要强；许多实验也证明了，受过教育的人比未受过教育的人在各个方面都更敏感；同样，女性的触觉比男性更发达；药物也有决定性的影响，例如，吗啡、大麻和酒精可以降低皮肤的敏感度。根据赖辛巴赫的说法，有些人的敏感度很极端，他们会立即注意到人们的接近和相对位置，或是在黑暗的房间里感知到另一个人的存在。肌肉非常紧张的人，经常感觉到气压、细微的振动。这样的事情表明，人能够区分各种各样的触感。对温度的感知，女性比男性更敏感。女性能感受到嘴唇或指尖0.2℃的温度差异；在绝对温度上，她们估计的温度偏差不会多于4℃，比如，19℃一般会被估计为17～21℃，这种估计算是正确的了。还有，任何习惯于冬天房间14℃的人，都会立即注意到温度上升或下降1℃。同样，任何在夏天洗冷水澡的人都会感受到1℃的变化。但我们也要注意分析感知条件：手掌感知的29℃的水，会比手指感知的32℃的水更热。韦伯说："如果我们把两个相邻的手指放入两种不同的温水中，触感会发生传递，人们很难区分差异。但是，如果我们用两只手来做这个测试，当我们把两只手从一种液体换到另一种液体时，就会明显感觉到温度的差异。"在司法实践中，这种问题很少出现。但如果需要顾及温度，这时候就必须确定其可靠性。

在司法实践中，确定受伤者和加害者在第一时间的感觉、他们的证词可不可靠是很重要的。我们必须感谢韦伯的出色观察，我们在闭上眼睛的情况下很难发现匕首刺向身体的角度，也很难确定被推或被打来自哪个方向。但我们可以非常准确地知道，头发被拉扯去的那个方向。

关于感觉到接触和疼痛所需的时间，有人认为，快速击打玉米的疼痛，会在一两秒之后感受到，这可能取决于玉米的特质以及击打的时间。1850年，亥姆霍兹测量得出，神经电流每秒移动90英尺，那么，如果一个人刺破你的手指，你会在1/30秒后感到疼痛。这种简单的实验，不足以确立任何明确的东西。我们只能说，对周围疼痛的感知会在接触一段时间之后形成，这个时间大约是1/3秒。

被刺伤的感觉，常常被认定为是身体与热物体的接触。有人还说，受伤者的感觉类似于伴随推搡或切割时的疼痛感，会感觉到刀刃的寒冷和刀刃在身体深处的存在。就我从伤者那里了解到的情况来看，这些断言并没有得到证实。撇开那些故意夸大事实、想让自己变得有趣的人不谈，所有的答案都指向这样一个事实：刺伤、枪伤和打伤，感觉像是受到推搡，此外，伤者几乎立即就能感觉到血液的上涌，没有其他的感觉。所以，疼痛的感觉来得更晚。库勒及其学生认为，通过观察大量决斗行为，即使用最锋利的剑刺去，伤者也感觉不到或几乎感觉不到痛苦疼痛，似乎只是被推了一下或被打了一下。几乎所有人都说，这种痛感像是由非常宽的钝器造成的，比如掉落的瓦片，但没有人觉得是寒冷的刀刃。那些遭枪击的士兵，经常在受伤后几分钟才被询问枪伤情况，他们都说，只感觉自己被用力推搡了一下。

攻击者会有不一样的视角。洛采提醒人们注意这样一个事实：在安装带有弹性梯级的梯子时，人们可以清楚地看到梯级固定在两侧的点。当弹性梯级松动时，可以感觉到梯级的固定点，而当用斧头固定它时，可以感觉到木材的阻力。同样的道理，士兵也能清楚地感觉到他的剑尖或剑刃进入了敌人的身体。人们可以清楚地分辨出，剑是仅仅刺穿了皮肤，还是已经深深地陷进了骨头里。这种触觉集中在右手的拇指上，就在剑柄之下的握把的位置。如果攻击者想说实话，他可能可靠地说出是否伤到了对手以及伤害的程度。证词的重要性在于，在有很多伤口的情况下，能够指出哪个伤口是哪个人造成的。我们经常听受害者说："我非常确信，X 在我的肩膀上深深地刺了一刀。但他只是推了我一下，而没有刺我——我没有感觉到他刺我。"这说明，不管程度深浅，X 刺伤了人。这时，如果法官向受害人解释此事，受害人的证词将更加可信。

还有其他几个重要事实：

1. 骨骼之上的皮肤如果移位，就不容易识别出刺激点。实验中，移位是有意为之的。但当身体强力扭动时，皮肤移位情况经常发生。一个人坐着的时候，当将身体的上半部分向后拉，就会发生一系列这样的移位，这时，就很难确定打击或刺伤的位置。将手臂向后举起，使手掌的平面朝上时，也是一样。当身体的一个部分被另一个人握住，皮肤被拉到一边时，就更难确定伤口的位置了。

2. 湿润的感觉，是由表面寒冷和容易移动的物体组成的。因此，当我们毫无征兆地触摸一块冰冷光滑的金属时，我们会认为我们触摸的是湿的东西。反之亦然，当我们误认为触摸的是冰冷光滑的东西时，它其实只是湿的。关于伤后出血，人们的错误判断有很多。受伤的人或他的同伴，认为他们摸到了血，而他们只摸到了一些光滑的金属，或者，他们真的摸到了血，却把它当成了光滑和冰冷的东西。

3. 重复性的行为，强化了触摸的感觉。每当我们想通过触摸来测试什么时，我们会反复地把手指向上、向下触摸，把物体夹在手指之间。出于同样的原因，我们反复地去触摸令人愉快的物体——我们喜欢在光滑、柔软、毛茸茸的东西表面上抚摸，以便更清晰地感觉到它们。我们的感觉，也因抚摸的持续时间而不同。每当需要通过触摸来确定某些东西时，我们就必须询问：触摸是一次还是多次，这一点非常重要。两者间的关系与匆匆一瞥和准确观察之间的关系并不一样，因为通过触摸可能体会到本质的差别。

4. 仅仅通过触摸，来确定一个东西是直的还是弯的，平的还是凸

第三篇 一般条件 171

的、凹的，是非常困难的。韦伯证明，用手指向前推压一块玻璃板，手指一开始用力很小，然后逐渐加大力度，然后再用力，玻璃板摸起来就像是凸起来了；当反过来操作时，就会感觉是凹的；当距离保持不变时，则玻璃板仿佛是平坦的。

5. 根据菲洛特的观点，一个点在皮肤上以恒定的速度运动，例如在手背上从手腕到指尖，如果不加以观察的话，会给人速度增加的印象。如果在相反的方向上运动，速度加快的感觉就不明显。随着覆盖的皮肤范围增加，我们觉得速度也在增加。这些现象，有助于判断割伤、抓伤等情况，避免出现误判。

6. 习惯性抑制可能会带来触觉困难。费希纳经过验证韦伯早期的实验发现，皮肤的不同部分对重量的感觉有很大的不同：最敏感的是额头、太阳穴、眼睑和前臂内侧，最不敏感的是嘴唇、躯干和手指甲。如果把六枚硬币分别堆放在身体的各个部位，然后每次取走一枚，身体就会有不同的感觉。为了体会硬币逐渐减少的过程，需要从手指尖取走美元，脚底一美元，手掌上两美元，肩胛骨两美元，脚跟三美元，后脑勺四美元，胸部四美元，背部中间五美元，腹部五美元。此外，关于男人和女人、受教育者和未受教育者之间在触感方面的差异，还没有成功的实验。这些实验，可能在涉及攻击、窒息等行为时具有参考价值。

第四篇

直觉和概念

第 44 节　概述

在科学心理学的冲击下，许多所谓的科学发现，已经失去了它们的地位。现代心理学不认为，感知和记忆之间有明确的界限，并认为，感知问题就是知识问题。

关于意识和感知的关系，费希尔的区分方法是，意识有两个领域：感觉区域和外部知觉区域。前者涉及有机体的内部结构，后者是从有机体进入客观世界。意识拥有活动范围，通过运动神经和肌肉来接触外部世界，而感知的范围则属于感觉的范畴。

外部知觉涉及三个主要功能：理解、区分和组合。狭义的知觉，是指我们对一些外部刺激的理解和有意识的感知。我们通过它们来发现物体是什么、相关的其他物体是什么、它与我们的关系、它与我们的距离、它的名字，等等。

然后，对法律人来说，最重要的就是"识别"了。识别，只是说一个物体已经给人留下了足够的印象，让人能辨认出它。至于被识别对象的性质是什么，这一点是无所谓的。休谟认为，这种对象可能是一个持续的、客观的东西，也可能是一种感知。在后一种情况下，感知是一种逻辑判断，比如，我们感到"下雨了"。

我们从证人那里得到这种认知之后，需要从两个角度来评估它们。首先，从观察者和资料收集者的角度看，我们需要找到他们观察和收集资料的原则，要不然，我们的推论就不可靠。正如马赫所说："自然科学中，如果观察确定了所有事实，那么，科学就开始了一个新的时期，即推理时期。"但在我们自己的工作中，我们法律人又有多少次能将这两个时期区分开来呢？

第二点，观察的错误。这方面，席勒区分了两个基本错误：积极或消极的错误；错误观察或者疏忽失察。后者主要是人们先入为主所致，比如，反对哥白尼理论的人说，地球并没有转动，要不然从塔顶掉下来的石头，会落到西侧的地面上；然而，如果同意哥白尼的人做了这个实验，他们就会发现，石头确实如理论所说的那样落下。类似的疏忽失察，在法律工作者的工作中，发生了无数次。我们对他人或自己提出的例外情况印象深刻，但不去检验那些挑战既定方法的例外情况的真实性。我在工作时经常想到乔治国王的故事。乔治国王不喜欢学者，于是，他向一些哲学家和物理学家提出以下问题："当我把一块10磅重的石头，放入100磅重的水桶中时，整个重量为110磅。但当我把一条10磅重的活鱼放入桶中时，为什么重量仍然只有100磅？"每个学者都做出了长篇大论，直到一个脚夫跟他说，他希望先做实验，再得出结论。曾经有一个案子，一个农民被指控为了保险赔偿而纵火。他确定自己拿着蜡烛走进了一个房间，一张垂下来的长长的蜘蛛网意外着了火，使挂在屋顶上的稻草燃了起来，然后灾难就发生了。但只有在检验证词时才有人想到询问蜘蛛网到底能不能燃烧，而实验表明，这是不可能的。

这类经验表明，在分析事件时，我们必须循序渐进，不能思维跳跃，而且，只能在已经拥有的知识基础上，构建我们的概念。本尼克说："如果有人向我描述一种动物、一个地区、一件艺术作品，或者一个事件等信息，我不会通过我所听到的内容得到新的概念，而是通过文字和符号，以及我手头已经有的经验和材料，基于以前的概念，对新的事物提出已有的问题。这些就是我的认知资本和表述能力。"

审查证人时，没有必要询问他是否见过他所说的事物，也没有必要相信这个人准确地知道他所谈论的东西。检察官应该对所审查的案件有充分的知识储备。我可以说，我们所有人，不管是受过教育的，还是没有受过教育的，都对我们所看到的、听到的、从描述中了解到的事物，有明确和清晰的印象，也能记住这些。但是，当我们得到新的信息时，我们只是把新的形象附在旧的形象上，或者用新的取代旧的。此类印象可以追溯到很久以前，甚至动物也有这种能力。有一天，我的小儿子兴奋地说，他的小豚鼠可以计数。众所周知，豚鼠是很笨的。我的儿子试图证明给我们看。他把六只小豚鼠从它们的母亲那里拿走，并把它们藏起来，让母亲看不到它们的情况。然后，他从这六只豚鼠中取出一只，藏起来，并把剩下的五只带回给鼠妈妈。母豚鼠一个接一个地闻着它们，表现出很焦虑的样子，好像它丢失了什么。然后，这只母鼠被带走，第六只小豚鼠被带了回来，当母鼠重新回到它的孩子身边时，它闻了所有六只鼠，看起来开心极了。"它可以数到六。"我儿子说。自然，这只动物只不过有一个固定记忆罢了，因为少了一个小鼠，它的记忆就会受到干扰、感知到哪儿不对劲。这种记忆图像，是由事件或环境的组合所产生的，它和人的智力水平不能相提并论。

保留这些记忆图像的方法，常常有点迂腐。在格拉茨的市政厅里有一个书柜，书柜有三十六个格子，存放着三十六种不同的文件。每一格都清楚地写着相应的期刊名称。尽管字体很清晰，但存放和取出文件时，需要一定的努力，因为字体的书写虽然清晰，但字的形状歪歪扭扭。后来，每种报纸的名字都被剪下来粘在书柜上，虽然字的形状歪歪扭扭，但因为人们习惯了标题的形象，很容易认出来。可见，习惯性的事物是如此容易被识别，甚至比独特的物体更容易被识别出来。

感官在理解方面有很大的作用，没有人能够确定感官和智力的界限——二十个学生参观埃及博物馆,却没有一个人观察到壁画上的所有人物都有两只右手。我曾经非常关注洗牌的技巧,当我从自己身上或有经验的赌徒那里获得这些技巧时,我就向年轻的罪犯学家演示。在很长一段时间里,我拒绝相信一个老希腊人说的话:"越是愚蠢和明显的把戏,表演者越是信誓旦旦。"但那个人是对的。当我明确告诉学生:"现在我在作弊。"我就能安全地作弊,没有人怀疑我。如果一个人的眼睛看向其他事物,我就可能将一张卡片放在腿上、塞进袖子里或从口袋里拿出来,等等。谁能说这是感官抑或智力有问题呢?一些权威人士说,错误的主要来源是感官。但能否将某些东西归因于那个神秘的、无法解释的理由,恐怕没人能做出肯定性的答复。

我最喜欢的一个简单的演示,证明了人们有限的感知力。我把装有一瓶水和几个杯子的托盘放在桌子上,让大家明确注意即将发生的事情。我从瓶子里倒一点儿水到杯子里,然后把瓶子拿走。我问他们:我做了什么?所有的观众都回答:你把水倒进了杯子。然后,我进一步问:我是用哪只手做的?我把倒了水的杯子放在哪里?我倒了多少?杯子里有多少水?我是真的倒了还是假装倒了?瓶子有多满?这肯定是水而不是葡萄酒吗?这不是红酒吗?倒完水后我的手做了什么?我这样做的时候是什么样子?你没有看到我真的闭上了眼睛吗?你难道没有看到我把舌头伸出来了吗?我是一边倒水一边做的吗?之前还是之后?我的手上戴着戒指吗?我的袖口看得见吗?我拿着杯子时手指的位置是怎样的?类似的问题还有很多。我们可以看到,答案的正确性如此之低,人们对答案的争论和说出来的奇怪的事情,既令人惊讶,又令人好笑。然而,我们又能要求证人怎么描述复杂的事情呢?即使是相对训练有素的证人,他们的证词也会很搞笑。如果我们这样开场:"你知道的""你不会愚蠢到没有观察到""亲爱的,你有眼睛",问的方式可能很友善,但这种问题能问出什么有价值的答案呢？

一天，我从法庭回家，看到一个人，他从一片玉米地里走出来，在我的视野里停留了几秒钟，然后就消失了。我立刻感觉到，这个人做了一件可疑的事，并立即问自己：他的长相如何？我发现，我对他的衣服、打扮、胡须、体型一无所知。如果是办案的话，我会很想惩罚一个这样没用的证人。在审查过程中，我们常常遇到这种情况：尽管事件处于感知领域，但我们对它的记忆很有限。霍夫曼有一个著名案例：在一次审判中，人们试图判断一个人的耳朵被咬掉会有多大影响，法庭、医生、证人等都在讨论这个问题，直到最后，受伤的人自己说，他的另一只耳朵也在多年前被咬掉了，但没有人注意到那只残缺的耳朵。

为了了解一个人的证词，我们必须首先了解他的想法。但这几乎是不可能的。我们经常说，一个人一定有这样或那样的想法，但这个人大脑中的事件是什么，我们恐怕永远无法知道。但是，如果我们大概知道一个在性别、年龄、文化、地位、经验等方面与其很接近的人的心理过程，我们就会随着对这些差异的进一步认识，推翻之前的了解，因为这些条件都有它的独特性。当我们考虑事物的品质时，我们从来不会抽象地理解它们，而总是具体地理解。我们看到的不是颜色，而是有颜色的物体；我们看到的不是温暖，而是温暖的东西；不是硬度，而是硬的东西。温暖这个概念，本身是任何人都无法想象的，一提到这个词，每个人都会想到一些特殊的温暖物体：一个人想到他家里的烤箱，另一个人想到意大利的一个温暖的日子，一个人想到一块曾经烧伤他的热铁。每个人不会一直关注同一个物体。今天他想到了这个具体的东西，明天他就会使用不同的名字、产生不同的联想。但是，我想到的每一个具体对象，都会对构建新的概念产生相当大的影响，而我的听众不知道，也许连我自己也不知道脑海中的具体对象是什么。每个人都通过重复来认识对象。一个物体给我们留下了印象，一次是愉快的，一次是不愉快的，我们就不能从这个物体中得出印象的特征，也不能从复合记忆中感知它。我们甚至根本不知道，它为什么会如此生动。但是，如果我们对发生在自己身上的事情一无所知，我们又能对别人了解多少呢？

埃克斯纳认为，"潜意识"发挥着巨大的作用。我们智力的很大一部分，取决于潜意识，无意识感知，也可以不自觉地变成有意识的感知。比如，有些人在鸟飞行时，能认出它是哪种鸟；有一些人还能知道，鸟在什么时间段拍打翅膀，他们甚至可以用手模仿。越聪明的人，他的语言描述就越清楚。

假设在某个重要的刑事案件中，几个不同教育程度和智力程度的人进行了陈述。我们假设他们都想说真话，也假设他们已经正确地观察和领会了审讯目标。然而，他们的证词可能非常不同。智力水平更高的人，由于"潜意识感知"的影响，对证词有更明确的表述和解释，能把赤裸裸的主观感觉，说成有秩序的感知和真实表述。但是，我们通常会犯一个错误，即把证据的多样性，归结为角度的不同或人的不诚实。要找出不同证词的一致性，并不容易，最简单的做法是，将较少的证词与最聪明的证人的证词进行比较。一般来说，任何对事物有潜意识感知的人，如果得到某种形式的表达帮助，都会很乐意把它分享出来。但在这里，暗示的危险很大。所以，只有在极特殊的情况下，才能提供这种帮助。最好的办法是，在不提供暗示的情况下，逐步帮助证人提供完整的证据，从而形成不同证词的一致性。我们最好不修改他们的证词，当以后有了大量的材料、事情越来越清楚的时候，再仔细检验这些东西，看看那些不太聪明的人，是由于缺乏表达能力才提供了不同的证词，还是因为他们真的感知到了不同的事情。

当被审查的证人，是被审查事项领域的专家时，不要认为，专家一

第四篇 直觉和概念　179

定就是最好的证人。本尼克也说过类似的话："化学家感知一个化学过程，鉴赏家感知一幅画，音乐家感知交响乐，他们比普通人更积极地关注它们。但是，普通人的实际关注可能更强。"专家的判断力，自然会比门外汉的判断力好，但是，专家的理解通常是片面的，没有那么深远的意义，也没有那么多样。每位专家，特别是当他认真对待工作时，自然会对事件中与自己的职业有关的那一点最感兴趣，但他会忽视其他重要的东西。有一次，一位热心的年轻医生，目睹了一起意图杀人的袭击事件。他看到，在一家旅馆里，罪犯用一个沉重的瓷质火柴盒，威胁受害者。医生想："顶骨可能会被打破。"当他正在考虑这种打击的外科后果时，他没有看到打击是如何进行的，受害者是否拔出了刀，等等。同样地，在一次关于抽屉被撬开的案件询问中，证人是橱柜制造商。他对抽屉各部分用水泥粘合的方式和奇怪的木头太感兴趣，以至于对法律上重要的问题，即破坏是如何产生的，作案工具是什么，都无话可说。我们中的大多数人，都有过与专家证人打交道的经历，我们也都观察到，专家经常提供错误的证据，因为他们从自己的角度出发，来对待事件，并确信事情必须按照他们行业的规则发生。无论事件是如何形成的，他们都会对其进行重构和改变，使之契合他们自己的理解。

关于地点定向，埃克斯纳说："如果我在走路时，突然在一栋房子前面停下来观察它，我肯定会对刚才行进的距离形成一种判断，此时，关于刚才行进路线的潜意识就在发挥作用了。"在潜意识中，一系列的过程，在不知不觉中发生着。地点定向，并不以对地点的感觉而结束，它甚至在对位置的微小记忆中，也在起作用，例如，学习时，我们知道什么内容印在哪一页、哪一行，这些知觉，都与人的位置感密切相关。一般来说，有位置感的人更聪明。德文学者伯恩哈特告诉我，当他不知道一个单词是如何拼写的时候，他就想象它的样子，写下模模糊糊的印象，然后，就会知道哪一种是正确的。当我问他，他脑海中的这幅画是印刷体还是书写体时，他意味深长地说："就像我的写作老师写的那样。"他肯定是把多年前写作书上定位的这个图像，在脑海中读出了它。在审查证人时，必须看看他们有没有这样的特长。一个人对语言了解得越多，他就越能迅速地重述和阅读。识别颜色和图片需要的时间明显更多，不是因为它们不易被识别，而是因为我们更习惯于阅读文字，对非文字的材料，需要思考正确的名称是什么。

这些观察结果，可以再往前推一步。对特定事件的感知越明确，推理就越清晰，对它的记忆就越确定，重述的速度也就越快。因此，撇开个人的特点不谈，当我们想知道，一个证人对一个问题究竟思考了多少，对自己陈述的证言究竟有多么确定，那么，观察他说话的速度就会很重要。可以想象，一个试图准确加快事件的人，说话会很慢，而且口吃，或者，至少在某一刻会有犹豫。如果他试图设想各种可能性，排除一些可能性，并避免矛盾和不可能性，也会出现类似的情况。然而，如果证人内心坚定，并且坚信自己陈述的内容，就能够轻松地回忆起整个事件，没有任何停顿，进而尽可能快速地做出陈述。这一点，确实可以在公共演讲者身上看到，甚至在法官、检察官和辩护人身上——如果他们中的任何人，对他所陈述的案件不清楚，或者不相信其正确性，他就会说得很慢；如果情况相反，他就会说得很快。我们需要对这些仔细观察。

专题 7　想象力

第 45 节　概述

证词早就存在于证人的想象当中，想象力在很大程度上决定了证词的质量。因此，我们必须重视想象力，而且不需要关心存在与想象之间的关系。事物可能以我们知道的形式存在，也可能以我们不知道的形式存在。

对法律人来说，"科学回答"并不重要。我们感兴趣的是想象力的可靠性，以及当前存在和想象的一致性。一些作者认为，感官对象在感知中，既是外部的，也是内部的，它们就彼此关系而言是外部的，就意识而言是内部的。按照圣·奥古斯丁的说法，图像是对客体的认识。埃德曼也说过，对象是图像的客体化。

图像是否能充分表达事件，也很重要。例如，我可以想象我的那条不在跟前的狗，以及只在照片上见过的俾斯麦的狗，然后是亚西比德养的狗。对于后者，我只知道这狗挺好看，并且它的主人把它的尾巴砍掉了。在这种情况下，我的想象是确定的：人尽皆知，我可以非常正确地想象我自己的狗，因为我能做出一些描述。我对俾斯麦的狗的想象也不错，因为它经常公之于众。但是，人们会怀疑我对亚西比德所养的狗的想象，尽管我在少年时代，就已经想象过这只历史悠久的动物。所以，当我谈及这三只动物中的任何一只时,每个人都能准确地评估图像的准确性,因为人们知道这三只动物的状况。然而,当我们与证人交谈时,我们很少知道他是在什么条件下获得图像的,只能听他说。现在的情况是,证人提供的描述之外多出了一个图像,例如我们对这件事的印象以及对证人的印象,此时,就应当将二者置于特殊的联系当中。一个图像只能代表一个事件,而且,图像只能与图像之间互相比较,或者说,图像仅仅是图像的影像。

但问题是,图像永远不可能与它原来的客体相同。亥姆霍兹对此说得很清楚:"我们的视觉和图像都是一种效应,是看到的东西和图像对我们的神经系统和意识产生的效应。每种效应的性质,必然取决于其原因的性质,以及该原因产生效应的个人的特质。如果要求一个图像绝对地再现出它的对象,那就等于要求一个效应绝对独立于造成这个效应的对象的性质。这是不可能实现的。"

图像和对象之间的区别是什么?仅仅是形式上的还是实质上的区别?二者的区别究竟有什么意义?科学还没有证明,而且,可能永远也证明不了。我们只能假设,每个人都先天知道它们之间的区别。而困难在于,并不是所有人的标准都一样。每个人的素质不一样,标准就不一样。多样的标准是双刃剑:一方面,它取决于图像和物体的特质;另一方面,它取决于图像在感知过程中的改变。无论什么人,只要在某个时期看到过一个东西,就会有大致的特征印象。但是,如果他在之后、在不同的年纪、不同的环境下看到一样的东西,他的记忆和想象力可能会不一样,图像和对象可能就对不上号了。如果一个东西他连看都没看到过,情况就更糟糕了,比如,想象特洛伊城的围困、一条龙、极夜和亚历山大大帝等,会出现很大的差异。

当我们感知一些看上去不完全正确的东西时,这一点尤其明显。例如，我们试图改进事物，也记住了它改进后的样子，但之后频繁出现的是我们经想象后改进的样子，并不是它的实际形式，只是改进形式。而且，这个经想象加工过的图像，反复出现的频率越高，其形式就越固定。比如，我不喜欢某幅画中女人的红衣服，而是喜欢棕色衣服。如果后来我回忆起这幅画，我会把它想象成棕色的，而且，它越来越棕，而当我见到真实的物体时，我会很奇怪地发现，这衣服是红色的。

我们每次听到的一句话概括的犯罪新闻，该事件一定是重要的。如果我只是听说一块表被偷了，我不会胡乱想象犯罪场景。然而，如果我听说在 X 市的旅馆附近，一个农民被两个旅行的学徒抢劫了，我的想象力就会很发达，因为这种证词中包含了未知的区域、抢劫的事件、有关人士的面容。大多数情况下，这些印象会被纠正，但危险就在于它们会被错误纠正，并且错误图像依然非常鲜明。儿童、老人和文盲在试图呈现这些图像的复杂关系时，会胡言乱语。这种图像的回忆，会使法官感到绝望，不仅因为法官浪费了时间，而且他的注意力从重要的东西转向了不重要的东西。因此，好的证词几乎总是比较简短的。

动作，是另一件难以描述或想象的事情。请想一想，自己是否能想象出一个稍微复杂点的动作。我可以想象一个又一个单独的动作，但我不能想象它们的序列。所以，我们不应该期望，证人能够准确地回忆起这些动作。斯特里克说，在很长一段时间里，他无法想象一场降雪，只有在描述一次下雪的场景时，才取得成功。要求证人逐点描述哪怕是一个简单的动作序列，都是很麻烦的事。即使证人脑海里有单个图像，他也不能把它们正确地联系在一起。有时通过绘画，我们能确认动作的单一瞬间，但图片不能描述动作的连续状态。同时，我们也会常常满足于画面呈现的静态信息，不去探索动态信息。

时间对图像的影响也很大。埃克斯纳发现，图像的生动外观很难持续超过一秒钟。该图像不会整个消失，只是其内容能够在此期间大致不变，此后则逐渐淡化、消失。我在不断重复回忆一个图像时，图像内容并没有完全再现，但我的回忆会越来越明确。如果我连续回忆某个物体的图像，我就不会想象它一次比一次大，然后一次比一次小，然后又一次比一次大，而是它们的图像会逐渐固定住。如果我的这一观察是正确的，而且这一现象不纯粹是个人的，那么，这个观察就如同埃克斯纳所发现的那样，也会变得非常有价值，因为图像需要反复回忆并标准化，这反过来会引起思想内容的改变。我们经常看到，证人在询问过程中，说服自己相信一些明确的想法，这是因为对于某些事情，他在最后形成的确信，会比开始时更多、更明确。人们不断再现和加固已有的想法，这样，就不会无休止地返回已经解释过的事情上了。

专题 8　思维过程

第 46 节　概论

利希滕贝格说过:"我认识一些学术水平很高的人。在他们的脑子里,整整齐齐排列着最重要的命题。但我不知道他们在想什么。在他们的脑袋里,有些研究硝石,有些琢磨硫黄,还有些折腾木炭,但他们并没有把这些材料结合成火药。再有些人,一直都在把这些材料与其他事物配对。"利希滕贝格想说的是,想象是我们快乐的源泉,也是有影响力的,但每个人的理解都不一样。在这里,我不想讨论理解的数量,而是理解的质量,以及理解的过程。对于思维,我们必须从其应用形式上的不同来考虑结果的差异。比如,着火的城市、铸铁和蒸腾的水,都是火焰带来的结果,但是它们的形式不同。当我们了解到思维方式时,将有助于判断它们的价值。当我们面对一个重要的证人时,我们脑海里首先出现的问题是:"他有多聪明?他是如何利用他的智慧的?"也就是说,我们希望了解他的推理过程。

我从一位经验丰富的老外交官那里听说,他利用一种特殊的手段来发现一个人有什么样的智慧。他曾经给他的证人讲过这样一个故事:"一位先生带着一个造型奇特的小匣子,进了一辆蒸汽汽车。此时,另一位旅客马上插嘴,问匣子里装了什么。'里面是我的芒格!''芒格,那是什么？''嗯，我有震颤性谵妄，当我看到可怕的图像和数字时，我让我的芒格出来把它们吃掉。''但是，先生，这些图像和数字并不真正存在。''当然，它们并不真正存在，但我的芒格也不真正存在，所以没关系！'"

这位老外交官断言，他可以通过证人对这个故事的反应，来判断证人的智力。

当然，我们不可能把芒格的故事讲给每个证人听，但可以利用一些类似的方法，判断出证人的推理方式和智商高低。这里，最好是坚持简单的事实。歌德的金句仍然适用："最重要的是要认识到，所有的事实都是理论，它们本身就是理论……不要脱离现象，现象本身就是原理。"我们从一些简单的事实开始，观察证人如何处理它。人可能有一百种方式了解一件事，但他们最终只会选择一种方式。只要证人正确处理了这件事，我们就可以相信他。此外，我们还可以从他们的处理方式中了解到，这个人在多大程度上是客观的。人的大脑往往在积累经验的同时，也会把自己的猜测编织进去。每个人都会根据自己的天性和教养来理解事物。人类性格的全部内容，都可以通过这样一个个小小的解释展现出来。正是由于这个原因，康德把人类的理解称为建筑性的，他想把所有的知识集中在单一系统之下。只有天才才会像大自然一样，拥有自己独特的知识体系。当然，我们不需要考虑这种特殊情形。

我们不能忘记，无论多么愚蠢的事情，总会有人去做。当我们把一些不可思议的故事讲给听众时，总是有人会不加批判地轻信。他们的轻信，增加了叙述者的无耻，而正是他的无耻，更说服了这些听众。批判性思考是一件罕见的事情。一个人越是在重要的事情上与其他人打交道，就越是依靠别人，而对独立思考的要求很低。通过集体思维，人能总结出血液通常都是红色的，也能从不同事物中归纳出相同的概念，以

第四篇 直觉和概念

及总结出血液与啤酒、牛奶以及雪之间的共同之处。这些思维方式，动物是完成不了的，但是人类可以，人类的力量在于思维能力。但有的时候，动物也能进行简单的思考，人也可能什么事情都不过脑子。法律人最大的错误在于，总是预设别人在做一件事的时候，肯定动脑筋。尤其是，当很多人反复谈论同一件事的时候，我们觉得他们所述肯定很有道理，虽然事实上并不一定。

没有受过教育的人缺乏理性，而接受学术训练的人会深思熟虑，这其实也不一定。并非每一个质疑上帝的人，都是哲学家，学术界人士，也不是人人都关注思考。关于在学校中学习的失败，已经写得够多了。亥姆霍兹在他著名的论文《论自然科学与整体知识的关系》中，揭示了精英学生的两个缺陷：第一，在运用普遍有效的规则时，存在一定程度上的松弛。他们此前学过的语法规则被淹没在一系列例外之中，因此，对于确定的普遍法则，学生们并不会自然而然地、无条件地确信由此得出的合理结论。第二，即便在他们可以做出自己的判断时，也总是过于依赖权威。

即使亥姆霍兹是对的，法律人也必须认识到，接受古典教育和未接受严格学术训练的证人之间的区别。我们这个时代的公立教育，发明了博士学位，这种教育系统急于削弱古典教育训练。古典教育不只有古典语言本身，还有严格的语法训练。很多有现代博士学位的人，连怎么读他们的头衔都不知道，这是一个问题。公立学校的学生，在匆忙学习拉丁文和希腊文时，并没有在他人生最易受影响的时期接受严格的训练。经过八年古典培训的人，他们的思维能力非常强。

亥姆霍兹提到的"普遍有效规则"，意思很广泛，可以延伸到司法意义上的法律。人们常说，在美国，制定法律是因为人们不遵守法律，对于政治规章，公众遵守的时间，最多只有七个星期。美国并不是例外，似乎各地对法律的尊重程度都在下降。如果这种对法律的不尊重发生在一个领域，其他领域就不可能不受影响。利己主义是造成这种现象的部分原因，人们觉得，法律是为他人制定的，而自己是例外。

关于"权威"的概念，同样重要。每个人都需要独立思考。学校、报纸和剧院，对人们的思考有重要影响，人们依靠它们来思考，然后，思考的方式变得越来越不自由。在提供证词时，人们依靠外在的东西，不能独立思考。我们经常根据证人的话办案，但仔细研究后，我们可能会发现，它们的出处只有一个。如果我们发现了这一点，那我们还算幸运，因为我们只损失了时间和精力，但没有犯错。但如果没有发现这一点，就会认为这些证词是可靠的证据。

第 47 节　思维的机制

1905 年 9 月 20 日，奥斯特瓦尔德发表了那篇重要论文。此后，我们一直站在一个转折点上，迎接新的世界观。我们不知道一些科学家是否真的"无知"，抑或缺乏能量与活力，我们只观察到，科学唯物主义原则不可战胜的地位被动摇了。

腓特烈大帝在给伏尔泰的信中说，他是第一个想到思想的纯机械性质的人。卡巴尼斯也说过，大脑的思考就像肝脏分泌胆汁。廷德尔更谨慎地表达了这一概念，他认为，每一种意识行为，都是大脑某一明确的分子状态。而杜·布瓦－雷蒙则说，我们不能用大脑中的物质过程来解释某些心理过程和事件。其实，我们既不需要抛弃机械的世界观，也不需要接受能量主义。我们只需要认识到，自然法则也会受到具体事件的影响。

每一门科学，都必须有自己的哲学体系。而我们的责任，是分析证人的身体素质与心理之间的联系。我们不会妄自得出任何推论，但我们会注意到证人证词自相矛盾的地方，之后请专家来解释。这在区分正常、非正常情况时尤其重要。

正常情况的表现非常多，我们在此只考虑其中几个。首先是事物和符号的联系，福尔克马尔说过："当被符号化的物体对象很复杂，而符号本身很清晰时，通过符号回忆物体的速度，比通过物体回忆符号的速度更快。就像通过工具回忆其用途，比通过用途回忆其工具来得更快。同样地，物品的名字总是比物品本身，表现得更快、更可靠、更有活力。"在实践中，这种情况更为重要。审讯期间，当我们对证词正确性有疑问时，我们会重视答案的及时性和快速性。那些冗长的、试探性、不确定的回答，说明证人不能够或不乐意诚实回答问题。然而，如果从心理学的角度来看，回答问题的时间还不充分。我们有时甚至记不住一个亲密朋友的名字，但是我们听到这个名字时却能回忆起他们的样子。名字和它所代表事物之间的关系，不是唯一确定的。另外，当我检查曾经参与起草的一项工作章程，并回顾一系列的名字时，我记得我与这个琼斯、史密斯、布莱克或怀特有关系，我还记得那是什么业务，但我不记得他们的外表。这是因为，在审判期间，我并不关心这些人名字的区别，我只把他们记作 a、b、c 等，因此，面孔和名字并没有明确的联系。当我们与任何特定的人，有过特别的业务往来时，一旦提到他们的名字时，我就记得他们的脸了。所以，如果一个证人不能迅速回忆起一个人的名字，但向他出示名字后，他就能立即辨认出来，这也是自然的，这个事件本身，与他证词的真假没有关系。

当然，同样的关系，也适用于其他名称、符号、定义等。此时，记忆速度随时间的变化而改变。比如，从早上到中午，记忆力会提高，之后会一直下降，一直到下午 5 点，然后一直上升，到晚上 9 点，9 点之后下降，直到午夜 12 点。

第 48 节　潜意识

　　法律程序中，潜意识的重要性被低估了。通过分析一个人的潜意识，我们可以建立起许多关于此人的重要信息。因为，我们常常会无意识地做一些习惯性的事情：从每个人都会做的，比如走路、问候邻居、躲避、吃饭等，到一些与我们特殊性格有关的习惯，比如工作时站起来、拿了一杯水、喝了它、把杯子放在一边，这丝毫不会引起我们的注意。马车夫也许会把马赶进马厩，给它们擦拭身体，他在这样做的时候，还想着别的事情，他是无意识地完成了别人无法完成的任务。有时，我在工作时卷了一根烟，把它放在一边，过了一会儿，我又卷了第二根、第三根，有时四根烟并排在一起。有时候，我还要用手写字，所以，我会把烟先放在一边，之后又重复这个动作。在熟悉的环境中，我们可以无意识地完成复杂的事情。但是，无意识行动也是有限度的。例如，我没有忘记什么可以满足我的吸烟需要，也没有忘记我的烟纸在哪里，也没有忘记如何制作香烟，但我会忘记一根已经卷了没有抽过的香烟。

　　里普斯让我们注意另一个例子："我可以记住演讲中的每个字以及演讲人的表情，但我同时也能够注意到街上的噪声。但另一方面，如果我被要求认真去观察演讲者的表情、听街上的噪声，我可能就不会认真听演讲的内容了。也就是说，A 发生的时候，可能 B 和 C 也同时发生；但 B 和 C 的同时发生，让 A 变得不可能了。"他的话表明，一个人能同时有意识和无意识地做很多事。

奥贝特指出，在骑马奔跑时，人会快速地抖动或晃动，但是，你只有在之后才会考虑到，这种抖动或晃动是向左还是向右。病人看病时，常常不知道如何向右还是向左看，但做十字架的手势或吃饭这种无意识动作时，却知道左右之分。当被告给了我们与起初不同却更好的解释时，他们会说新的解释是他们突然想到的，虽然我们不会轻易接受他的后期证词，但他们的这种话可能是真的。因为他们不知道，这种心理过程实际上是由潜意识形成的。

大脑不仅仅无意识地接受印象，也在无意识情况下记录和处理这些印象，唤醒潜在的记忆，像一个被赋予生命的器官一样，它会对身体其他部位的内在刺激做出反应。它也影响着我们的想象力。比如，歌德说："潜意识在我身上默默地工作了很长时间，然后，它显现并成为诗意的存在。"我们经常试图在思想的流动中寻找秩序，但总是办不到，反而成了自己的一种困扰。后来，我们没有多想，却发现一切都很顺利和清晰，这其实就是潜意识在起作用。

有意识与无意识的重合，是一种特殊情况。它们的重合，可以帮助我们解释许多难以理解和原本不可能发生的事情。"即使是像起蹲、走动、抽烟、玩手这类无意识的活动，也会与有意识的、或其他无意识活动相互影响。因此，一个突然出现的重要想法，可能导致我们停止行走，可能使吸烟者放弃吸烟，等等。"当无意识活动与有意识活动都被另一件事打断时，也是一样的。比如，在窗前坐着的我听到了争吵，会停止无意识的手指敲击，也会停止有意识的阅读。潜意识和有意识之间的界限很模糊，只有通过对人性、习惯、特质以及当时环境的分析，我们才能获得一些答案。

第49节 主观意识条件

我们的意识以自我为中心，或以自我为参考点。而根据埃德曼的说法，那种完全把所有事件与自己联系起来的思维是愚蠢的。然而，在一系列思维过程中，思考者或多或少地将自己推到了前面，并根据自我的视角来研究其他一切，通过发生在别人身上的事对自己做预测，并对自己的利益表现出更大的兴趣。这种想法甚至经常出现在受人尊敬的人身上。我认识一位和蔼可亲、优秀的高中教师，他常常深深地沉浸在自己的思考中，以至于他从来不带钱、手表或钥匙，他要么是忘了，要么就是把它们弄丢了。如果在某个关键时刻他碰巧需要一个硬币，他就问学生们："你们中有哪位兴许碰巧有一枚25美分的硬币？"他根据自己不带钱的习惯，来判断其他人也是不一定带了钱的，所以，在这个拥挤的礼堂里，如果有人带了25美分，就变成了"偶然"事件。

一些普通人的习惯也是如此。一个人看到有他名字的材料，就会研究它；看到自己出现在了一张集体照片中，就会仔细地查看并研究自己。即使是一个骗子，当他看见一张含有自己的集体照时，也会仔细地审视自己，并根据自己的名字、教名、母亲的名字或者自己的出生日期等，更名换姓，以招摇撞骗，但所有这些都是以自己为中心。

读者也是如此。歌德说，人读书的时候，只有发现内容跟自己有关时才会感兴趣。因此，他说俗人比有学问的人更能理解一篇科学论文，因为"学者习惯于只关心与自己所学、所教相类似的内容"。

每一种语言中都有专门词汇，用于描述对当地人最重要的东西。比如，阿拉伯人有多达6000个关于骆驼的词汇、2000个关于马的词汇以

第四篇 直觉和概念

及50个关于狮子的词汇。形式的丰富和用法的丰富是相辅相成的。办案的时候，我们可以从证人使用词语的方式和频率中，推断证人的本性和情况。

我们的观念是根据看到的东西形成的。当我刚在斯特拉斯堡上学时，每当听到衣衫褴褛的加米人流利地讲法语，我在潜意识中都会感到奇怪。我知道这确实是他们的母语，只因我太习惯于把法语看作是高等教育的标志，以至于对加米人拥有这种知识感到惊讶。当我还是个孩子的时候，有一次我不得不很早出发，并向祖父告别。告别的时候，祖父还在床上。看到祖父醒来时，鼻子上没有戴平常戴的眼镜，我感到非常惊讶。我知道，一个人在睡觉时，戴眼镜不舒服、也很危险，我不应该鲁莽地认为，他在夜里会戴眼镜。但是，因为我已经习惯于看到祖父戴眼镜了，所以，当他没有戴眼镜的时候，我还是不自觉地感到很惊讶。

这些例子，在法官进行判断时特别重要，比如考虑犯罪前提、研究整体犯罪时，法官常常认为自己看到了非同寻常的非法行为，但其实只是看到了不同于往常习惯的其他事物，甚至会因此对事物下定义。泰纳讲了一个有启发性的故事：一个小女孩的脖子上戴着一枚勋章，有人告诉她："这是上帝。"之后，这个孩子看到她的叔叔脖子上挂着一个眼镜，她就说："这是叔叔的上帝。"自从我听到这个故事后，每当我看到什么人脖子上戴东西，我都会想到："这也是这个人的上帝。"这个故事说明，一个人是如何从一个事物出发来定义品质、性格和境况的。

同样的原因，与我们的关系越紧密的事情，我们就越感兴趣。我们不检查事实真伪，就把某些事完全忽视了，直到最后，它成了虽然无法解释因果关系却无可辩驳的事实。然而，如果我们知道了因果关系，这些事实就会成为我们习惯性心理分析机制的一部分。任何从业者都知道，在审查证人时，多么容易忽视那些看起来重要并证据确凿的事实。在这种情况下，我们首先不能因为证人没有解释它们或者忽略了它们，就假设这些事实没有发生。我们必须引导证人，理解这些条件和关系，直到它们成为证人习惯性心理机制的一部分。这个工作不容易，但谁能够做到这一点，谁就是最有效的审查者。这再一次证明，证人不过是一种工具，在粗心人那里没有价值，但在大师的指导下，却能完成各种事情。

我们必须谨慎使用那些看起来最合适的手段，比如举例子。当牛顿说"在科学的范例和正义的基础上，一切都有保障"时，他不是专门对犯罪学家讲的，却值得犯罪学家深思。康德也证明，借助实例来思考是危险的，因为这样会导致真实思考的缺失。这些事实，无疑是我们认为举例是危险的原因之一，但不是主要原因。对法律人来说，例子不会完全相等，而仅仅是相似。由于没有表明相似度，所以旁听者对说话人心中相似度的标准，并没有一个明确的概念。"每一个类比都具局限性"这句话仍然是正确的。相似可能被误认为相等，或至少不相等的部分可能被忽略。因此，举例只可用于最极端的情况，并且在所举例子的性质非常清晰时，才能应用例证。

还有，要考虑期望的影响：人期望什么事的时候，他就会只盯着这个事，而忽略了其他事。谁热切地期待着什么人，谁就会只对花园门的吱嘎声感兴趣，也会对所有相似的声音感兴趣，并以迅速且相当反常的敏锐度来区分这些声音。这时候，其他一切都消失了——响亮的声音，甚至那些比吱嘎声更响的声音——都被忽略了。这也许可以解释，为什么我们经常从同一事件的众多观察者那里，得到非常不同的陈述——因为，每个人都期待着不同的事情，所以，他们感知并忽略了不同的事情。

第四篇 直觉和概念 195

"我"与"你"的对立，也值得注意。根据诺埃尔的说法，人们察觉到自己的愚蠢行为时，会对自己说："你怎么会有如此愚蠢的行为！"每当自我的双重性变得明显时，也就是说，当一个人不再接受以前的观点，或者想法很矛盾，或者当这个人想迫使自己取得某种成就时，就会对自己说"你"——"你怎么能这样做？""你应该怎样做？""你需要说出真相！"……天真的人，常常诚实地进行这种内心对话，不会考虑暴露自己。法官可以通过这点，了解与案情有关的主观想法。

人们如何定义优秀可以展现自己的特点。优秀是指那些别人能从中获得最大利益的品质。慈善、自我牺牲、仁慈、诚实、正直、勇气、谨慎、勤奋，以及其他任何可以被称为善良和勇敢的东西，它们总是对其他人有用，但对拥有这些美德的人却几乎没有用，要是有用，也只是间接的。因此，我们之所以赞美他人拥有这种品质，是因为它对我们有利。但是，也不是每个人都能从其他人的美德中得到好处，比如，慈善对富人没有用，勇气对受保护的人没有用，所以，这事还是得看情况。

哈尔滕施泰因说，黑格尔用稻草和破布制作敌人，以便更容易打倒他们。这不仅是黑格尔的特点，也是一大批人的特点。正如在理智和愚昧之间没有明确的界限，证人和证词也是如此——从清晰真实的证词到胡思乱想，证词越来越不真实、越来越不可能。不正常的人，他们的证词也可能是真的。有些时候，所谓聪明的法律人，他们的证词也可能形式正确、内容错误。这些聪明人，他们把自己的证词编成稻草人，自行创造敌人。他们之所以创造它，是因为他喜欢战斗，也渴望轻松征服。人们故意搜寻仇恨、嫉妒、争吵、报复等，他们常常给自己建造这种稻草人。拉扎勒斯所说的"英雄化"的现象，在年轻人的不同生活领域中，重复出现。笼统地讲，如果有些人想成名，但没有能力、也没有毅力去完成任何非凡的事情，他们就会用不良甚至是犯罪的手段，来实现自己的个性，达到他们的目的。比如纵火犯或者政治犯，甚至那些受害者，他们的夸大其词，并不是为了挽回损失，而是为了被讨论和被宽慰。一般来说，识别这种"英雄化"并不困难。如果我们找不到其他动机，并且证人常常夸大其词，那么基本就是它了。

专题 9 联想

第 50 节 概述

对于法律人来讲,联想十分重要。在很多情况下,我们不需要使用催眠术或者过度测试证人,通过联想,就能引导他们找出证词中某些概念之间的潜在联系。在这个方面,我们只做了少量的观察。自亚里士多德时代以来,人们对联想规律的研究就很少。这是由以下因素决定的:

1. 相似性(象征的共同特征);
2. 对比性(每幅图像均包含相互矛盾的两方面);
3. 共存性、共时性(物体的外部或内部在空间中同时存在);
4. 连续性(图像顺序的一致性)。

休谟只认为,相似性、时空联系和因果关系,是物体关联的三个条件,而里普斯只承认相似性和共时性。

然而,从这个意义上来讲,如果认为共时性是关联的条件,那么,它就可能是唯一条件。因为,如果图像不同步出现,就不可能存在关联。头脑中的共时性是第二个过程,因为,只有当图像在同一时间出现时,才能反映到头脑中。闵斯特贝尔格研究过这个问题并得出重要结论,他指出,所有所谓的内在关联,如相似性、对比性等,都可以转化为外部关联,而所有的外部关联,即使是短暂的,也都可以归结为共时性，在心理学上都是可以理解的。此外，所有导致思想错误联系的关联过程，一定是由于其不完整性。一个想法与另一个想法相关联，后者又与第三个想法相关联，然后，我们将第一个想法与第三个想法相关联……这是不应该的，因为第一个想法在与第二个想法共存的同时，还与许多其他想法共存，而其他的关联直接被忽视了。但这种说法仍然不能解释某些问题，因为有些本应有的想法，被人们简单地搁置一旁了。斯特里克认为，人类还倾向于忽视那些偏好之外的东西。

如果我们发现关联间有直接矛盾，找出解决方法是困难的。首先，我们需要考虑如何通过间接方式，将这些条件引入我们偏好的综合思维中，使之可以产生关联。但这种考虑，常常会带来一个教育学上的问题，即我们没有资格教育证人。

还有一个困难是，我们一般不知道证人是在什么情况下产生联想的。托马斯·霍布斯讲了一个关于联想的故事，从英国内战跳跃到提比略国王统治时期关于钱币价值的问题。查理一世被苏格兰人以20万美元的价格出卖，而基督只被卖了30便士。请问，一便士的价值是多少？为了追寻这种关联的线索，人们需要大量知识。这种知识是任何人都能拥有的，但个人的主观经验则是其他人不知道的，要发现它们往往也非常困难。比如，提醒证人在有关时间内发生的某些事件，让他确定一个时间；或者把证人带到犯罪地点，让他找出当地情况和个人的联系。但是，如果要做的不仅仅是确定单一的日期而是完整的事件，若没有对各种条件的深刻了解，人们很可能会颠倒黑白。随之而来的困难，就是每个人感知时的知识储备。我们大概都知道某个人在学校里和从报纸上学到的东西，但我们不知道某个人在小范围环境中感受到了什么，例如他的家、城镇、旅行、社交和各种经历等。无论这有多么重要，我们都没有办法掌握它。

在特殊情况下，身体会做出反应。例如，当你在蚂蚁窝附近时，全身都会有蚂蚁爬的感觉。或者听到对伤口的描述时，你也有身体疼痛的感觉。在皮肤科医生的讲座中，全体听众都会根据医生的描述，抓挠自己的身体部位。这非常有趣。

这种联想，在法律上可能是有价值的。有时候，说自己无罪的被告会做出无意识的动作，暗示伤口的位置。我们依然需要谨慎，因为对伤口的描述，神经质的人都会感觉跟看到了一样。但是，如果不描述伤口、也不提它的位置，罪犯可能伸手去摸身体的某个部位，这就成了有价值的线索。

想法或发现，在本质上是一样的。我们只需要研究它的几种表现形式：

1. "建设性事件"，指对信息进行综合、推断、比较、测试，我们可能会发现正确的事物。这里的联想是人为的，分析步骤也是固定的。例如，假设案件是纵火案，罪犯未知，我们会要求原告对每个嫌疑犯进行局部、暂时的识别和对比。这种方式可以帮助我们接近一些真相。

2. "自发性事件"，指一个想法没有任何特别的原因，突然出现。这种突然性，总是出于有意识和无意识关联的结合，而这些关联的线索，多数又是潜意识层面的，所以很难表现出来与被发现，或者因为它只是快速闪过而容易被忽略掉。多数情况下，某些特定的感官知觉会产生特定的影响，这种影响会和同时出现的想法结合在一起，并达成一致。假设有一次，我在听到不寻常的钟声时，看到了某人。后来，当我听到钟声时，我就会想到那个人，但是我也许并不知道这种联系，它是在无意识中发生的。更进一步说，当我第一次见到那个人时，他戴着一条罂粟红颜色的领带，后来每次我听到钟声，我都会想到一地的罂粟花。

3. "伴随性事件"，指一个想法在很长时间内默默发生，然后另一个想法出现，与第一个想法相关联。例如，我遇到一个人，他向我打招呼，我没认出他。我也许知道他是谁，但我想不起来。因此，我闭着眼睛，尽可能地去想他是谁。突然，我看到他在我面前，脸色严肃，双手交叉，他的右边是一个类似的人，左边也是一个类似的人，在他们上面，是一个带窗帘的高窗——我想到了，这个人是之前坐在我对面的陪审员。但记忆并没有因此而穷尽。我的目的是删除他坐在那里的形象，让他再次出现在我眼前。我看到他身后有一道明显的门，后面有货架，他是一个小镇上的店主，他正站在他的店门前。我紧紧抓住这个形象，突然，一辆马车出现了，上面有我只见过一次的那种马饰，常常用来装饰地主家的车马。我很清楚这是谁了，知道他庄园附近的小镇叫什么，现在，我突然知道，我想记住名字的这个人是 Y 国的 X 商人，他曾经是我法庭上的陪审员。我经常对比较聪明的证人使用这种方法，效果惊人。

4. "回顾性事件"，指逆向的联想。比如，我怎么都记不起某个人的名字，但我知道他有一个贵族头衔，它与一个小镇的名字相同。最后，我想到了小镇的名字，现在，我倒过来，很容易就联想到这个头衔。当然，文字自然会习惯性地向前展开，但只有当我们想到我们要记住的文字时，才会向前展开，把整个文字联想成一个图像。不幸的是，这种方法对自己好用，但用来引导他人却很难。

专题 10　记忆

第 51 节　概述

与联想直接相关的是我们的记忆。对证人来说，法律知识不如感知经验。证人是否愿意说出真相，取决于他们的感知和记忆。后者是高度复杂、有组织的机能，即使在日常生活中，也很难被理解。但是，如果不知道证人注意到了什么、如何注意到的、注意了多长时间、哪一部分的印象对他的影响更深，以及从哪个方向寻找他的记忆缺陷时，我们的工作就更困难了。如果法律人不考虑这一点，不对呈现在他面前的所有现象进行有差别地接纳、利用，后果将是不可原谅的。

第 52 节　记忆的本质

我们对记忆有多无知，它就有多重要，也和我们拥有记忆一样重要。在解释记忆的时候，我们最多只能利用图像。

柏拉图通过封印戒指盖在蜡上的意象来描述记忆。蜡印就像人的记忆一样，它的特征和持续时间取决于蜡的大小、纯度和硬度。费希特说："精神并不保存其产物。单个的想法、意志和感情保存在头脑中，构成不竭的记忆。"德雷珀举了一个物理学的例子：如果把一个平坦的物体,放在冰冷光滑的金属表面上,然后再往金属上吹气,在湿气消失后,把物体移开。几个月后,只要你在这个地方呼吸,你就会想起它的形象。有人说,记忆是心灵的保险箱。赫林认为,我们曾经意识到的和再次意识到的东西,并不像图像那样持续存在,而是像敲击音叉时所产生的回声那样持久。里德也说过,记忆的对象不是当下而是过去的事物。纳托尔普也把回忆解释为一种对过去、现在不同现象的再认知。根据赫尔巴特学派的说法,记忆是识别过去在神经节细胞中留下的分子排列的印象,并以相同的方式阅读它们。冯特和他的学生们认为,记忆是中枢器官的机能。而詹姆斯·密尔认为,回忆的内容,不仅是对过去物体的看法,而且是对曾经体验过的物体的看法,这两种看法,共同构成了我们称之为记忆的心理状态。斯宾诺莎说,人类并不能控制记忆,因为所有的思想、观念、决心,都是记忆的结果,所以,人类没有什么可操作性或自由可言。

迄今为止,还没有人注意到犯罪学家日常生活与工作中的简单事件。由于我们在这方面得到的启发太少,所以我们的困难和错误也随之增加,就算用了现代实验调查方法,于我们的工作也没有多少助益。

我们常常满足于收集回忆中的个别概念,并把它应用于个别案件中,忽视了记忆的再现。记忆再现强调的是潜意识的影响。恰恰是这种无意识的再现、这种非自愿的心理活动,是最富有成效的。因此,当我们遇到了无意识再现的突发事件时,尤其是发生在被告和证人身上,我们便会不信任。的确,在突发事件的背后,往往可能是有经验的狱友提供了指导。很多时候,情况确实是这样的,嫌疑人通过一些被释放的囚犯或者一封信,成功地从监狱里发出了信息,通过这些信息,提供了自己不在场等虚假证明。所以,当他最重要的证人,突然出现在被告面前时,我们的不信任是正常的。但这并不总是发生。我们应该记住,任何事情取决于时间点。每个人都知道，黄昏对记忆是多么重要。事实上，黄昏被称为回忆的时间。当有人断言，他在黄昏时想起了一些重要的事情时，总是值得我们深入调查一下的。如果我们只知道这些事件是如何构成的，就不难进行分析。但是，如果我们不知道的话，就必须去观察和测试。这些记忆构成，可以分为三个基本组别：

1. 再现后逐渐消失、然后或多或少地被新的感知所覆盖、但仍留有痕迹的记忆。当新的感知被搁置时，旧的痕迹就会浮现。

2. 观念模糊并瓦解的记忆。如果它得到支持和强化，就会重新变得清晰。

3. 失去了部分或崩溃的记忆。但是，当有什么事情发生，使它们重新结合时，它们又会变得完整。

艾宾浩斯说得没错，以上这些解释中，没有一个令人满意。但我们必须承认，在控制条件下，它们还是有些用途的。记忆毁灭的过程，可能和建筑的毁灭与修复过程一样，是多种多样的。因为地表下降而损毁的建筑，肯定和被洪水破坏的建筑不一样，所以，描述它的方式也不一样。

出于同样的原因，当法庭上有人突然回想起突发事件，我们需要通过不同的方式，对这些证词进行实证研究。在材料允许的情况下，我们在证人的帮助下，必须追溯到有关想法的出处。这个方法，也可以应用到研究之前消失的想法上。只是，这种重建工作的一个错误在于，它忽略了如下事实，就是没有人是完全被动接受感觉的，他们必然在一定程度上利用感官活动。洛克和邦尼特发现了这个问题，他们呼吁，任何人都可以通过比较证人的被动和主动观察来验证。所以，如果问任何人为什么他比另一个人感知得少，这种问法是愚蠢的，因为，两人都有同样优秀的感官、能够感知到同样多的东西。另一方面，我们很少去研究一个人在感知活动中的投入程度,这就显得更加不幸了,因为记忆通常与活动中的投入程度是成比例的。所以,仅仅比较证人的记忆力、感觉敏锐度和智力是不够的,主要的关注点应该是感官认知期间所进行的活动。

第53节 回忆的形式

康德在分析回忆时说道:

1. 在记忆中理解;
2. 长期保留的东西;
3. 能立即回想起的东西。

也许有人还会补充说,记忆中的形象与实际形象最一致。但我认为这种说法不对,它与我们的记忆现实并不一致。我认为,记忆图像的形式因人而异。我在相同的时间内,接触了两个人,对他们的了解程度相同,但他们留给我的印象却不同:当我想起一个人时,他的形象栩栩如生;而当我想起另一个人时,我只看到了一个小小的、光秃秃的轮廓,他是个雾蒙蒙的、没有颜色的人。这是因为,记忆,因每个人回忆的方式不同而不同。这种情况,在关于旅行的回忆中更加明显。当一个城市出现在回忆中时,有规模、有颜色,并且是动态的,十分真实;另一个呢,我在那里逗留了同样长的时间,却在仅仅几天之后,在类似的天气等条件下,回忆起这座城市时,就像看一张索然无味的照片。其他人与我的感受相同。可见,关于记忆的问题,与回忆的方式关系很大。

有时候,记忆的图像与事物本身,没有什么关系。埃克斯纳说:

"我们可能非常准确地知道一个人的相貌,能够从一千个人中找出他,而不清楚他和另一个人之间的差异。事实上,我们经常忽略他眼睛和头发的颜色,但当它突然变得不同时,我们会感到吃惊。"就像克里斯举的例子一样,当我们试图在记忆中,描绘一个常见硬币的轮廓时,我们常常会记错,以至于当我们看到想象中的硬币时,我们会特别惊讶。

洛采实事求是地指出,星星的闪光、手枪的爆裂声等,我们对它们的记忆,永远不会再现它们出现时的那种过度冲击。莫兹利说,我们不可能有疼痛的记忆,因为当疼痛消失后,身体就缺少了比较的对象。不仅仅是疼痛,我们缺乏对所有不愉快感觉的记忆,比如第一次从很高的跳板上跳入水中,或第一次骑马跨过障碍物,或第一次在战斗中听到子弹从耳边呼啸而过……这些都是最不愉快的经历,但当我们想到这些时,我们会觉得它们并非那么糟糕,因为,我们对这些感觉根本就没有记忆。没有一个证人,能够有效地描述身体的伤痛、火灾的恐惧、对威胁的惊恐,这并非因为他语言贫乏,而是因为,他对这些印象没有足够的记忆,也没有可比较的东西。在这种情况下,时间自然会产生很大的差异,如果一个人,在不舒服的事情发生后不久,就描述他的经历,他可能会比后来记得更清楚。如果法官在多年前也经历过类似的事情,他很可能会指责证人夸大其词,因为他可能会根据自己现在的经历,认为事情并没有想象的那么严重。但这种指责,在大多数情况下是不公正的。

康德呼吁我们,要注意控制幻想。他说:"我们的意志控制着想象力,而想象力能够决定记忆。"记忆不仅可以自动出现,我们也有一定程度的力量,使这些形象呈现得更清晰、更准确。法官让证人"发挥他的记忆力"是相当愚蠢的,这不会有什么效果。但是,如果法官上心,他就会激发证人的想象力,让证人有机会发挥他的想象力。证人的受教育水平是决定因素，但法官可以帮助他，就像娴熟的老师可以帮助困惑的学生一样。当钢琴家完全忘记了一首他非常熟悉的乐曲时，两三个和弦可能会引导他向前、或向后阐释这些和弦，然后一个步骤接着一个步骤地，他再现了整个乐曲。

根据艾宾浩斯的说法："回忆内容的不同是有原因的。痛苦的旋律，可能是因为，当人再次听到一个旋律时，它还是一样难听。形状和颜色，通常不会反复出现。过去的情绪，只有在相对偶然的情况下，才能经过努力，以相对苍白的方式重现出来。"没有人会说，为了让证人记住，就给证人播放曲子。因为曲子已经沉入记忆中，这种不受欢迎的特性，可能会影响他们的回忆。用图像和颜色来激发情绪状态，也是一样的徒劳。但是，前面说过的，我们可以根据古法，尽可能地引导证人。

如果我们把一个在法庭上什么都不记得的证人带到当地，方位感就会起作用。因为每一个发生过重大事件的节点，不仅是一个联想的内容，而且是一个关联的场合。回想是很难的，所有额外困难都会阻碍它，证人的心理能量也是有限的。例如，如果我回忆一个发生在某所房子窗户附近的事件，我会花很大力气，回忆房子的形状、外观、窗户的位置等，以至于没有足够的精神空间去回忆我们真正关心的事件。此外，在回忆不相干的事情时，错误联想也可能会对主要记忆造成干扰。但是，如果我在现场，我可以回忆起这段时间看到的一切，所有这些困难都会得到解决。

我们还须考虑到其他条件：如果声音可以出现在任何地方，就意味着它们可以出现在最初发生的地方。钟声或噪音可能会偶然发生，小溪的淙淙声是相同的，风的沙沙声会随着当地的地形、建筑物、植被尤其是树木的不同而变化。不只有灵敏的耳朵可以听出其中的区别，正常人也会无意识地感觉到这种差异。即使是随处可听到的"普遍的噪音"，也会因地点不同而有所区别。这对联想非常有利。图像和颜色也是一样。一旦给予证人这些条件及外部环境，他们的回忆就会自动增加。因为最有助于事件记忆的事情，就是回到事件原来的发生地，所以我们不能逼问证人。有时候，法官自己也能通过这种方式，用几句话把情景间接地描述出来，不用证人费劲去想。

记忆可以通过特殊场合得以强化。霍夫勒认为，斯巴达的男孩在他们国家的界碑前被鞭打，以便使他们能够回忆起自己的立场，甚至现在我们的农民也有这样的习惯，在设立新的界碑时，抓住小男孩的耳朵和头发，以便让他们在成年后被问及界碑的位置时，能够更好地记住。所以，如果证人能够证明与所讨论的情况相关的重要事件，并想起这种情况，那么，他的证词就更可信。

所以，如果有人质疑在事件发生地进行审讯的重要性，只需重复询问两次，一次在法庭，另一次在事件发生地，疑惑就没有了。当然，我们不应该在事件发生地与证人讨论，然后立即让他签字。必须让证人先检查书面证据的每一个细节，确认好了再签。这也是检验对过去记忆的重要一步。

关于人工刺激记忆，就像所有的记忆一样，会随着时间的流逝而消失。在我们的经验中，当那些人和事之间关系的图像被打破时，记忆就只能唤起一般的想象。

第 54 节　记忆的特点

在人类的特性中，人和人之间的记忆力的差异不是最小的。这种差异，不仅表现在他们的记忆强度、可靠性和敏捷性上，还表现在记忆速度与范围上。例如,快速记忆伴随着快速遗忘,慢速记忆伴随着慢速遗忘,或有限范围内的强烈记忆,与无限范围内的模糊记忆,都是有很大差别的。

关于记忆最大化的问题,我们假设,在一个方向上使劲回忆,通常会牺牲其他方向上回忆的可能性。比如,如果我们能回忆起数字,就可能回忆不起名字。我的父亲对名字的记忆力很差,以至于他经常不能很快想起我的名字,虽然我是他的亲生儿子。他经常不得不重复他四个兄弟的名字,直到他想起我的名字。但另一方面,他对数字的记忆力却是惊人的。他不仅能记住因某种原因使他感兴趣的数字,而且还记下了那些与他没有丝毫关系的数字,以及那些只是偶然读过的数字。他也能立刻回忆起国家和城市的人口数。我记得有一次,在一次偶然的谈话中,他提到了某个国家过去十年的甜菜产量,或者十五年前他给我的手表的出厂编号。他经常说,他脑子里的那些数字让他感到困扰。他不是一个好的数学家,但却是一个非常出色的牌手,他能注意到所发的每一张牌,并能立即计算出每个玩家有什么牌,并能在游戏开始时说出每个人将有多少分,所以没有人愿意和他打牌。拉普人在其他方面的记忆力都不出色,却能单独认出无数驯鹿中的每一只。同样,荷兰人只对郁金香的记忆非常出众,以至于他们可以仅仅从干球茎中认出1200种郁金香。

专家们(钱币学家、动物学家、植物学家、预言家等)对自己的特定事物有着惊人的记忆力,对其他事物却几乎没有记忆。还有一些人只能记住韵律、旋律、形状、形式、标题、模式、服务、关系等。福尔克马尔说,半自闭症患者,对某些事物有惊人的记忆力,这一点也得到了其他学者的证实。其中一位叫迪波泰的人,是奥地利阿尔卑斯山地区大众心目中的专家,他把这一点说得特别清楚。他说,山区有大量智障人士,他们不具备足够的智力,无法自食其力,但他们中的许多人,对某些事情拥有惊人的记忆力。其中一个人，对过去和今年日历中的天气预告了如指掌；另一个人，知道天主教会每个圣人的出生日期和历史；还有人知道每个庄园的边界以及其主人的名字；还有一个人，知道牛群中的每一种特定动物，知道它属于谁。当然，这些人中没有一个是识字的。德罗比什说，有一个智障男孩，他完全不会说话，但在一位女士的不懈努力下，男孩终于成功地学会了阅读。在匆匆读完一篇印刷品后，他能一字不差地复述他所读的内容，即使这本书是用外语写的。另一位作者提到了一个智力发育迟缓的人，他可以准确地说出十年来他所在城镇的居民的生日和死亡日期。

半痴呆者的记忆力非常好，能够准确地再现那些令人印象深刻的事件。许多正常人几乎没有注意到的事情，或者长时间搁置的事情，都被半痴呆的人记住了。相反，他们不记得正常人能记得的事情，而这些事情，经常会对他们产生干扰性影响。因此，半自闭症患者，可能比正常人更能描述重要的事情。然而，他们经常把要记住的东西分解得太多，以至于无法做出任何有效的解释。例如，如果这样的人目睹了一场枪击事件，他只注意到枪声，而没注意到之前、之后或其他相关的事情。在他被询问之前，他不仅对此事一无所知，甚至还怀疑它根本没有发生，这是他证词中的危险因素。一般来说，相信他这种人是对的。人们常说："孩子和傻瓜说的都是真话。"

儿童的记忆也类似。儿童只活在当下，没有历史观念。他们直接对刺激物做出反应，而不会对过去产生任何想法。一个有教养的孩子，是世界上最好的证人。当有大量事实时，例如，反复的虐待或偷窃等，孩子们会只讲述最后一件事。老年人就不一样。老年人容易记住以前的事，但不容易记得近期的事。原因可能是，年龄越大大脑能量越少，所以记忆不再吸收新的东西，想象力变得晦暗，人对事实的判断也不正确。

当然，像记忆这种如此出色、组织精巧的脑功能，也会出现各种反常现象。我们要把后者常态化，不要觉得特殊现象是不可能的，然后需要咨询专家。如果病理学解释不了，就问心理学家。如果当代心理学不能处理这些问题，我们就从古典心理学那里寻找一些启发。

从前，有一个爱尔兰女仆发烧了，她背诵了她小时候从传教士那里听到的希伯来语诗句。还有一个傻瓜发烧了以后变得非常聪明，以至于他的主人决定让他做秘书。然而，当他康复以后，他又变得和以前一样愚蠢了。检查过发烧病人的刑事学家，也会观察到类似的事：发烧的时候，某些证人看起来相当聪明，能准确无误地讲述他们的故事。在他们的病治愈之后，他们的智力水平就变低了。更经常出现的情况是，人们发现，这些发烧、受伤的受害者知道得更多，对犯罪的了解也更正确，但他们在康复后就说不出来这种话了。如果他们没有精神错乱或发疯，他们所讲述的内容是相当可靠的。

人们短期失忆乃至长期失忆的情况数不胜数。我有一个朋友，他在山上的时候，头部受伤，完全失去了对事故发生前几分钟的记忆。这种情况并不少见：被闪电击晕的人，后来都忘记了之前刚刚发生的一切。在二氧化碳中毒、蘑菇中毒和被勒晕的状态下，情况也很相似。最后一种情况尤其重要，因为受伤的人往往是唯一的目击者。我同事也受理过很多类似案例。所以我推断，因头部被击打而失去记忆的情况是很多的。它的法律意义很显著，我们通常不会相信被告的这种陈述，因为我们似乎没有理由可以让头部产生创伤之前的事件消失。但是，由于这种现象是由最可靠的人描述的，因此，我们又选择相信它。

在这里我得说一说我在其他地方提到过的一个案例，即布伦纳的案例。1893年，在巴伐利亚的迪特基兴镇，教师布伦纳的两个孩子被谋杀，他的妻子和女仆受了重伤。一段时间后，他妻子恢复了知觉，似乎知道自己在做什么，但却无法告诉负责调查的警官有关此事的任何情况。当法官完成笔录后，女人签了字，她签的姓是古登堡，而不是布伦纳。幸运的是，法官注意到了这一点，并想知道她与古登堡这个名字有什么关系。警官得知，古登堡是家里女仆的前情人，是一个满口恶言的家伙。于是，警察追踪古登堡至慕尼黑，并在那里抓捕了他。古登堡立即承认了自己的罪行。当布伦纳夫人恢复健康后，她准确地回忆说，她肯定了古登堡是凶手。在这个过程中，"古登堡是凶手"的想法显然是一个潜意识。夫人在她虚弱的精神状态下，认为她已经充分说明了这个事实，所以她忽略了这个名字，因此无意识地写下了这个名字。只有当她的大脑压力减轻时，"古登堡是凶手"的想法才从潜意识转移到意识当中。

精神病学家认为这是逆行性失忆症。现在，这种现象基本上被看作是一种心理创伤。它被迫进入潜意识，在此过程中，借助于联想过程、催眠以及其他因素，上升到意识层面。在这个案例中，被压制的潜意识，在签署名字时才浮现出来。法医发现，头部的伤口会使人忘记文字。比如，一个女人在大量出血后，忘记了所有的法语。还有一个叫亨利·霍兰德的人，他因为太累了而忘记了德语。当他康复以后，他又能记起来了。现在，我们会相信这种囚犯吗？

临终者身上出现的记忆，也是非常重要的。路德教会里有德国人和瑞典人，他们在临终前不久，会用自己的语言祈祷，尽管他们已经有五六十年没有使用过这种语言。我不禁想到，许多临终前的忏悔都与这种现象有关。

在错误认知和遗忘的交界处，有一些重要的事件，它们在极度兴奋的状态下，会出现无法形成意识的情况。在这里发挥作用的是记忆，而不是感官。人在巨大的刺激下，刚刚感知到什么，也会立即遗忘。例如，没有一个证人看到玛丽·斯图亚特在被处决时受到了两次打击。多年之前，在一次处决中，在场的人没有一个能说出刽子手手套的颜色，尽管每个人都注意到了他的手套。在一次火车失事中，士兵断言，他看到了几十具撞碎的尸体，但其实只有一个人受伤。一名监狱长被逃跑的杀人犯袭击，他看到越狱者手中有一把长刀，但其实，它只是一条鲱鱼。当卡诺被谋杀时，和他一起乘坐马车的人和外面的脚夫，都没有看到凶手的刀或刺杀过程。因为目击者处于兴奋的状态之中，以至于他们忘记了最重要的事情！

第 55 节　记忆的幻觉

记忆的幻觉是指认为自己曾经经历、看到或听到过的那些东西，实际上并没有发生。办案中，幻觉会悄无声息地出现，难以被发现，并具有比较麻烦的影响，容易让人犯错，因此它很重要。

莱布尼茨认为，记忆幻觉也许就是一种"无感知现象"。后来，利希滕贝格肯定也想到了这一点，他反复断言，自己以前肯定来过这个世界一遭，因为他对很多情况是如此熟悉，但他当时并没有经历过那些事情。后来，杰森也对这个问题表现出了高度关注，他声称，每个人对突然发生的现象都有种熟悉感，所以，曾经经历过的事情有可能会预测未来。兰维瑟断言，人们总是拥有很久以前就发生过这种事情的感觉。卡尔·诺伊霍夫博士发现：他的感觉伴随着动荡不安和紧张。许多其他作者也讨论过相同的问题。

对此，人们给出了各种解释。根据屈尔佩的说法，这些正是柏拉图在其学说中用于诠释灵魂和"永恒理念"之先存性的东西。研究最为彻底的是萨利,他在《幻觉》一书中对幻觉做出了简单的结论。他发现,活泼的儿童常常以为经历了自己听说的事情,并且长大以后依然认为自己经历过。当儿童对任何事物有强烈的渴望时,情况也是如此。因此,卢梭、歌德和德·昆西给我们讲的儿童故事,一定是来自梦境生活以及清醒时对梦境的回想,比如,狄更斯在《大卫·科波菲尔》中,就提及这种梦境生活。萨利补充说,当我们给经历打上错误的时间标记时,也会产生记忆幻觉。记忆幻觉让我们觉得,自己在儿童时期,感受到了一些后来才经历的东西。因此,我们又把许多本来只是听到的东西变成了读过的东西,把这些意象解读成了自己的真实经历。

也许,不应该把所有的记忆异常现象简单归结为同样的原因。人们倾向于将经常产生的印象也归类为记忆错误,但后来发现,它们是真实的无意识记忆,实际上是人们真实经历过的,只是遗忘了而已。例如,当我第一次去某个地区时,得到的印象是我以前见过它。因为事实上并非如此,所以我曾认为这是幻觉。后来,我意识到,也许我在童年时期真的到过一个类似的地方,我只是忘记了这个经历而已。

任何人都可能遇到这类情况,不管他们健康与否、神经是否敏感。事实上,记忆错误只在正常情况下发生。我们也可以认为,精神或身体的某种疲劳状态,即使不能完全决定这种情况的必然发生,也会增加它发生的可能性。1878年,在波斯尼亚战争期间,当我们从埃塞格到萨拉热窝行军时,我多次经历了记忆幻觉。这些幻觉经常在晚饭后出现。那时,我们都很累了,我之前从未见过的地方变得熟悉起来。有一次,我接到命令,攻打一个被土耳其人占领的村庄,我觉得问题不大。因为当时我们已经很疲惫了,甚至当我们进入这个空无一人的村庄时,我都没有深刻的印象。我认为,村庄里面都是这样,尽管我以前从未看见过这样的土耳其街道。

幻觉的另一种可能的解释是遗传。比如，我们能熟练筑巢、寻找食物、躲避敌人、迁徙等，这些行为都是继承下来的。一个远离大海长大的孩子，其父母和祖父母是沿海居民。如果这个孩子第一眼就能感觉到他对大海很熟悉，那就说明这里有记忆遗传。

关于记忆幻觉对刑事案件的影响，我在此举一个例子。有人刚从睡梦中醒来，发现他的仆人正在动他放在床头柜上的钱包。由于幻觉的作用，他认为自己以前已经观察到多次了。仆人的行为也许是无害的，不是偷窃。但如果记忆幻觉只发生一次，证人由于记忆错误而认为事件反复出现时，就会得出错误结论。有许多这样的案例，如果不知道记忆错觉的存在，就很难发现错误的存在。

当我们考虑记忆的特点和性质时，我们一定要弄清楚，为什么不同的人，对记忆的评估经常是不同的。萨利说，在与根深蒂固的信念做斗争时，其中一个最有效的技巧就是，攻击另一个人的记忆的可靠性。记忆是私人的，其他人无法分享。然而，当一个人谈到他的个人记忆时，情况就不一样了。法律人经常听到证人说："我的记忆力太差，无法回答这个问题。""自从受了有关的伤，我的记忆力就不行了。""我已经太老了，记忆力越来越差了。"在这些情况中，出错的不是记忆，而是自尊心。证人其实应该说："我太笨了，回答不了这个问题。""自从有了这个伤口，我的智力就不行了。""我已经老了，变得越来越傻了。"没有人会低估自己，所以，人们把自己的智商不足归结为记忆力的问题，这会让人好受一些。

第 56 节　记忆术

长期以来，找到帮助记忆的灵丹妙药一直是人类的梦想。通常情况下，现代心理学不太关注记忆工具。从某种意义上说，没有人能避免使用记忆术，因为每当你在手帕上打结，或者把手表倒放在口袋里，你都在使用一种记忆方法。而且，每当你想要记住什么事情的时候，你都会想办法降低难度，并为你试图记住的东西排列次序。

因此，每个人都会对事物进行一些人为的操控。这种操控的可靠性，决定了一个人的记忆是否可信。如果怀疑出现错误记忆，你可以通过使用同义词或发音类似的词，来获取正确的想法。错误记忆的第二个重要方面是，虽然记忆技巧是对的，但是证人忘记了他是如何记住的。假设我需要回忆三个人的年龄关系。现在，如果我观察到 M 是最年长的，N 是中间的，O 是最年轻的。为了帮助记忆，我可以假设，他们的出生顺序与他们名字的首字母的顺序相同，也就是 M、N、O。因此，当一个证人说了一些似乎很难记住的事情时，有必要问问他是如何记住的，否则就不能相信他。判断帮助记忆术的可靠性，实际上并不难。大骗子的特点往往是，他们很容易使用最复杂的记忆技巧，并且他们知道自己多么需要它们。

专题 11 意志

第 57 节 概述

当然,我们在这里不想讨论哲学家的"意志"或刑法中的"恶意"与"敌意",也不是想讨论伦理学上的"自由意志",我们的目的,只是想讨论一些对刑事律师有意义的事。我认为,意志是强大冲动的内部效果,而行动则是这些冲动的外部表现。当哈特曼说,意志是理想到现实的转换时,这听起来很蠢,但在某种意义上,这个定义是极好的。理想是指尚未存在的东西,而现实是指一个事实。当我强迫自己去思考一些问题时,实际上一些事情已经发生了,但这不是普通意义上的"真实"的事件。洛克警告我们,要注意智力和意志之间的不同,它们作为真实、本质存在着的东西,一个发出命令,另一个服从。办案时,当意志和智力同时体现在证人身上时,会给我们带来很多问题,当体现在被告身上时,更会给我们带来巨大的困难。当被告强烈否认自己的罪行,以愤怒掩盖自己的罪行或者表演力惊人时,我们必须承认,在某些方面我们欠缺对意志的研究。在观察囚犯控制面部肌肉时,我们发现,这些肌肉是最不能被意志所控制的,但意志可以让证人变得脸红或者苍白。有一次,我儿子告诉我,他发现自己因为寒冷而脸色苍白,但他害怕被指责为缺乏勇气,于是,他用尽一切力量去压制自己的苍白,并且取得了

第四篇 直觉和概念 217

完美的成功。从那时起，如果我在法庭上，看到了脸红或者面色苍白，我知道，这不一定是自然现象。

意志，在判断人的性格上也很重要。根据德罗比什的观点，一个人持久的意志品质构成了他的性格。不仅是偏好和习惯，而且价值观、偏见、信念等，也都是意志的组成部分。我们通过对个体意志和欲望进行研究，可以了解他的性格。当然，意志也是性格差异的标志之一。他又说："我们的座右铭，决定了我们未来的意志和行动。"因此，当我们知道一个人的意志时，我们就认识了这个人。当了解到他的座右铭时，我们就知道了他的意志，通过分析他的座右铭，我们就能够判断他的行为。从理论上讲，我们不能重构一个人的座右铭。但我们应该研究产生它的环境条件、研究这个人的周围事物和外在影响。这些从来都不是多余的。当然，这项研究所需要的努力也是巨大的，但效果也是显而易见的。如果我们的刑事律师要正确履行职责，他们必须做到这一点。

专题 12　情感

第 58 节　概述

一般来说，情感，可能与犯罪学家关系不大，但对研究犯罪意图很重要。一系列现象和事件的动机，无论在囚犯还是在证人身上，都有情感的作用。抽象地讲，情感这个词，是心灵受到感知、知觉和想法的影响，所产生的愉快或不愉快影响的性质或能力。具体来说，它是指引起并形成欲望或厌恶的复杂条件。

首先，我们要区分所谓的动物情感和高级情感。这种区分不一定是正确的，因为在它们之间存在着多种多样的情感，这些情感既可以算作动物情感，也可以算作高级情感，动物情感和高级情感之间并没有严格的区分。然而，我们目前之所以仍保留这种区分，是因为它可以帮助我们更容易地分析各种情感。我们把饥饿、口渴、寒冷等情感看作是动物性的，因为这些是纯粹的生理刺激引起的。但是，生理刺激会带来身体反应，比如饥饿时我们会想要从这种状态中解脱；寒冷时，我们会想要去寻求温暖；疼痛时，我们会想要消除这种感觉。如何满足这些欲望跟个人的理解力有关。智障人士有时无法消除他们的饥饿感，比如他们即使有强烈的饥饿感，但他们可能把食物塞进耳朵和鼻子里，而不是嘴里。知道把食物放进嘴里来消除饥饿，这需要一定的智力。动物园的类人猿知道在自己身上盖一条毯子来御寒，这是它们具备一定智力的标志。

更彻底的分级是对疼痛的反应，人不需要多聪明就知道要擦去落在身上的热水。每本生理学教科书都会提到，一只被斩首的青蛙在被酸浸湿时会做出擦拭动作。从青蛙这种无意识的动作，到人类医学上最高级的烧伤处理，可以呈现出一系列的、数量庞大的高级智能表达方法。现在，让我们再来看看另一种仍然是动物性的、但发展程度更高的感觉，也就是舒适的感觉。我们把一只猫，放在柔软的枕头上，猫就会伸展自己的身体，让尽可能多的神经末梢接触到枕头的舒适的刺激。猫的这种行为，可以理解为本能、舒适感的原始来源，也可以理解为舒适的最高等级。（罗雪尔把舒适划分为：第一，饮食的奢侈；第二，衣着的奢侈；第三，舒适感的奢侈。）

理解对生理刺激的反应，旨在当后者令人不愉快的时候把它搁置一边，在令人愉快的时候尽情享受它。在某种意义上，两种反应是一致的（驱逐不愉快的黑暗，相当于引入令人愉快的光明）。因此，我们可以笼统地说，感觉作为一种生理刺激反应，与理解者对感觉的敏感程度，有着不可分割的联系。从本能地排斥、包容到防御，其中的差别只是程度上的不同而已。现在，让我们想一想所谓的高级感觉，并考虑与它相关的特殊案例。当我第一次遇到一个人时，感觉他身上有令人不愉快的东西，比如头发的颜色很难看。这种不快，刺激了我的眼睛，我试图通过移开视线，来保护自己免受生理上的影响。类似的，现在我看到这个人正在折磨一只动物，我不喜欢看到这种情况，它对我的影响是痛苦的。因此，我更强烈地希望他离开这里。如果他继续这样下去，把一种不快叠加到另一种不快上面，我可能会打断他的骨头，或者用绳子拴住他，来阻止他，我甚至可能会杀了他，以消除他带来的令人不快的刺激。我竭力想出一些反对他的办法。显然，在这种情况下，生理上的刺激和理解活动的结合是不可避免的。

愤怒的情绪比较难以解释，它不像仇恨，仇恨是慢性的，而愤怒是突然间的。在极端情况下，愤怒的情绪让我意在摧毁刺激物，这是避免生理刺激最根本的办法，所以，我把一封令人不快的信撕成碎片，或把伤害我的物体踩成粉末。如果涉及人，当我不能接触到对此负责任的人时，我会直接或象征性地随便采取一些措施，宣泄这种愤怒。

被吸引的感觉也是如此。我拥有一只狗，它有美丽的线条，令我赏心悦目。它有钟声一般的叫声，令我耳目一新。它有柔软的皮毛，令我抚摸的手感到舒适。我知道，在我需要它时，这只狗会保护我，它可能还有其他用途。总之，我的理解告诉了我——有关这只狗的各种令人愉快的事情，因此，我喜欢让它靠近我，我喜欢这只狗。同样的解释可以适用于所有具有倾向性或排斥性的情感。不论何时何地，对生理刺激的情感与认知，两者紧密相连，它们之间未知的联系起着重要的作用。这些未知的联系，是我们从祖先那里继承下来的、连续的认知习惯，它们引导我们去做出行动。

一个人渴了就会喝水，牛也会这样做，这是无数年遗传下来的行为。然而，如果一个人要明智地进行饮水，他会说："干燥的环境下，水从我身体的细胞中被抽走。我的身体变得干燥，也不再有足够的能量来完成工作。如果现在通过我的胃，通过内部吸收和外部渗透，我让它们获得更多的水，适当的机能将会恢复。"这种认知的后果，与动物的本能没有什么不同。所以，我们说生理刺激和理解功能之间的边界是模糊的。

这些经验对刑事工作有什么好处呢？没有人怀疑，囚犯和证人都会受到情绪表达的影响，对这些表达的确定、解释和判断，对办案很重要。所以，如果我们把情绪认知及其行为看作是理解的功能，我们就会得出一些更有规律性的认识，在办案时遇到的困难就会更少。因此，我们对情绪状态的每一个判断都必须先从理解方面进行重建，这样一来，往后的工作就简单多了。

专题 13　证词的形式

第 59 节　概述

无论在哪里，我们都要理解语言的重要性。我们听到或读到的犯罪信息，都是用语言表达的。所有用眼睛或任何其他感官感知到的东西，也都必须用语言来表达。通过研究文献，可以看出早期学者是如何研究语言的起源和特点的。这些语言知识对犯罪学家很重要，因为我们必须通过语言来获取证据，并对之进行不同的解释。如果不能正确理解语言，就会产生错误的概念。

第 60 节　表达方式多样性的一般研究

语言是活的。性格和成长经历不一样，语言表达方式也不一样。面对证人和囚犯，我们必须研究他的性格和说话方式。一旦弄清他的说话技巧，就对他的性格有了清晰的认识。反之亦然。这项研究需要相当高的技巧，但这是法律工作者需要掌握的技能。

泰勒说，一个人的语言能反映出他的成长经历、教育程度和能力。语言比出身更重要，因为它的发展是有生命的和变化的。盖革通过接下来的例子来说明词义的变化，"Mriga"在梵文中的意思是"野兽"，在古波斯语中的意思是"鸟","Mriga"在当代波斯语的替代词汇是"mrug","mrug"仅有"鸟"的意思。因此，稗田鸡、鸣禽等现在被称为"mrug"。这样一来，"野生动物"就被转化为"驯养动物"。同样的道理，我们说"烤面包、烤蛋糕、烤肉"，然后又说"焗苹果、焗土豆、焗肉"。这时，如果某个外国人告诉我们，他"焗"面包，我们就会觉得好笑。

语言的形式是私人的，也是社会性的。一个人说"当然"，另一个人可能用"确实"。一个人喜欢说"黑暗"，另一个人可能喜欢用"暗黑"。有时，一个人给出一个词明确的含义，可能会解释事物的性质和说话者的性格。比如，一个医生在讲一个痛苦的手术时说："病人在唱歌！"这说明他很无情。此外，也有必要探究，人们赋予某些词语特别含义，以避免产生误解。人们很容易忽视其他人对普通事物的特殊表达方式，尤其是当类似的事物同时出现时，很少有人能够区分开其同一性和差异性。如果 A 和 B，在其他方面是相同的，只是 B 稍微大一点儿，所以，即使它们看起来稍有不同，但如果我认为它们是等同的，用 B 代替 A 也不会有什么大问题。但是，如果我重复第一个错误，那么，最终就会出现巨大的 E 可以代替 A，这个错误就变得非常明显了。

如果去探究词义的源头，你就会发现它是从事物间的差异发展出来的。当词义间的区别很小时，就会出现替代和改变。泰勒提到过，西非沃洛夫人的语言里有"dá gou"这个词，指的是骄傲地迈步，而"dá gana"指沮丧地乞求；"mì tonda"是"我爱"的意思，而"mi tônda"的意思是"我不爱"。我们也会在语气上出现这样的区别，而且意义的变化也非常接近。但谁会注意到这一点呢？

词义的变化固然重要，但与概念变化相比，它们还不够显著。当我们要求犯罪学家命名抽象的东西时，首先要求精准地确定对话者的用意。尤其是和那些被深入研究过的对象打交道时，因为这些人常常会用很多技术性的语言。只要花一点儿时间进行研究，我们就会发现，他们使用的概念可能有本质的区别。立即接受审讯的证人，与几周后再次接受审讯的证人，他使用的词汇和表达方式都发生了改变，他的证词也变得不一样了。

证词的条件也有类似效果。证人在法官办公室所做的陈述，与他在陪审团面前的公开审判中所说的话，会有惊人的差异。人们常常攻击那些做出不同陈述的证人，然而，更准确的观察会表明，有些证词本质上是一样的，但因为提供证词的方式不同，使它们显得不一样。听众之间的差异带来的影响也很大。"倾听"这个词，表示说话者讲得很有趣，因为他也知道自己讲得很好，听众的数量可观，并认为每个听众都是崇拜者，他会为此感到愉快。但如果他觉得自己缺乏技巧，他就会感到不安。大量的听众会为演讲者带来刺激，但这只限于演讲者对听众的青睐有把握的时候。

关于注意力的问题，当一个学者在谈论某个主题时，听众会认真地听他讲话。听众的注意力作为一种鞭策，会让他讲得更好。对人们普遍感兴趣的案件，注意力就不是很重要。另外，对于发言者不能选择话题的案件，无论他说得好还是不好，对听众来说都是无所谓的。至于发言者有没有兴趣，那是他自己的事。除此之外，发言者还可能受到听众的一致反感、憎恨、厌恶或蔑视，但他还是需要保持注意力。这种注意力，会使他感到困惑和压抑。由于这个原因，许多刑事审判的结果，可能与预期完全相反。那些只参与了庭审而没有参加预审的人，当他们被告知"预审以来没有任何变化"时，就会更不理解庭审结果了。其实，很多事情都发生了变化。当证人因听众过多而激动或害怕时，表达方式可能会变得与以前不同，从而让整个案件都变得大相径庭。

第四篇 直觉和概念

同样地，一些事实可能会因证人的叙述方式不同，而从另外一个角度呈现出来。比如像幽默这种活力四射的陈述，一般被排除在法庭之外，但如果有人在干巴巴的证词中穿插进幽默，又不超出法庭允许的范围，通常情况下，他可能把很严重的情况说得很微不足道。一些有趣的证词经常在报纸上出现，编辑用它们来取悦读者。我们都知道，一个真正幽默的人是如何讲述他的经历、学生时期的问题、不愉快的旅行经历、争吵中的困难处境，以至于每个听众都要发笑，即使所讲述的事件涉及困难与麻烦，乃至相当危险的境遇，叙述者也丝毫没有撒谎，而是设法让自己的故事出现转折，让受害者在内的所有人都想笑。正如克莱佩林所说："幽默的任务，是使人类的大部分不幸失去其伤害力。它用喜剧的形式，向我们展示出人类生活中无数愚蠢行为。"假设，一个幽默的证人讲了一个故事，这个故事可能造成的后果很大，但这个证人没有把这件事讲得很悲惨。故事的主题是大吵大闹，涉及粗暴的欺骗和对荣誉的攻击等。因为表达方式不一样，人们对这一事件的态度会发生转变，尽管此前已经通过十几个证人逐步形成了对事情的态度，但至少在针对事情的新观点上，对判决是有影响的。因此，没有听过全部证词的人，是无法理解审判结果的。

我们还可以看到无害事件被一个忧郁证人的证词变成悲剧，而他可能在任何情况下都没有使用过一个不真实的词。同样，一个诚实讲述自己经历的证人，他的痛苦可能会影响其他人的态度。我没有夸大其词。每一个有经验的人，只要他足够诚实，都会证实这一事实，并承认自己也是那些态度被改变的人之一。注意，这里我说的是被"改变"而不是被"欺骗"。证人并没有想要撒谎。也有必要重申，在审理时，要注意证人在陈述时的手部动作，因为身体语言不会撒谎。

分析目击者是否受到影响的另一个方法，是仔细观察他对自己叙述的印象。斯特里克建议我们控制说话的条件。他发现，只要说话的人对自己证词中的因果关系感到满意，它就能激起听众的兴趣。一旦他对自己的证词不满意，听众的态度也会随之发生改变。因此，我们首先要确定说话的人对自己证词中的因果关系是否满意，然后，再分析听众的判断。否则，证人要么是在撒谎，要么是没有按照应有的方式来表达。

第61节 方言的形式

犯罪学家必须了解办案对象的方言。方言太重要了，以至于不了解方言就从事犯罪学的工作是不道德的。没有什么比对方言的无知更能造成严重的误解，而这种误解甚至可以颠覆正义。而且，对方言的无知造成的后果是无法纠正的。因为，它是一种默认的文化认知，在程序与定义上都很难予以纠正。

一个人只要不盲目自大，学习方言其实并不难。方言和文学语言一样，是活生生的、有趣的有机体，也是最贴切的表达方式。一旦有了学习方言的兴趣，真正要学的其实就是一些词语和表达的含义，其他的没有什么难度。全世界农民的说话方式都是最简单、最自然、最简短的，农民不懂说话的技巧、高级的语言结构、绕口令等，但如果让他们自己去说，他们会把一切都说得很清楚、很简洁。

没有修养的城市人，他们的表达方式会有很多问题。他们会说一些蹩脚的短语，因为这些词语有虚假的美感，但并不恰当。听到这样一连串无头无尾、扭曲的短语，会令人感到不快，而且让人很难搞清这个人想说什么——我们不知道这些话是否带有某种目的，还是仅仅为了炫耀。

第四篇 直觉和概念

我承认，我对一个语法错误或使用不常见用法的证人往往感到不信任。因为他不能用正确的语法来表达，我会假定他意志薄弱、不是太靠谱，我还会担心他只重视说话的方式而忽略了内容。一个简单的人，如果非常自然地使用他的方言，我们没有理由不信任他。

此外也要注意方言的特点。首先，在某些方面，方言比文学语言贫乏。例如，形容颜色的词汇更少：在各种各样的葡萄酒中，它们的名字要不是红葡萄酒，要不就是白葡萄酒。同样，没有农民说"棕色的狗""棕黄色的牛"，这些颜色被统称为红色。方言也有可能比其他语言更丰富，比如工具的手柄，在方言中也可能称为把手、提手、棍子、轴、扣等。

当分析外文证词时，有必要观察词的含义和语境。如果让没有受过教育的人使用直接引语，其难度之大会令人吃惊。你反复问上十次，对方可能还是一直说："他告诉我，我应该进去。"他不会告诉你说："他告诉我：'进去吧。'"因为他只记住了话的大概意思。当向证人追问案情中的词语时，妥善的问法是："现在你是 A，我是 B，它是如何发生的？"但是，这种方法也可能失败。因为对证人来说，直接引语太不寻常了，让他们感到不安全，所以，我们不能确定其证词的可靠性。

在农民身上，需要考虑的是他们的沉默。我不知道有没有人研究过，全世界的农民为什么那么沉默，我们很少见到一个爱说闲话的农民。农民常常不为自己辩护。有人说，不为自己辩护就是显示了勇气。这可能表现了一种高贵，一种对指控的厌恶，一种对无罪的确信，但也有可能是因为自己缺乏表达的能力。但是，没有经验的法官可能会将其视为狡猾的表现。因此，在这方面，我们不要太着急，要设法了解清楚沉默者的性格。如果我们确信他在本质上是不善言辞的，那么，我们就不要因为他不说话而感到奇怪，即使看起来很有必要说话的时候也是一样。

在某些情况下，可以把没有受过教育的人当作儿童对待。盖革讲过一个故事：一个孩子只认识一个叫奥托的男孩，所以他觉得其他所有的男孩都叫奥托。还有一个故事，二战时期驻扎在莱茵河畔的某些新兵认为，在自己的国家里莱茵河被称为多瑙河。孩子和没有受过教育的人，都不能把事物归类入更高的概念之下，而只是用旧事物的名字命名新事物。有技巧的犯罪学家，往往善于从表面上毫无价值的证词中，找出重要的材料，发现虽然简单但非常明确的含义。当然，我们也必须确保不会被骗。

第62节　不正确的表达形式

如果只有通过反复研究词语的含义，我们才能理解语言中深刻的意涵，那么，我们就不得不怀疑，人们到底能不能理解对方。因为，如果词语没有显而易见的意思，那么，使用它的人都会根据自己的倾向，赋予它更深、更多的含义。形象化的词语，比我们想象中的要多，而且很多都有夸张的含义。比如我说："我把这个案子搞定了、我挤过去了、我跳过去了。"这些话是十分形象化的。其实，我没有搞定任何东西、穿挤过任何东西、跳过任何物体。因此，我的话并不代表任何真实的东西，而只是一种形象化的说法。这种形象化的表达，并不能确定具体的意义。所以，如果我们想知道某种形象化表达的含义，我们必须首先确定它是如何使用的。由于我们的语言习惯，我们经常听到的是"四角"桌子，而不是方形桌子；我们会说一个人"非常普通"，而不会说这个人"远远低于平均水平"。在许多情况下，这种虚假的表达方式是说话的人为了美化请求或者表示谦虚，不自觉地表达出来的。吸烟者问：

第四篇　直觉和概念　　229

"我可以借个火吗？"尽管从一个人的雪茄上借点火，是微不足道的事。一个人说："我可以吃一小块烤肉吗？"是为了表达让对方把沉重的盘子递过来的请求，但显得更谦虚。再比如"请给我一点儿水"，这种话并没有改变另一个人必须把整个水壶递给他的事实，而且，无论你后来喝了多少水，对另一个人来说都是无所谓的。因此，我们经常说到借或贷，却丝毫没有想到要归还。学生对他的同伴说："借给我一支笔、一些纸、一些墨水。"其实，他根本就没打算归还。那些认为自己行为不当的被告或证人，在他们身上，我们也会发现类似的情况——他们想以最有利的方式，来展示自己的不当行为。

这些美化经常做得很巧妙，以至于在很长一段时间内，我们都观察不到真实的情况。习惯性语言的例子也很多。多年以来，人们把快速无痛地宰杀牲畜，以满足许多人食物需求的这一门生计说成是一种残酷的工作，却把为了消磨时间而射杀无害动物称为高尚的运动。射杀雄鹿，就算是最精准的射击，都不需要宰牛所需的技巧。此外，杀死一头野牛，比射杀一只驯服、温顺的野鸡，需要更大的勇气。

但是，人们很难发现这种区别，而且，这种区别在刑法中是很常见的。比如，马匹交易中的作弊，同在其他商品上的作弊，其区别是相似的；这种区别，也体现在两个决斗者按照规则打架，与两个农民小伙子按协议用镐柄打架之间；或体现在某人"喝香槟受到了豪爽刺激"之后违反了法律，和"纯粹"的酒鬼违反法律的行为中。对于前者，人们含有偏爱、原谅的倾向，而对于后者则含有指责、拒绝的倾向。从不同的角度看待不同的事件，一定要注意不同视角之间的区别。

此外，说话者和倾听者之间存在着某种不诚实：说话者知道听者所听到的内容实际上不是自己想说的，而听者也清楚说话者想说的实际上是另一码事。正如施泰因塔尔所说："当说话者谈论他不相信的事情时，他的听众同时也很清楚，但听众不会责备说话者。"在日常工作和人际交往中，这种情况经常发生。在我们与证人或被告的谈话中，我们应该反向理解它：当一个证人想在不明确表达的情况下说明某种明确的怀疑，就会经常使用这种说话方式。例如，人们都觉得 X 是罪犯，但出于某种原因，比如 X 和证人或高官有裙带关系，无论法官还是证人，都不希望公开说出真相，所以他们会在这个问题上纠缠很久。现在，如果两个人的想法相同，最多只会浪费时间，但不会造成其他后果。然而，如果每个人想的是不同的嫌疑人，并且，他们都错误地同意彼此的观点，而没有彼此说清楚，就可能导致有害的误解。如果审查员随后认为证人同意他的观点，并在这个基础上继续审理案件，案件可能会变得非常糟糕。同样，当与嫌疑人讨论供词时，法官可能认为嫌疑人愿意认罪，而后者甚至从未想过认罪。所以说，任何混乱的表达形式都是有害的。

但我们常常无法避免混乱地表达，所以我们必须学会理解它。罗马人第一次看到大象时，把它叫作"卢卡尼牛"，把狼叫作"木狗"，把猴子叫作"海猫"。每个人在遇到陌生物体时，都习惯于通过熟悉的意象来称呼。如果听众没有意识到这一事实，就不能理解他的话。所以，清楚地找出那些对说话者来讲是新的或陌生的东西，就可以假设，他在不熟悉的情况下会用熟悉的意象来表达看法。这样我们就可以判断出他说话的意思了。

处理外文词汇也有类似的困难。大家都知道，并不是教育水平低的人才会乱用词汇。有时候，词汇在本土语言中含义会被弱化。福尔克马尔认为，外来词通过剥夺同义的本地词汇的明确性和新鲜感来获得其地位。所以，很多不愿意用正确称呼的人，喜欢用外来词汇。但有时候，使用外来词汇，是因为它们表达的强度不一样，在不使用术语、注释等情况下，对同一事物进行不同的表达。因此，很多外来词是因为专业方面的表达需要被引入本土语言的。

对简略表达方式的追求，在我们这个八卦的时代已经够多的了。但它还表现在另一个方面，例如我桌子上的一本旧家庭杂志《从悬崖到大海》，这个标题是什么意思？它的意思可能是：杂志的内容与读者"遍布整个地球"，或者"关注地球上的所有土地和所有民族"。但这样的标题太长了，因此它被合并为"从悬崖到大海"，虽然悬崖和大海常常依存、并不对立。

我的儿子给我讲了一个关于"老生"的故事。他说的"老生"，指的是一个老学生，这个学生在大学里度过了许多学期，至少超过了规定的期限。因为这种解释太长，所以被缩减为"老生"。我能理解他的意思，但这种说法对所有与大学无关的人来说，是无法理解的。这种情况经常出现。如果要避免错误，就必须随时加以解释。沉默寡言的人不太常使用它们，爱说闲话的人通过使用它们展示某种说话的能力。当人们以一种明显不舒适的方式，给出近似、拐弯抹角的数字时，例如用"一打的一半"而不用"六"，"教堂圆顶上吊钟的划痕，同一年的天数一样多"等，这些间接的表达方式，要么是为了使讲话具有说服力，要么是为了帮助记忆。我们需要谨慎对待。最后，众所周知，外语经常被改成声音相似但没有意义的词，当听到这种词语时，大声朗读该词将有助于我们找到词源。

第五篇

提供证词的不同条件

专题 14 一般差异

第 63 节 青少年犯罪

自古以来，不少人把孩子看成一个数量庞大的有问题的群体。如果有先天性的罪犯，那就一定潜藏在孩子身上。事实证明，那些最残忍和最没有人性的人，如尼禄、卡拉卡拉、卡里古拉、路易十一、查理九世、路易十三等，在很小的时候就显示出非常残忍的迹象。佩雷斯列举了儿童因愤怒导致的袭击事件。莫罗研究过复仇意识的早期发展，拉封丹说：儿童缺乏怜悯。纳斯也提醒我们注意儿童的残忍和野蛮，其特征为他们喜欢听恐怖故事，并在他们讲的故事中涉及对动物的虐待。布鲁赛说："几乎没有一个小伙子不会故意虐待弱小的男孩。这是他的冲动。如果他不是天生喜欢欺负人的话，被他欺负的人的痛苦呼喊，会使他暂时停止进一步的虐待。但是一有机会，他就会再次遵循本能的冲动。"

俗话说得好："孩子和国家，只记得他们最后一次遭受的殴打。"青春发育阶段就更糟糕。瓦赞和弗里德里希说，现代的观点认为，青春期是孩子行为反常的主要原因。自从埃斯基罗尔提出偏执狂这个说法以来，就出现了大量的文献，重点讲述了关于青春期女孩中发生的纵火事件。弗里德里希甚至断言，所有青春期的孩子都有纵火癖好。而格罗曼则认为，堕落的孩子通常会有偷窃的习惯。类似的论断有些确实过于鲁莽、大胆。当然，一些孩子确实有不好的行为表现，但我并不同意意大利实证主义学派在文献中所说的："很多罪犯在童年时期就一无是处。"幼年时的坏孩子，他们制造的噪音和麻烦，很容易引起人们的注意，而成千上万的好孩子却没有这样做。所以，少数的坏孩子被认为是所有孩子的代表。沉默的、平凡的东西，本身并不令人印象深刻，即使它的重要性无可比拟。而个别、喧闹的案例却得到了如此多的关注，以至于它们概括了整个群体。算命、梦境和预言，效果也是类似的。如果它们不成功，就会被遗忘；但如果在一个案例中成功了，它们就会产生巨大的影响。因此，它们迷惑我们的思维，使我们错误地将它们看作典型。

孩子有足够的智慧和经验，他们会通过类比将一种情况应用于另一种情况。比方说，孩子非常清楚地知道，偷窃是不光彩、有罪、犯法的，但他并不知道造假、背叛和纵火是被禁止的。然而，这些差异可以缩到很小一点：他知道偷窃是被禁止的，但认为破坏邻居的水果是可以的；他知道说谎是不对的，但他不知道某些谎言是违法的，是会因欺诈罪而立刻受到惩罚的。因此，一个男孩告诉他的叔叔，因为他家里刚好没有钱，父亲让他去找叔叔要，而当这个小淘气把钱花在糖果上时，他也许会认为，虽然谎言难听，但他没有应受惩罚的事。孩子比成人更自我：一方面，他受到成人的保护，在许多方面受到监护；另一方面，他不需要关心任何人。长此以往，他就不会明白什么是被允许的、什么是不被允许的。正如克劳斯所说，未成年人没有能力把自己放在客观的角度。如果他需要把行动与自己的身份、人格联系起来，会突然出现一种虚伪，出现一种判断的扭曲。因此，如果有人问一个孩子："你难道不知道你不应该做这件事吗？"孩子会回答说："是的，我知道。"但他不敢补充说："我知道其他人不应该这样做，但我可能会应该。"不一定是被宠坏的孩子会这样说，任何孩子都有这种偏见。

第五篇 提供证词的不同条件

孩子又怎么知道什么是被允许的、什么是不被允许的呢？大人的工作，孩子却在玩耍。母亲在做饭，孩子只需要坐在餐桌前。母亲得洗衣，孩子天天穿干净的衣服。小孩子被保护着免受寒冷，他做了、说了很多成年人不被允许的行为和话语，但会被原谅。谁要是记住了孩子的这种利己主义，谁就会对许多幼稚的犯罪行为有更多善意的看法。此外，我们决不能忽视这样一个事实，即孩子做的许多事情只是为了盲目模仿。当然，模仿也是有限度的。如果孩子模仿的是一个可模仿的人，比如父母、老师等，那么，责任就是这些大人的。

第64节 衰老

衰老的特征与童年的特征一样，忽视它，可能会导致严重的后果。在这里，我们不考虑被称为"第二童年"的老年阶段，主要考虑的是在此之前的阶段，在这一阶段中，有非常明显、不可能感知不到的记忆力衰退的问题。就像男孩和女孩的区别变得明显的时候，青春期的第一个阶段就结束了，我们也观察到这一生命阶段中的重要活动已经完成了。

它本质上是由两种性别的外表来界定的——声音、内在性格和态度。典型的男性阳刚之气或女性阴柔之美消失了。正是在这一点上，极端的老龄化开始了。年龄、智力水平、教育和其他方面的差异并不重要。生命的任务已经结束，对敌人的抵抗力减弱了，勇气减少了，对身体福利的关心增加了，一切都发生得更慢，更困难。这种变化是如此之大，如此之痛苦，其结果必然是一系列不愉快的特性，即自我主义、兴奋性、阴郁感、残酷性等。非常年长的人，具有太监的特征——他们是由于意识到自己失去了力量造成的。

克劳斯正是从这一事实中，推断出了老年人犯罪。"老人的兴奋性，使他陷入成为罪犯的巨大危险。兴奋性，与思维的迟钝和片面相对立，他很容易被无关紧要的事情惊吓；他从昏睡中挣扎着醒来，表现得像一个昏睡的醉汉。年纪很大的人热爱休息——每一次对他休息的干扰，都会使他烦恼。因此，他所有的愤怒、挑逗和争吵，所有的固执和僵硬，都表现为：请让我一个人待着。"

亨利·霍兰在他的论文中提到，老龄是一种接近于梦境的状态，在这种状态下，幻觉和现实很容易混淆不清。但是，这只适用于极端老龄化的最后阶段。这时，生命已经成为一种微弱的植物性功能。这个阶段的人，几乎没有任何犯罪能力。

但是，当老人的虚弱，为他年轻时的早期倾向，指出了明确方向时，可能会导致犯罪出现。一个变成守财奴的老人，年轻时只是花钱很谨慎。年轻时，他不是守财奴，是因为他知道，他能够再把钱赚回来。现在，他又老又弱，他知道不能再这样做了，他的金钱和财产，是他晚年的全部依靠，因此，他非常害怕失去或减少它们。在这种情况下，他的谨慎变成了吝啬，后来又变成了疯狂的占有欲，甚至更糟，最后，可能把他变成一个罪犯。性方面也是如此。老人太软弱了，无法满足成年人的自然本能。这时，他就会攻击不成熟的女孩。在极端的晚年衰老中，区别因素是力量的丧失。如果我们牢记这一点，我们就能解释这个时期的每一个现象。

老人当证人，需要特别对待。衰老的类型有两种：一种是愤世嫉俗，另一种是"理解一切就是原谅一切"。衰老的人，很少能成功、客观地陈述事实。他说的都是一种判断，这种判断不是消极的就是积极的。他的判断，取决于他的生活经验。每个人对同一事件的描述，都有本质上的不同。幸运的是，老人的判断，很容易被看穿，他的第一句话，就能显示他对事情的看法。他的记忆，总是对证据进行着色和修改。而且，因为大脑只保留它经常经历的事情，老人对过去事情的记忆，比对当下事情的记忆要好。旧的经验，在记忆中回顾了成百上千次，因此，在脑海中深深扎根，而新的经验，只能重复几次，如果没有找到位置，就会被遗忘。如果老人讲述了一些最近的事，类似的、遥远的事件，也会在他的脑海中活跃起来。后者即使不够生动，至少，也会有同样强烈的色彩，所以，老人的故事，经常是由很久以前的事情组成的。我不知道如何从这个故事中，消除这些古老的记忆，其中总是存在各种各样的困难，尤其是个人的痛苦经历，通常在记忆中占据着主导地位，正如一句谚语所说："老人会将年轻时做过的蠢事记得清清楚楚。"

第65节 观念差异

撇开大多数感官印象不谈，每一句阐释都包含有主观判断，尽管可能只是几个干巴巴的字词。这种判断，可能存在于某些表达方式、语气、体态中。它确实存在，可以观察到。举一个例子：两个醉汉在街上争吵。假设，我们让众多证人中的一个告诉我们，发生了什么事。他就会有这样的开场白："这是一个非常普通的事""这完全是一个笑话""这个事情完全无害""相当恶心""非常有趣""刷新道德史的底线""太可悲了""他们不配做人""这很危险""很有意思""简直是地狱""可以预见未来"，等等。现在，你还会觉得，不同的人，会对一个事实做出相同的描述吗？每个人，都是根据自己的态度，来看待一个事件的。正如福尔克马尔所说："一个民族，在雷声中听到号角声、神驹的蹄声、天龙的争吵声；第二个民族，听到的是牛的哞叫、蟋蟀的鸣叫、祖先的抱怨；还有一个民族，听到了圣人转动天穹的声音；格陵兰人听到的，甚至是妇女对干燥皮肤的抱怨。"伏尔泰说："如果你问魔鬼什么是美，它会告诉你，美是一对角、四只蹄子和一条尾巴。"然而，当我们问一个证人，什么是美，我们会认为我们是在问一个对他来说残酷的事实，并期望从证人那里，得到可靠的答案。我们还不如问一个自以为爱干净的人，他们对干净的看法。

为了比较判断的多样性，我们必须从感官着手，结合心理感受，让人与人之间的巨大差异显现出来。天文学家首先发现了这种差异的存在。他们证明，不同的人观察同一件事，给出的时间不一样。这称为"个人观察误差"。究竟是感知速度的差异，还是智力的差异，或者是两者共同造成的差异，我们不得而知。但这种差异特别重要。因为相继发生的事件非常迅速，可能导致每个观察者得到不同的图像。由于我们无法用特殊仪器测试个体差异，所以，我们得接受这样一个事实：观念是千差万别的，而且，在某些情况下，例如争吵、突然袭击、打牌作弊、扒窃等，观念的差异可能很大。

然后，就是观察上的差异。席勒说，观察不只是看到事物，而是要看到事物的组成部分。有观察天赋的人很少。一个人可能因为注意力不集中、看错了地方，就会忽略事物的另一半；还有人，用自己的推论代替了事物；而另有人则倾向于观察事物的质、忽略了它的量；还有人，把应放在一起的东西分开看，而把应分开的东西放在一起看。如果我们能牢记观察的差异，我们就能分析证词中那些矛盾的来源。

观点也一样重要。菲斯托感叹道："偷走一个钱包是可耻的，挪用一百万是违法的。但是，偷窃一顶王冠，却是英雄的举动。耻辱感，随着罪恶的增加而减少。"埃克斯纳说，古人认为俄狄浦斯的不幸是可怕的，而今天，我们则认为它只是令人不快而已。

如今，我们对同一行为的理解更加不同。这不仅体现在诗歌中，而且体现在日常生活中。比如说，让不同的人去形容同一片云的形状，有的人可能说：云像有灵性的花茎、贫穷的学生、暴风雨中的大海、骆驼、猴子、战斗的巨人、成群的苍蝇、留着飘逸胡须的先知、笨蛋等。对事物的解释，反映了说话者的人生观、私人生活等。

态度或感受，这个不确定因素，对概念和解释产生了巨大的影响，它甚至比事件的进展或命运本身还要神奇。每个人都知道什么是态度，甚至都遭受过它的伤害，或在一定程度上利用过它，但没有人能够给它下一个完整的定义。根据费希尔的说法，态度是一种综合感受，它由人的所有内在条件及其变化所组成，并表现在意识中，成为一种至关重要的感觉。态度是人体在有利和不利条件下，综合作用的结果。然而，这种描述并非完美无缺，因为对人体感官的单一、微不足道的影响，可能在很长一段时间内改变我们的态度，在此之前，我们不会发现有任何影响。比如，天气好坏可以影响态度，雪茄也可以改变人的心情。有的时候，因为我们晚上做的一个好梦或坏梦，第二天，心情就会受到影响。

有一次，我在公务旅行中，遇到了两个年轻农民在争吵。他们中的一人被严重割伤，要接受检查。在半路上，我们不得不在一个路边的旅馆里等待，我希望会有一个警察前来支援。停留一刻钟后，当我们重新出发时，我发现自己被难以言喻的悲伤所笼罩。对我来说，这场普通的争吵，似乎特别令人不快。我同情那个受伤的男孩、他的父母、他的对手。他们对我来说，都是陌生人，但我对人类的幼稚、粗暴、对酒的嗜好等表示遗憾。这种态度是如此引人注目，以至于我开始寻找其原因。我发现，这首先是因为我们在这个沉闷的地方，然后是我在餐厅里喝的那杯热咖啡，里面可能是有毒的。最后，我想到，马蹄声变成了非常悲伤的小和弦声。马车夫在匆忙中忘了带铃铛，但是，为了避免违反警察的规定,他在旅店里借了另一个铃铛,而我的悲伤状态,就是从听到这铃声的那一刻开始的。我从脑海中赶走了这个声音,发现自己又立即可以享受这美丽的风景了。

我相信,如果我在悲伤的状态下被传唤做证,我讲述故事的方式也会不正常。音乐会影响态度。外部的未知条件,也会影响态度。"如果你沉浸在思考中,"费希纳说:"你虽然没有注意到阳光,也没有注意到草地的绿色,但你的情绪状态,与待在黑暗房间里的情绪状态完全不同。"

冷漠的态度,是十分重要的一个因素。特别是当自我意识特别强烈、痛苦、悲伤、有重要工作、思考、疾病等时候,它就会出现。在这种情况下,我们会低估发生在我们身边事情的意义,一切事物只与我们自身密切相关,都从自我主义的立场考虑问题,或多或少存在冷漠态度。这种漠不关心的态度,不论发生在感知过程,还是审讯过程的重述环节,都不重要。无论是哪种情况,事情都失去了真实性、意义和重要性,本来是白色或黑色的东西,现在被描述为灰色。

还有一种类似的态度,我们不能完全意识到,但却很容易受它控制。根据里普斯和洛采的说法,在神经质的人中,完全忽视感觉的情况,是很常见的。我们的存在,对我们自己来说,似乎是一种外来的东西,与我们无关——我们不必考虑。在这种情况下,很少有人关注我们周围发生的事情,这一点似乎足够清楚。经验是朦胧、肤浅、没有差别的,不过是一种表现形式而已。这种情况,在法庭上是非常危险的。一个有良知的证人,会告诉我们,在案发和审讯时候,他生病了,或者遇上了什么麻烦,所以,他之前的证词未必准确。但是,一个真正忽视了外界环境的人,是不会告诉法官他的身体状况的,这可能是因为他对自己一无所知。

精神和身体状况，会导致人们对事物产生相当不同的看法。那些在身体上受苦、感情上受伤害、因忧虑而憔悴的人，我们的检查方法和正常人一样，但要用不同的标准来衡量其证词。同样，激情退却以后，可能就不如早期那样具有影响力，但是，我们常常忽略这点。早已逝去的爱和退却的恨，往往都会表现为一种温和、宽恕的感觉，尽管来源不同，但感觉却是差不多的。如果检察官知道，案件中本来存在巨大的激情，无论是恨还是爱，那么当他发现一份平静、客观的证词时，他会觉得自己被骗了。他要么会不相信这个可能准确的证人，要么会用自己的理解来粉饰证词。

身体情况在影响观点方面，更为突出。当我们躺着的时候，可能喜欢一个想法，而当站起来的时候，可能就不喜欢它了。实验表明，采取不同的身体姿势，会影响大脑的血液供应，人的态度会随血液量的不同而发生变化。当你躺在床上的时候，会有很多看起来不错的计划，而当你起床的那一刻，你就会有新的考虑，原先的计划就半途而废了。一般来说，态度的变化，都是无所谓的，只要我们没有采取任何实际行动。例如，当两个人躺在床上，制定了一个明确的计划，之后，他们坐起来，如果对这个计划感到羞愧，于是，他们会放弃行动。有时，我们经常听到罪犯说，他们清醒时，对躺在床上制定的计划感到遗憾，但由于曾经对这些计划下过决心，所以最终执行了它们。办案中，我们遇到过很多这种情况，有时它们令人难以置信，但是，它们都可以追溯到类似的根源。

当证人躺在床上回想某件事时，这种情况会经常发生。亥姆霍兹曾说过一种类似情况："当人们歪头或倒立着看一幅风景画时，会发现比采取正常姿势看得更清晰、更栩栩如生。当倒立时，我们会试图更准确地判断事物并了解它。例如，当你从一定距离看一块绿地时，你会发现它的颜色起了变化。我们习惯于这样一个事实：根据远距离物体周围其他物体上的绿色，来判断物体的颜色。另外，用不同姿势，我们会把这幅风景画看成一个平面图像。偶尔从正确视角，我们也会把云和风景看成平面图像，就像平常看到的云一样。"当然，这是众所周知的。在一个犯罪案件中，这样的考虑，或许并没有什么用处。但另一方面，这些差异的背后，可能蕴含着很多尚未发现的原因。这一点，对刑事专家来说至关重要。

关于对比的情况，席勒特别重视这样一个事实：不一样长的两条线在分开时，看起来似乎长度相同，但把它们平行放在一起，并在一起或放在一个水平面上，你会立刻看出它们的长度差异。他表示，这种情况在所有的比较中，都是类似的。如果事情是并列的，那么，可以对它们进行比较；如果不是，那么，这种对比肯定不妥。这里不会有什么错觉产生，只是为了方便操作。并列通常很重要，但不是为了方便对比，而是因为我们必须知道证人是否发现了正确的并列。只有这样，才能进行正确的对比。为了观察他是否发现了这种并列，我们需要仔细研究。

在很大程度上，证人提供的概念和解释，取决于他对被研究对象的兴趣。一个孩子回忆一个老人，他记不得老人整个人，而只记得他绿色的袖子、满是皱纹的手和手中的巧克力蛋糕。因为，孩子只对巧克力感兴趣，而袖子和手，是巧克力的环境。这样的情况很多。在争吵中，证人可能只看到了他兄弟在做什么。在一堆被盗的贵重物品中，钱币学家可能只看到镶有稀有硬币的手镯。在一场冗长的公共演讲中，观众可能只听到了关于社会福利的内容。证人的兴趣不同，他对一件事的回忆，就会不一样。一种颜色，在流行的时候，人们对它的感觉就会不一样。一朵花，在我们知道它是人造的时候，我们对它的判断就会不一样。在家里看到的太阳，总是更明亮。自家种的水果，总是味道更好。另外，词汇含义的多样性，也会影响我们的判断。词语代表了很多概念，简单的词语里，甚至包含了数学和哲学思想。可以想象，两个人可能会用"符号"这个词，来表达完全不同的东西。接触一个事物过程中，人们的解读就会不一样。一开始，这些解释之间的差异，可能并不明显。但是，当它与人们的各种联想结合在一起时，错误就会成倍增加，最后变得和原意大相径庭。在这种情况下，如果再使用外来词汇，情况就可能更糟，因为，外国词的含义，经常与它在字典中的含义不吻合。泰纳说："爱情和爱、女孩和少女、歌曲和小调，虽然可以相互替代，但它们的含义，并不完全相同。"此外，人们还指出，儿童很乐意替代和改变一个词所代表的概念，随意扩大或缩小词义。一个单词，可能首先指狗，然后指马，然后指所有的动物。在森林里，有一个孩子看到一棵冷杉树，但他说，那不是冷杉树，因为冷杉树只在圣诞节才有。

这种错误，并不仅限于儿童。在某些时候，我们一听到某个词，就会把它和一个想法联系起来。因为我们是第一次听到这个词，所以，这种联系很少是正确的。后来，我们从这个词出现的多个事件中，得到了对这个词的理解。随着时间的推移，我们学会了另一个词，紧接着，这个人对相关词汇及其含义的认知也发生了变化。如果我们对这些词汇的变化进行比较，就会发现，词义的近似性和多样化，是多么常见。由此可见，任何误解都是可能的。在很多时候，如果我们研究一个词语的词义变化，我们就会了解整部道德历史。如果争吵的人，能够从情感上了解对手的意图，那么，即使是最重要的争吵，也会偃旗息鼓。

众所周知，德语中有很多显示个人厌恶的词语，但是，这些词语中的大部分，本身是没有恶意的。然而，当人们听到这些词语时，一个人的理解，就会和另一个人的理解不一样。最后，德语变成了世界上对荣誉攻击和诽谤最多的语言。法国人爱笑且诙谐，而德国人却闷闷不乐、侮辱人、爱找麻烦。法国人把对无关紧要和毫无价值事情的敏感，称为德国人特有的争吵方式。在法庭上，通过解释词汇的原意，许多"诽谤案"都会轻松结案。许多抱怨自己被骂成动物的人，只要向他们解释了这些词的全部含义，他们就会满意地离开。

最后，我想谈一下时间对词义的影响。在办案时，重要的不是时长本身，而是时间跨度的价值。根据赫尔巴特的说法，时间只是重复的不同形式。时间，不管是快速的还是缓慢的，都不可避免地影响事件的概念。时间运行的单调性，使它看起来很慢；而充满事件的时间，总是过得很快，但在记忆中却显得很长。亚里士多德说，一条熟悉的路，比一条不熟悉的路更短。我们在乡下度假，一连串的日子总会飞逝，速度之快令人惊讶。然后，当我们的生活中发生了一些重要的事情，接着是一段风平浪静的日子。这时，记忆会显得非常漫长，尽管实际上并不是这样。这些现象都是无法解释的。经过无数次的实验，我们只能说，人们常把短的时间看作长的，长的看作短的。现在，我们可以补充这样一个事实，那就是，大多数人都不能准确判断时间的长度。请一个人绝对安静地坐着，不要数数或做其他事情，让他告诉我们，什么时候到 5 分钟。我们会发现，当他说 5 分钟到了的时候，其实连一分半钟都没过。因此，证人在估计时间时会犯错，而这些错误和其他胡言乱语，都被写入了案情记录。这时候，有两种纠正手段。要么，我们为证人提供常用的计时工具，比如手表等。但当估计较长时间时，比如几周、几月或几年，这个问题就更加困难了。我们几乎没有任何检验方法。此时，唯一可能的方法是，通过不同事件的发生顺序，来确定某个具体时间。比如，如果有人说事件 A 发生在事件 B 的 4 至 5 天前，我们可以相信他。这个人可能会说："因为当 A 发生时，我们开始收玉米，当 B 发生时，我们收完了它。这两个事件之间有 4 至 5 天的时间。"但是，如果他不能举出类似的解释，我们就不能依赖他，因为可能发生了一些其他事情，影响了他的时间概念，让他的判断出现了错误。

在冗长的解释过程中，做出有缺陷的估计，并让它成为参考点，是经常出现的错误。假设一个证人说，一个事件发生在 4 年前。之后，这个仓促陈述将事件定在了 1893 年，所有最重要的结论，都以此为依据。在这种情况下，最好的办法，是同时对证词的真实性作确定和否定的假设，然后再进行检验。总之，对于时间段的概念，再怎么谨慎处理都不为过。

第 66 节 先天品质和后天教育

按照先天与后天对人进行分类，叔本华是第一人。所谓"先天"是指最广泛的生理和心理特征；而"后天"，是指培养、环境、学习和经历。两者结合在一起，就能说明一个人是什么样的人、能做什么、想做什么。然后，根据本质与性格的不同，分为先天与后天两类。我们已经知道或者试图知道，一个人的先天性格在面容上的影响，但是，他的后天教养能带来怎样的犯罪关系，我们却完全不清楚。在文明与自然之间，存在着各种媒介、联系和差异。因此，我们会在以下章节中对此进一步讨论。

第 67 节 后天的影响

在犯罪学上，如果后天的影响能够解释道德、荣誉和对真相的热爱，那么它对人类的影响就很重要。犯罪学家必须研究联系、行为和断言，重视和比较它们，才能对后天培养存在差异的人，进行评估与对比。关于这个问题，最有启发性的是塔尔德和奥尔泽特-纽因的研究结果。老一辈作家莱布尼茨曾经说过："如果把教育留给我，我将在一个世纪之内改变欧洲。"笛卡尔、洛克、爱尔维修均赋予教育以最高的价值；而卡莱尔等人则坚持认为，文明不过是一块遮羞布，而狂野的人性，就像地狱般的火焰一样，永远地燃烧。

　　里博说，教育对人类的影响呈现两个极端：对智障人士的影响很小，对普通人的影响却很大，对天才则完全没作用。可以补充一下，智障和天才的数量，必须变得非常大，教育才不会对犯罪产生显著影响。但是，如果这个断言是真的，即认为国民通识教育减少了斗殴、财产损失等，却增加了诈骗、挪用等，我们就犯了一个大错。其实，对于一个罪犯的心理评估，犯罪本身并不是决定性的，总会有一个问题存在，即这个人的行为对自己的本性造成了什么样的损害。如果一个农民小伙子用椅子腿打了他的邻居，或者破坏了栅栏，甚至破坏了整个村庄，他仍然可能成长为一个受人尊敬的人。许多最优秀、最有用的村长，在年轻时都曾犯过斗殴、破坏财产、反抗权威等类似的事。但是，如果一个人曾经欺骗或者杀害过任何人，他就会失去荣誉，而且，他的余生都将被看作一个歹徒。如果我们用后一种类型的犯罪，来代替前一种类型的犯罪，我们就会犯错。

　　一个有点修养的人，不仅能读会写，而且还能利用他的知识，对生活大声表示不满。如果他一旦有了阅读的欲望，他的时间就会变得有限，他也会从所看的书中，了解到一些无法满足的欲望。如果他的时间总是用来喂猪或清理马厩，最后，正如我们犯罪学家所知，他会寻求非法手段来满足这些需求。

　　道德训练也极其重要。归根结底，教育的目的，是培养同情其他人的感受、理解和意愿的能力。这种同情必须是正确、深刻和含蓄的。因为外在、表面甚至相反的同情是难以理解的。宗教，就是对民众有影响力的职业道德。按照歌德的说法，历史上最大的冲突，是信仰的冲突。这里，我们不讨论这种冲突。提到它只是为了说明，犯罪学家可以依赖的教养标准是宗教。一个有宗教信仰的人，是一个可靠的证人。据统计，在俄罗斯，只有10%的人能够阅读和书写，而在36868名罪犯中，至少26944人是识字的。19世纪70年代，苏格兰的罪犯比例划分如下：21%的人为绝对文盲，52.7%的人为半文盲，26.3%的人受过良好教育。

另外，和宗教信仰不同，宗教统计数据常常是没有价值的。在这些数据里，有些与宗教无关，例如，犹太人的犯罪行为。有一些完全没有价值，因为它只涉及受洗的新教徒或天主教徒的犯罪行为。再比如，统计数字说，在第n年，A国有x%的新教徒、y%的天主教徒受到惩罚——这句话有什么用呢？在x和y的百分比中，都有许多压根就不相信宗教的人，无论他们不信的是新教还是天主教。如果我们能肯定真正的信徒很少犯罪，那么，我们就可以从犯罪学家的角度说，哪种宗教应该受到鼓励。不用看这些数据，我也知道，答案当然是真正的信徒比例较高的那一种，但是，所给数据并不能告诉我们，哪种宗教真正的信徒更多。所以，在这个问题上，"新教徒"和"天主教徒"的分类，对我们没有丝毫帮助。

第68节 未受教育者的视角

"表达，是自然行为；而理解，则是文化行为。"通过这句话，歌德指出了文化缺陷的出处，同时也验证了这样一个事实：没有文化的人，无法理解别人的话。这并不是说，没有文化的人，记不住别人的话，而是说，他们不能完整地理解这些话，且无法自然、简单地复述出来。不同领域的思想家都注意到了这个事实。例如，密尔指出，未受过教育的人，存在一个共同的问题，他们在试图描述一个自然现象时，没有能力区分感知和推理。道格拉斯·斯图尔特注意到，乡村药剂师总是用术语来描述简单的事。对现象的简单而真实的描述，反映出一个人是否能够对事物做出准确的解释。我们经常把本身很简单的事，讲得很复杂，是因为我们的信息提供者，不懂得根据听众的需求，简单地说话。所以，康德说："普通人提供证词时想要诚实地表达。但是，因为他们对事物的关注不多，他们常常把自己的想法，当作是听来的。"休谟说，大多数人，都只从一个侧面看问题，不考虑与自己不同的意见。值得注意的是，没有受过教育的人，有给事物下定义的倾向。他们对直接感知到的东西不感兴趣，而是对其抽象形式感兴趣。那些不能全面看待事物的人，只能感知那些最明显、和自己最接近的东西。米特迈尔说："众所周知，没有受过教育的人，只注意到他们被问的最后一个问题。"这点很重要。如果一个证人被一口气问道：他是否谋杀了A、抢劫了B、并从C那里偷了一个梨。他可能会平静地回答："不，我没有偷梨。"他不会注意到其他两个问题。这一特点经常被辩方律师利用。辩方律师问一些重要的控方证人："你能说说，你看到被告进入房间、环顾四周、走近壁橱，然后把手表藏起来了吗？"这个没有受过教育的证人会干巴巴地说："不，我说不了。"尽管他看到了除隐藏手表以外的一切。他之所以否认整个事情，完全是因为，他只注意到了问题的最后一部分。所以，想正确地提问，只要将问题以最简单、最清晰的形式提出就可以了。简单的问题，比冗长或棘手的问题，更容易接受。

同样地，没有受过教育的人，永远无法看到一件事情的真相。他们追求正义，是因为他们急于避免使自己成为不公的对象。因此，软弱的人永远不可能诚实。大多数没有受过教育的人，对责任的理解是：那是"别人要做的事"。这可能是因为，教育培养了冷静、安静的品质，从而能够使人更正确、更客观地看待责任和义务。

文盲还有一个特点，那就是必须通过仔细感觉，来确认一个事件。那么，为什么没有受过教育的人，必须仔细感受所看的一切，而受过教育的人却满足于只看一看？公共场所要求人们"不要触摸"，有很好的理由。一个人的文化水平，可以通过他触摸或不触摸的倾向来确定。这可能是因为，受过教育的人，看到的东西更多，因为他在仔细观察方面受过更好的训练。而没有受过教育的人，需要通过视觉以外的其他感官，从根本上研究这个物体，而且，当一个物体出现在他面前时，他倾向于不相信。所以，没有受过教育的人，确实被迫做得更多，他们做的，不仅仅是看。

顺便说一下，文盲也很难理解图像。比如，一个农妇问她的儿子在读什么书，它是黑色的还是白色的。原来，他们把背景看作是需要关注的东西。再比如，当你给一个没有受过教育的人，看一张半身照片时，他可能会把关注点放在身体轮廓的背景上，因为这些背景突出了轮廓。这种情况比我们想象的更多见。再举一个例子：一个摄影师为一群游行的年轻骑兵分别拍下了照片，他得到了士兵父母的小区地址，但没有得到具体的街道号码。于是，他给每位家长寄去了一张照片，供他们检查，并告诉他们，如果发生了什么错误，他将予以纠正。但没有一个家长抱怨说，摄影师没有给他们寄来自己孩子的照片。每个人都收到了一个士兵的照片，并且似乎对图像的正确性相当满意。这再一次说明，没有受过教育的人，没有办法辨别照片上人的身份或事物的性质。

从另一个方面讲，图像对儿童和文盲有特殊的意义，因为他们的思想根深蒂固，特别是在尺寸方面。例如，当一匹马和一只驯鹿，出现在同一张图片上时，驯鹿看起来比马大。因而在人的想象中，驯鹿总是更大。后来，即使我们多次见到驯鹿，我们也还会觉得，这种动物"太小了，它必须比马大"。但是，如果我们见到了马有多大，这种信息反而就变得不那么重要了。受过教育的成年人，不会犯这样的错误，但没受过教育的人却会。许多错误的说法，取决于从图片中得出的想法。如果知道它们是如何推导出来的，我们可能会发现错误的来源。但如果错误是在无意识中发生的，那么，我们就必须结合各种情况，进一步研究、寻找原因。

最后，我有两个故事，证明无知的人不能看到事物的本质，并且受感情支配。有一个仆人，被他的主人打了，于是，法院要求他寻求法律保护。他愤怒地拒绝了法院的建议，因为他的主人是个高贵的人，不能受法律约束。一个警察局长叫塞拉菲尼，听说一个臭名昭著的杀人犯要开枪把他杀死。塞拉菲尼就让人把杀手带到面前，并给他的手枪上了膛，请他开枪。凶手脸色变得苍白，不敢开枪。于是，塞拉菲尼把他训斥了一顿，把他赶了出去。

第69节 片面教育

在这里，我们要谈一下，接受片面教育的人的证词的巨大风险。总的来说，完全没有受过教育的人，会以他们独特的方式警示我们，让我们谨慎对待他们的证词。但是，那些受过一定训练的人，会给我们留下深刻的印象，让我们觉得，他们在其他方面也受过教育，从而使我们做出错误判断。

怎样才算受过教育，这很难说。我们要求人们要有一定的知识，但我们不知道具体的知识量得有多少，也不知道专业应该是什么。我们这个时代，比其他所有时代，更多地致力于自然科学，却没有将这种科学理念传递给普通人。对历史或经典文献的无知，甚至对一些现代小说的无知，不进剧院、不看画展，忽视法语和英语等，都会使一个人立即被归类为没有"文化"。但是，即使他知道这些东西，他也可能对动物学、植物学、物理学、化学、天文学等十分无知。这种矛盾是无法解释的，但它确实存在。正因为如此，没有人能够肯定地说，片面的教育是什么意思。不过，片面性的程度，可以通过许多例子来说明。比如，林奈的画作和阿夫泽利乌斯的评论表明，尽管林奈有非凡的植物学知识和出色的记忆力，但他不懂外语。林奈在荷兰待了三年，却连与他的母语非常相似的荷兰语都不懂。再比如，汉弗莱·戴维爵士在参观巴黎卢浮宫时，欣赏的是画框的雕刻，以及希腊雕塑所采用的材料，而不是艺术品本身。

当这种人站在证人席上时，我们该如何对待呢？当他们告诉我们，他们对所讨论的问题一无所知时，并不会给我们的工作带来任何困难。假设我们要审问一位语言学家，他的自然科学知识，和任何受过普通教育的人一样。如果他诚实地说，他已经忘记了在大学里学到的知识，那么，他就很容易像"没受过教育的人"。如果他没有诚实地承认自己的无知，那么，我们除了提问，也没有其他办法了。但即便是提问，也要小心翼翼地进行。

面对自学成才者，我们必须采取同样的态度。因为，他们总是以自己的努力，来衡量知识的价值，总是高估他们的学识。值得注意的是，他们所说的话，超不出他们所掌握的信息范围，他们的个性，很容易从他们介绍知识的方式中发现。自学成才的人，最终只是知识的"暴发户"，就像暴发户很少掩饰自己的性格一样，自学成才者，也很少掩饰自己的性格。

还有一种必须注意的特性，即较之自己的课题，专家们对一些与他们课题不同的、偶然的、不太重要的小事感到自豪。腓特烈大帝那可怜的长笛演奏，就是一个例子。这种人很容易带来误解。对他们在某一领域成就的了解，使我们不由自主地尊重他们的论断。现在，如果他们的断言涉及自己的爱好，那么，许多愚蠢的事情，就会被当作有价值的，而这种价值实际上名不副实。

第70节 犯罪倾向性

能否科学地定义犯罪倾向，它是自然还是文化的结果，抑或两者共同作用的结果，这些问题，目前还没有确定的答案。我们在此不谈个别行为倾向如喝酒、赌博、偷窃等，相对来说，这些是现代社会面临的困难问题。在这里，我们只笼统地讨论一下犯罪倾向。俗话说：树和人，都是朝着倾斜的方向倒下的。现在，我们要研究的，是在刑事工作中遇到的无数堕落者的倾向。这种研究，可以帮助我们分析犯罪原因。一般来说，我们很难将倾向性与机会、需要、欲望分开。正如阿尔菲爱里所说，倾向性诱导了邪恶行为的发生，这一观点，很好地表明了倾向性的作用。能力可能是某种邪恶倾向进一步发展的原因，而频繁的成功，则可能导致倾向性的产生。

莫兹利指出，曾经的感情，会留下潜意识的残留，这些残留物会改变人的整体性格，甚至会重建道德感。在某些情况下，倾向或类似的东西，可能会以这种方式发展。流浪者的特征，证明了这一事实。关于流浪者的执法，是犯罪心理学研究中最有趣的内容。即使是无害流浪者，与那些努力也得不到工作的恶棍之间的区别，也需要大量的心理学因素的介入。在这种情况下，必须通过研究数以千计的细节，来确定他们之间的差异。同样有趣的是统计结果。长期的实践过程表明，在真正的流浪者中，几乎没有一个人的工作非常艰苦。农民、铁匠、挖井人、登山者，很少是流浪者。那些工作不辛苦的行业，比如面包师、磨坊主、服务员，人数最多，业务也不统一。辛苦工作的人，他们的工作和休息分配比较均匀，而工作不艰苦的人，工作时间有时多、有时少。但是，如果现在我们推断，因为前者工作辛苦，工作和休息的分配相当，所以，他们不会成为流浪汉，而后者由于不具备这些，就会成为流浪汉，那我们就错了。事实上，前者天生倾向于艰苦的工作和规律的生活，因此没有流浪倾向，并因此选择了艰难的工作。而后者则倾向于较轻的、不固定的工作，也就是说，他们已经拥有了流浪的倾向，因此，选择了烘烤、研磨或服务员的行业。因此，真正的流浪者，并不一定是罪犯。流浪可能是犯罪的温床，因为流浪汉中有许多罪犯。但流浪汉之所以是流浪汉，只是因为他有流浪的倾向，是一个废人。

如果在心理学分析的基础上，再应用统计学原理，我们会得到一些重要的假设。这些统计数据，有助于我们做出推论。因为它能使我们通过分析某个人的职业、工作方式、所处环境、择偶标准、喜爱与乐趣等，来确定他的基本倾向。然后，我们将这种倾向与有关行为联系起来。倾向和性格之间的关系，很难确定。当一个人的性格被认为是天生的，或者基于教育背景时，那么，他的性格就会受到这些因素的影响。可以肯定的是，性格的好坏，只有在事实中展现出来时，才是可以信赖的。所以，重点必须放在事实上。

第71节 其他区别

古时候，人们根据性格来对人进行分类。这种分类对我们没有什么用处。其中，有四种性格，每一种性格都有一系列的特征，但没有任何一种性格能同时具备所有的特征。如果你把每一个活跃的人称为胆汁质，每一个暴躁的人称为多血质，每一个深思熟虑的人称为黏液质，每一个悲伤的人称为忧郁质，你只是在成千上万的形容词中，增加了一些词汇。这四种形式并不是唯一存在的。除了无数的中间和过渡形式外，还有大量的人，不符合这些类别中的任何一种。此外，性格会随着年龄、健康、经验而改变，所以，这种区分没有恒定性。

当我们想清楚地了解一个人时，调查他的性格对我们没有丝毫帮助。我们得考虑其他的特征，这些特征是判断某个人的基础。谚语说："笑声暴露了一个人。"如果在剧院里，你知道笑的主题、笑的方式，以及笑声首次出现的时间点，你就知道坐在哪里的人最有教养、哪里的人最没有教养。叔本华说，聪明的人觉得一切都很有趣，讲逻辑的人则觉得什么都没有趣。埃德曼认为，客体的痛苦或可笑特征，显示出来的并不是客体的性格，而是观察者的性格。

但犯罪学家可以通过观察审查对象的笑，为自己节省很多时间。例如，观察能力差的证人，其尴尬、愚蠢地窃笑；无辜的囚犯，或被定罪的忏悔者痛苦的微笑；对自己所造成的伤害感到高兴的证人，其残忍笑容；谴责同伙的邪恶笑声；举出无罪证据的无辜者，那种快乐而微弱的笑声，以及无数其他形式的笑。所有的这些笑，都随着发笑者的性格而变化，而且是如此重要，几乎没有任何东西能与它们的价值相比较。此外，当你想起人们在笑的时候很难隐瞒真实情绪时，至少在笑声停止的那一刻，你就会发现，笑声在决定一个案件时，是多么重要。

人在很短时间内发生的变化，和笑同样重要。如果我们在日常生活中观察到，人们在没有任何明显原因的情况下，变化得我们几乎认不出他们来，那么，在负罪感甚至监禁的影响下，这种变化会变得十分强烈。有人说，孤独，可以显示谁是最伟大的人、最愚蠢的人和最伟大的罪犯。那么，强制隔离和监禁的影响是什么呢？幸运的是，我们没有生活在一个动不动就被监禁数月、数年的时代，但是，即使是几天的监禁，也可能完全改变一个人。在被捕以后，痛苦或野性可能会表现出来，就像悲伤和温柔一样。每一个有经验的刑事学家都会承认，他所看到的事情本质，特别是罪犯的犯罪动机，是在第一次审讯后获得的，而不是从后来的审讯中获得的，而往往后来的观点比较正确。

此外，囚犯的健康状况几乎总是在变化。新的生活方式、不同的食物和环境、缺乏运动，会直接影响身体健康。然而，在有些情况下，健康会因监禁而得到改善，特别是对那些放荡不羁、生活不规律、酗酒的人，或者那些过度担忧自己身体状况的人。但这些都是例外。通常情况下，囚犯的体质会受到很大的影响。但幸运的是，这通常只是短暂的。同样，众所周知，它也会对心灵产生影响。身体上的不幸，会使人的道德品质发生巨大变化。在黑暗中，健康是人的精神支柱。

我们也不应忘记，对囚犯来说，囚禁时间的影响也是巨大的，它引起了许多极端情况。我们知道，十恶不赦与完美无缺同样罕见。我们通常极少能遇到上述两种极端情况。我们与"坏人"打交道的时间越长，我们就越倾向于把十恶不赦看作是欲望、敌意、软弱、愚蠢、轻浮以及简单、真实、精神空虚的结果。今天，在我们看来，犯人是可怕的罪犯，但几天后，等我们平静下来，当从另一个侧面了解这个案件时，罪犯便会清楚地显示出其真实本性，我们对他的看法，也会随之发生改变。

最后，米特迈尔指出了一个事实：刑事专家本身的文化背景和性格非常重要。"如果一个女孩为她的情人做证，指认她的兄弟，那么，就会出现一个判断问题：哪个声音更有力量？"法官无法轻易地将他的判断与自己的人生观区分开来。这种情况经常发生。当分析一个困难的心理学案例时，不知怎的，你突然找到了它的解决方案："它肯定是这样的，而不是那样的，他这样或那样做，一定是为了这个原因。"研究一下这样明确的推论，就会发现，它是由于可悲的谬误造成的。也就是说，你之所以这样推论，是因为你在类似的情况下会这样做、这样想、这样盼望。可见，犯下可悲的谬误是法官工作中最大的危险。

第72节 聪明与愚蠢

最令刑事学家头疼的问题是邪恶的本性、不诚实和愚昧，它们是刑事学家的三个敌人。其中，愚昧是最难对付的，它是人类普遍的特征，表现为偏见、先入为主、自私和高高在上。刑事学家必须在证人、陪审员和上司中与愚昧斗争。不仅他的同事和被告，可能被愚昧妨碍，刑事学家本人也可能受到愚昧的影响。而最大的愚昧，是觉得自己没有犯愚昧的错误。因为最聪明的人，也会做最愚蠢的事。谁能牢记自己的一系列愚蠢行为，并试图从中吸取教训，谁就能取得最大的进步。

愚昧是一种孤立的属性。它与智力的关系并不像冷与暖的关系，冷是完全不热，但愚昧不是没有智力。愚昧和智慧，都是着眼于同一方向的属性。因此，永远不可能单独谈论智慧或愚昧的问题。处理愚昧问题的人，就会处理关于智力的问题。但如果把它们想象成一个发展中的系列，一端是智慧，另一端是愚蠢，那就错了。从愚昧到智慧，这种过渡不仅是频繁的，而且它们常常同时存在。一个事物可能经常在同一时间内既聪明又愚蠢。

愚蠢的重要性，不仅在于它可能导致严重后果，还在于它很难被察觉到。在真相大白之前，愚蠢的人往往看起来非常聪明，而且，通常情况下，只有在交往很长时间以后，才能对它有所认识。但在我们的工作中，我们很少能与我们想了解的人交往。确实有一些人，在第一次见面时，我们就认为他们是愚蠢的，而且，当进一步了解之后，确认是愚蠢的。有时候，即使我们能了解一个人的愚蠢程度，但不能了解他表达愚蠢的方式，要发现这一点需要很多智慧。

此外，大量的努力和坚持，往往被用来实施巨大的愚昧计划。很多刑事案件，长期得不到解释，只是因为它们愚蠢到令人难以置信。而经常又是聪明人拒绝考虑愚蠢的可能性。正如，对干净的人来说，一切都是干净的；对哲学家来说，一切都含有哲理；对智者来说，一切都是明智的。因此，我们想从纯粹不合理角度来解释一件事，几乎是不可能的。我们的责任只能是，尽可能多地、准确地了解愚昧的本质。

埃德曼从亲身经历过的一些小事讲起。例如，他曾经早早地来到汉堡火车站。在候车室里，他看见一家子人，这家人有许多孩子。从这些人的谈话中，他听出这家人准备去看望住在基里茨的爷爷。

随着涌进车站里的人越来越多，这家里的一个看上去最小的男孩，开始变得越来越害怕。当车站被人挤满的时候，他突然喊起来："快看，这些去基里茨看爷爷的人，想干什么？"在这位孩子的眼里，因为他本人要去基里茨，所以这里所有的人都要去基里茨。如此将个人琐碎的看法，概括成大家的行为规则的狭隘观点，按照埃德曼的说法，就是愚蠢。

另一个例子则说明，在这个过程中，人们应该怎样做，才能不显露出愚蠢。在 19 世纪 60 年代的时候，游玩巴黎的陌生人，羡慕地欣赏大街两旁的老树。这时，巴黎人的习惯回答是："这么说，你也不同意豪斯曼市长的做法喽？"因为，每个人都知道，巴黎的行政长官巴龙·豪斯曼曾经为了美化巴黎，想砍伐掉这些树。然而，如果这些被人羡慕的老树位于一个小村庄的教堂院子里，当地农民则会回答说："所以，你也知道我们的史密斯想将这些树砍掉喽？"说这种话是愚蠢的。因为这位农民不该认为，全世界的人都知道这位村长的意图。

现在，打个比方，如果你减少观点的数量，并逐渐缩窄视野，就会出现一个点。在这个点上，所有的想法都是相同的。这个点，就是愚蠢的核心——智力障碍。

愚蠢是心智的一种状态。在这种状态下，一个人对所有事情的判断，都仅仅依靠自身一人做出。这可以再次通过例证来诠释。如果你在房间里一边走动，一边观察房间里的东西，你很快会发现，随着你的视角变化，物体的位置与外观同时也在发生变化。但如果你仅仅通过钥匙孔看东西，你就窥不清真相，因为，看上去任何东西都是相同的。智障那以自我为中心的眼睛，就像钥匙孔，通过它看到华丽的客厅，就称之为整个世界。因此，有缺陷的人，缺乏主见，头脑狭隘，视野会因此受到局限而狭窄，而视野越狭窄，就越愚蠢。

愚蠢与以自我为中心，是孩子们的特质。人生下来，就愚蠢而幼稚。只有启蒙，才能增进我们的智慧。但是，由于这一过程很慢，我们所有的人，都有愚钝的一面。

能辨别清楚物体，就是聪明；混淆不清，就是愚蠢。从有缺陷的人那儿，人们首先注意到的，是他们会将话说得太绝对。那么，一言以蔽之：愚蠢者说话夸张，他们所说的"总是"，在聪明的人那儿，则是"两三次"。愚蠢的人打断了同伴的话，抢着先说，因为他觉得，自己是最合适的说话人。他的最典型特征，就是试图将自我置于最前，"我总是这么做""这是我的一种特质""要我做这事，我会以一种完全不同的方式"，等等。

确实，高级的愚蠢会展示出某种力量，让傻瓜用来充分展示自己的个性。如果，他谈起去北极的事，他会说："当然，我从来没有去过北极，但我一直在安诺图克。"当谈话的主题涉及某项重要发明时，他信誓旦旦地向我们保证，他不曾发明过任何东西，但他可以做扫帚。而且，偶尔他还可能找出这项发明的缺陷。自然，他越愚蠢，发现的缺陷就会越多。

尽管，愚蠢的范围或界限不能完全确定，但决不能将之与相关的特征相混淆，我们必须将这些特征区分开来。例如，克劳斯在比较智障、傻瓜、弱智、没主见等不同概念时，提出了每一类型的特征性标志。但是，由于对这些概念的解释相差特别大，致使这种分类不合理。

一个国家的傻瓜，不同于另一个国家的傻瓜。南方的智障，不同于北方的智障。甚至，即便在同一个地方、同一段时间，针对不同的人给予分类时，人人都显示出独特性。例如，假如我们按照克劳斯关于智障的定义，说智障最不关心因果关系，几乎不懂因果关系，甚至连因果关系这个词的含义也领会不了，那么，对弱智、不聪明的人，我们可以做出相同的评论。

康德公正地讲：通常，只要傻瓜变得趾高气扬起来，就活该被人们贬低。愚蠢这个词，就可以应用于这种"骄傲自大"的笨蛋身上，但不能应用于善良、诚实的笨人身上。但是，在这里康德没有区分愚蠢和质朴，但在自命不凡与善良诚实之间做了区分，表明自命不凡是愚蠢的必备特征。

另一种区分方式是观察健忘情况。这是注意力有缺陷傻瓜的特征，而不是视野狭窄傻瓜的特征。这样区分，很难说对与不对。还有另一种方法用于区分愚蠢和质朴，那就是通过观察注意力缺乏的程度或注意力强度来区分。

确定什么是天真，以及如何将之与愚蠢区分开是同样困难的。毋庸置疑，这些概念是不同的。其联系仅仅在于，有时无法确定某件事到底是出于愚蠢，还是出于天真。真正的傻瓜，永远不存在天真。因为傻子具有一种特定的思想懒惰，傻，绝非天真的特征。最明显的是，在那些自然天真与伪装天真的案例中，区分难度最大。

许多人利用后者，获得了成功。这样做，需要装出足够愚蠢的样子，以使得真正愚蠢的人相信，他比前者聪明。如果蠢人中计了，伪装者就赢了，但是，他并没有模仿真正的愚蠢，他模仿的只是天真幼稚。康德给天真下的定义是：天真是一种行为，它没考虑别人可能的看法。这并不是现代意义上对天真的定义。因为，在今天，我们将天真称作是一种对周围环境无视的态度。其对我们职业的重要性，或许基于这样一种事实——请原谅我——因为我们中的许多人都是这样子的。自然率真、可爱质朴、思想开放，无论将天真称作什么，在孩子们尤其小女孩身上，天真都是一种迷人的品质，不可作为犯罪的判断依据。公正地讲，接受被告和证人最明显的否认，是天真；而不懂得受审者之间是如何相互串通的，也是天真；在你面前，允许罪犯与另一个人讲贼话，是天真；而与罪犯用这种行话诚恳地交谈，更是天真；不懂得这种行话最简单的意思，是天真；而相信罪犯可通过法令、阐述与解释，能够回归责任感，更加天真的；为了对罪犯施加影响，尝试大胆展示诡秘，是天真；而最为天真的，是认识不到罪犯的天真。一名研究自身的犯罪学家，因为经常忽视表面上看似无关紧要的情况，会经常观察到，自己有多么天真！"最大的智慧，"拉罗什富科说，"在于懂得东西的价值。"

但是，总是尝试直接说出掩藏在天真背后的东西，可能是种错误。愿望不会思考，但它会将注意力转向认知。不能期冀任何特殊的认知结论，只能期冀调查时思想能够不带偏见。

我曾经说：认为罪犯比自己更愚蠢，是一个巨大的错误。但是，这并不等于说，我们就被迫认为罪犯比自己更聪明。在能够确定罪犯的智商之前，我们最好相信他同自己一样聪明。这可能不对，但害处不大。否则，在某些案例中，我们可能会偶尔找到正确的解决方法，但在所有的其他案例中，却可能犯下了巨大的错误。

从智慧方面讲，在交谈中，聪明是一种重要的特质。证人以此帮助我们，被告以此欺骗与误导我们。康德说，当一个人有实际判断能力的时候，他是聪明的。

按照多纳所说，某些人具有直觉方面的特殊才能，其他人具有实际调查方面的才能，还有一些人具有综合推理能力。前一种人，观察物体特别清晰、尖锐，分析能力达到极致；最后一种人，善于利用综合推理能力，发现影响深远的关系。还有，我们听说，智者善于发明，敏感者善于发现，深沉的人善于探索。第一类的特点是综合，第二类是分析，第三类是寻找。机智者长于协调，尖锐者长于澄清，深沉者长于阐释。机智者适于游说，尖锐者适于命令，深沉者适于劝服。

在个例中，一个人突然变得完全明白了，或许，适合下面的术语："有两种沉默，愚人的沉默与智者的沉默，两种都很聪明。"康德曾说，机智的人自由大胆，明智的人深思熟虑，不轻易下结论。在某些方面，通过特别的证据，我们也可能获得帮助。所以，赫林说："片面性，是艺术爱好者之母。蜘蛛织网是完美的，但是，蜘蛛做不了别的事。而人类在网不到猎物的时候，可以制作弓箭。而此时的蜘蛛，只能挨饿。"他将本能的聪明与后天的智慧，完全区别开了。

同样具有启发性的，还有这样一些格言："傻瓜只说不做，智者只做不说。""你可以愚弄一个人，但愚弄不了所有人。""愚蠢是天生的，而智慧是艺术的产物。""依赖偶然性是愚蠢的，而利用偶然性则是一种智慧。""有些蠢事，只有聪明人能干出来。""智慧区别于愚蠢，如同人之不同于猴子。""蠢人所说的，正是智者想说的。""理解是有缺陷的，但愚蠢者却连理解也不会。"等等。还有无数其他的格言，在许多时候给过我们很大的帮助。但是，关于智慧的作用，没有人给出一个概述。

因此，我们可以从中获得一些关于智慧或非智慧的实用性说法，如："想变得智慧，就要学会先予后取。"这一说法好似眼界不宽，但没有更恰当的词了。智者的生活符合法律，牺牲了小的利益与直接感官上的快感，以获取更大的利益与持续性健康。他谨慎地牺牲掉了眼前的小快乐，以换取将来年老时无忧无虑的益处。他做事谨慎，甘愿牺牲暂时、可疑，因此也是琐碎的成功，换取后来巨大、确定的成功。他是安静的，宁愿牺牲琐碎的小利益，抛弃在那时可能所有的优势，以避免将来由此带来的麻烦，也是一种更大的成功。他的行为不会受到惩罚。虽然牺牲了此刻可以获得的小利益，但可以获得以后免受惩处的更大利益。因此，分析可以继续下去。在每个案例中，我们会发现，不存在不能用这种方式解释的智慧。

在所有案例中，使用我们的解释性建议是可能的。如果认为某个人可能的智慧程度，可以通过以上分析来确定，此后，通过使用我们的方法，就不难对他进行测试，看他是否参与到了我们所讨论的刑事案件中。

最后要说的是，在许多案例中，我们一次又一次地观察到，非常愚蠢的人，不管是智障还是疯子，无论是因为焦虑、恐惧、头部遭到枪击，还是快死了，在很短的一段时间内，都会变得聪明起来。

可以相信，在这些案例中，当缺陷依赖于占病理性优势的抑制性神经中枢时，精神行为增强了。这种异常的行为增强，是其他重要病变中心（急性、可矫正性精神错乱及妄想症）受抑制的结果。精神行为的轻微、短暂、急性增强，或许可用与脑缺血相似的道理来解释。在其早期，兴奋大于抑制，前者占优势。从理论上说，或许与脑组织的崩解所导致的细胞分子改变有联系。这两种原因所导致的结果，区分并不大。但是，从这些变化了的精神行为特征所获得的证据，将变得不可靠。幻觉、虚假记忆、忧郁的自我谴责，尤其可以用这种兴奋来解释。

我们的刑事专家经常遇到有上述情况的人，当我们听到后者聪明的回答时，我们决不能搁置一边，而是要仔细地记下来，在专家的指导下，进行评估。

属于这类有趣现象的有：我们常常遇到从不做傻事的傻瓜。如果简单地说，他们被误判了，仅仅是看上去傻，那是不对的。他们是真傻。但其每一种行为举止，都获得了某些条件的帮助。本来，他们没有傻到欺骗自己的地步，因此，他们对自身的弱点还有某种认识，拒绝做某些对他们来说太过分的事，那么，他们在做事时，肯定有某种程度上的幸运成分。

有句谚语说："骄傲自负是支撑蠢人的力量。"但在适当的情况下，如果这些蠢人运用好自负，也可能获得成功。并且，他们可能有时察觉不到危险，甚至对最聪明的人来说都很危险的欺诈，他们却因此可以避开。又有句谚语说："聪明人经常跌入的深渊，被愚人偶然跨过去了。"如果习惯有时也可称作天赋的话，那么，我们就可以假设，在许多情况下，习惯及实践可以助力世界上最大的傻瓜，使他获得成功。

埃塞尔说，蠢人按照下述方式思考："事物有几点相同，就是完全相同；事物有几点不同，就是完全不同。"如果果真如此，蠢人所做推论，只能导致失败。然而，如果在他的一生中，没有一件重要事情涉及这种推论，那么，他就没有机会展示自己那本质上的愚蠢。

兴趣也是如此。没有傻瓜会真正渴求知识，他有好奇心，但永远不要认为那是希望获取知识。现在，如果傻瓜幸运，他似乎取得了进步，表现出自己拥有兴趣，却没有人能证明该兴趣只是愚蠢的好奇心。

在一件事情上，傻瓜必须保护自己——尽量避免付诸行动。因为愚蠢表现在行动上，就是幼稚。真正的幼稚，总是愚蠢的。这点不会有错。

在这里，我们再次得出一个非同寻常的结论：同所有其他案例一样，我们的刑事学家在判断某个人的时候，决不能将他在大多数时间里的表现作为判断依据，而应该将其在非同寻常情况下的表现作为依据。

最坏的人，可能做出很好的事。最大的说谎者，某天讲的可能是真话。傻瓜在某一天可能做出聪明的事。我们关心的不是这些。对我们来说，重要的是他的当场自我表现。至于他的其他秉性，就需要依靠判断了。

专题 15　孤立的影响

第 73 节　习惯

在刑法中，习惯可能是相当重要的。首先，我们自己必须明白，在思想及行为中，本人受到习惯的影响究竟有多大。然后，在我们判断证人证词时，要明白证人有没有，或在多大程度上，是否在按照以前的习惯行事，这一点也很重要。因为利用这种知识，我们可能看到原本看上去不可能发生的事情。最后，我们可以通过考虑被告的习惯，恰当地评估被告提供的许多说法，尤其是在我们处理涉及昏迷、醉酒、心烦意乱等案件时。的确，休谟认为，习惯是最为重要的。他的整个理论体系建立在利用习惯上，将习惯作为一种解释原则。他指出，我们所有的关于事实的推论，本质上都与因果理论相关，而因果关系之所以成立，基础是实践，而来自实践的推论，基础是习惯。常常见到某件很奇怪的事，本来是模糊不清的，通过询问可能的习惯，推论其原因，会突然变得清晰起来。

甚至连我们所谓的时尚、习俗、设想等，归根到底，都可以归结到习惯，或者可以用习惯来解释。服饰的新式样、物品的新用途，开始时是不为人喜欢的，直到人们变得适应了为止。习俗、道德必须依附于习惯的铁律。当我的奶奶看到，一名骑自行车的妇女快乐地骑过大街的时候，她会怎么评论？每一名德国公民，在看到法国人海浴的时候，他们会怎么在胸前画十字，祈求上帝保佑？

如果，我们听说在晚上，有一场400人的舞会。舞会上，男人们遇上半裸的女人们，热情地拥抱她们，拉着她们满地转圈、扭腰、跺脚，弄出令人厌恶的噪音，直到累得不得不停下来，抹着汗水，喘着粗气。对此，我们会怎样说？但是，由于我们已经习惯了这些，我们会感到适应。想观察习惯对我们的观点会产生什么样的影响，仅需紧紧地捂起耳朵，然后，看那些跳舞的人，只要你听不到那些音乐了，就会觉得自己好像是在一家疯人院里。

实际上，你不需要选择一个如此愚蠢的案例。亥姆霍兹说，透过望远镜，观看远处走路的一个人，我们会看到，这个路人夸张的驼背与身体的摇摆。这样的例子有很多。如果我们询问某些事件的可能性，我们只需简单地将习惯因素带进去就行。猎杀无害动物、做活体解剖、玩筋疲力尽的魔术、跳芭蕾舞等，对我们来说，如果不习惯，可能会感觉吃惊、恶心、不可思议。在这里，我们需要思考这么一个事实：我们的刑事专家所做出的判断，经常是针对其所不了解的事。当农民、不熟练工、手艺人做任何事情时，我们仅仅表面上了解一点儿。通常，我们并不知道行凶者的习惯，当我们认为他的某种行为——争吵、侮辱、虐待他的妻子及孩子——应当受到谴责时，他的回答却令我们瞠目结舌：他对任何其他事情都不习惯。而我们除了对他施加惩罚，也没有教会他更好的办法。

然而，这类问题涉及普遍的人性，与我们没有直接的联系。但是，对于习惯方面的证词，我们需要直接做出正确的判断。这些证词，将帮助我们做出更多正确的解释，减少犯低级错误的次数。之所以如此，是因为证人说他所描述的事情是出于习惯，那么许多论断就有成立的可能性。

在技能与习惯之间，没有明确分界。或许，我们可以这么说：只有存在习惯的地方，才可能存在技能，当获得一定量的技能之后，才能产生习惯。概括地讲，技能，是快速习惯化的能力。但是，二者之间，必须有所区分。习惯，使得行为变得容易；习惯化，使得行为变得必需。在身体方面的技能中，这点表现得最明显——骑马、游泳、滑冰、骑自行车——习惯与技能是分不开的。关于这一点，我们不明白，为什么我们和其他未经训练的人，不能马上做同样的事情。当我们能做到的时候，我们不假思索地做到了，好像在半睡眠状态下做的。这样的行为，并非技能，而是习惯。即其中有一部分是由身体本身决定的，没有大脑的特别指令参与其中。

我们发现，猎人在寻找动物、踪迹等方面的能力，是不可思议的。当我们一旦很好地掌握了十分复杂的晶体理论，我们不理解，为什么以前没有这么做。同理，对一幅模糊图、一条新路、某种身体行为等，我们有同样的感觉。任何没有形成习惯的人，可能不得不花整天时间，学习自己穿脱衣服。像走路，这种在无意识中就可以完成的事，在一名正想建构人走路模型的机械师那里，得到了验证，仅模仿走路就有多么困难！

并非所有人都一样地服从习惯。从重现过去观点或倾向的意义上讲，这是个性格问题。我们必须认为，一个由观点 A 引起的倾向，可能形成观点 A′、A″、A‴。习惯可能按照这些倾向而发展，但有关发展的条件，我们还没有掌握。然而，我们倾向于认为，著名的历史学家 X 与著名的伯爵夫人 Y 没有养成酗酒、吸鸦片的习惯。但是，在这里，我们的假设是从身份上推断出来的，而不是从性格上。因此，很难肯定地说，某人不可能有这种或那种习惯。所以，重要的一点是，当问题出现时，要找出潜在的习惯，无论什么时候，也无论这些潜在的习惯有多么的矛盾。

对于这种潜在习惯的正确性，有种确定性的看法。例如，有经验的内科医师说，他在数一分钟脉搏次数时，不用看表。或者，商人在准确评估货物重量时，误差只在几克之间，等等。但是，必须对这类断言进行测试。因为，如果没有这种测试的话，断言的误差可能很大。

例如，有人断言，他的注意力没集中起来，没听到经过身旁的两个人说了什么，突然，他开始注意力集中了，并发现自己可以概述他们的所有谈话内容。或者，还有位音乐家，几乎耳朵全聋了，他说自己是如此习惯音乐，以至于尽管耳聋，他却能听出管弦乐队最轻微的不和谐音。还有，我们听说的微不足道、几乎不能控制的习惯，在一起刑事案件中，意外变得重要起来。在这起刑事案件中，一位邻居看到了纵火过程，正当这位邻居把身子探出窗外时，他看到了纵火这一幕。当问起他，在如此寒冷的冬天夜晚，他朝窗外看什么时，他回答说，他有种习惯，在每天睡觉之前，朝窗外吐痰。另有一个人，在睡眠时，被一个进来的窃贼惊醒了。他用一把大刷子，重重地击伤了窃贼。"因为他手中正巧拿着一把刷子。"这种巧合，是因为他有种习惯，如果手中不拿着一把刷子，他就睡不着觉。

如果这习惯是显而易见的事实，就可以用于解释其他方法不能解释的事件。

然而，这些习惯很难得到证实。因为，它们主要见于孤独者——老光棍和老处女——没人对此给予确证。另一方面，我们每个人都知道自己或朋友的习惯，很难获得别人相信，当需要时又很难获得证实。在一般事件中，有大量例子表明了习惯所产生的影响。康德在文章中说，如果有人凑巧通过仆人送给他的医生九个金币，后者就只好认为，是仆人偷走了第十个金币。

如果你送给一名新娘十二块最漂亮的亚麻布，她会很开心。如果只有十一块，她就会哭泣。如果给她十三块，她肯定会扔掉一块。

如果你记住了这些根深蒂固的习惯，你就可能说，这些习惯对于身心，肯定产生了明确、决定、替代性改变。例如，从古代以来，人类服药就按一定的时间间隔，如，每小时、每两小时，等等。因此，如果某种药物要求每77分钟服用一次，就会让我们感到奇怪。但是，是什么样的权威，让我们的身体精确地知道服药的量和时间？还有，我们的演讲，无论私下还是公开，是如何确定时间长短的呢？当然，如果教授讲课每堂仅52分钟，可能是不方便的，然而，在习惯60分钟的授课过程中，一定不会遇到多大的困难！这种习惯已经持续很长时间了。现在的孩子们，同国家一样，按照旧的习惯看待新的事物。尤其是，当形成语言固化时，旧习惯就变成了控制新事物的工具。确实，从语言学方面讲，我们经常怀旧，尽管那些东西早已过时。

我们的头脑有一种特殊状态，称作思维折射，折射的是另一种思维。有个关于习惯的例子，在开始演讲前，有人说："没有准备，由于我……"演讲者想说自己还没有准备好。但是，由于他确实准备过，两种解释就同时出现了。这种所说、所想的并行是重要的，一般是为了给自己提供一个机会，用于纠正所说与所想中的误差。手势与所说的内容相矛盾，是与以上过程相似的。

我们经常听到："我不得不拿走，因为它正巧在那里。"这一说法表明，偷窃源自需要，在那个时刻，有机会去偷窃。或者，我们还听说："我们不同意，此前……"因为增加了"此前"二字，仅仅表明虽然曾达成过意见，但没有持续很长时间。还有，我们听到："当我倒在地板上的时候，我出于自卫，将他击倒了。"在这里，确认的是自卫，承认的是对方被讲话者压在身体下面。这种思维折射经常发生，也很重要，尤其遇到证人言过其实或不完全说实话的时候。然而，这点很少能够引起人们的注意，因为需要对其中的每个单词仔细观察，这是需要时间的，而我们缺的就是时间。

第74节 遗传

从心理学上讲，无论遗传问题对法律工作者有多么重要，目前，它还不能满足法律工作的需求。一方面，需要研究所有的相关文献，同时，需要研究达尔文、龙勃罗梭及其弟子们的相关学说。到目前为止，关于遗传方面的犯罪心理学还没有建立起来。尤其是，经过德国研究者们的努力，已发现龙勃罗梭实证主义法学者们那缺乏依据、冒险、武断的理论，是自相矛盾的。其他人如德比埃、谢尔诺夫、泰恩、德里尔、马尔尚，也对意大利的实证法学主义学派进行了反驳。

同时，对遗传的研究并没有因此停下来。尤其是，在马尔尚的驳论中，披露了在圣彼得堡人类学团体所建立的少年犯收容所里，他与科斯洛一起，对这一课题进行的研究结果。在完全否定遗传的巴克尔与最新的现代学说之间，还有许多中间观点，有一种可能是对的。这些海量资料，还有待刑事学家去研究。然而，上述资料一点儿也没有提到遗传的合理性。所有受过教育的人，仍然相信达尔文的学说。这些寻求突破的新理论，只能被推出主流理论的大前门，又从小后门偷偷溜进来。

但是，按照杜·布瓦－雷蒙的说法，达尔文主义仅仅是一种遗传维持理论，孩子的变异也源于父母的遗传。大家都知道遗传的真实特征，这方面有很多例子。按照里博的说法，自杀是遗传性的；而德皮内认为，盗窃癖是遗传性的；卢卡斯说，强性欲是遗传的；而达尔文则说，书法是遗传的，等等。我们的经验表明，容貌、体型、习惯、智力是可以遗传的，尤其是时空感、方向感、兴趣、疾病等，都是可以遗传的。甚至连人的思想，都能追溯到相应的祖先。我们在动物研究中发现，本能与能力，即便是后天获得的，也能逐渐遗传下来。然而，我们拒绝相信犯罪也有先天因素，但此中矛盾也显而易见。

达尔文、魏斯曼、德弗里斯等的研究结果清晰表明：没有任何权威人士敢肯定，个体首次发生的巨大变化系源自遗传。而关于后天所获特征的遗传性，有些权威人士直接予以否认。

在达尔文之前，旧的物种规律是，无论历经多长时间，物种的确定性特征是不变的。而达尔文理论则认为，微小特征的变异，可以经性选择得以强化，经过一段时间后，发展成大的变异。

现在，没有人会否认，真正的罪犯与绝大多数人不同，差别是明显而实质性的。但某个单独的特征性习惯、某个不愉快的倾向性习惯等，并不构成犯罪。假如某个人是小偷，就不能再说他在其他方面像个正派人、区别仅在于有偶然的偷窃倾向。我们知道，除了偷窃倾向，我们还可以确认他不喜欢诚实工作、缺乏道德力量，当被捉住时，说他漠视法律、缺乏真正的宗教信仰。总之，一个人要成为小偷，其偷窃倾向必须与大量特征性品质相结合。一句话，整个人品必然产生完全、彻底地改变。而这种巨大的改变，对一个人来讲，绝不是遗传下来的。因为只有特定的品性才能遗传下来。但这些，并不是犯罪的构成因素。所以，一名罪犯的儿子，不一定也是一名罪犯。这并不意味着，在一种犯罪类型形成之前，一代又一代人的特征不能交织到一起，但如同动物新物种的诞生一样，这种交互融合是罕见的。

第75节 偏见

先验、偏见、预设，对犯罪学家来说，或许是最危险的敌人。人们普遍认为，这方面的危险并不大。因为，在大多数情况下，受先验影响的，只有一个人，而在处理刑事案件时，有好几个人参与。但是，该说法没有任何依据。骑在马上的一位文雅马术师，在表演完精湛的骑术时，会优雅地从头上摘下帽子，向观众深鞠一躬。也只有在此时，观众才看到了不一样的东西，继而热烈地鼓掌！这并非因为观众理解了表演的难度，而仅仅因为骑手鞠躬了。这种情况经常发生在我们身上。某个人手里有件案子，他在研究着，在一个恰当的时候，如果他说声"瞧，可不是"，其他人会跟着说"哦，太好了"和"上帝保佑"。他可能会受到先验观念的引导，但此时却观察不到这一点。因此，无论我们的假设可能多么好，我们仍然须承认，基于错误前提下的观点，甚至在其不知不觉到来的时候，会弥漫一个人的头脑，以至于人们连事件本身，也不能清醒地观察了。

没有偏见，决不能表明大脑健康、充满活力，只是表明，一旦能证实其不恰当性，有能力搁置偏见。现在，这种证明是困难的，因为当某件事被认为是偏见时，它就不再是偏见。在别的地方，我曾经在一个"预设观念"题目下，谈到过这种危险，试图证明，小至一个错误位置的念头，可能导致先入为主的观念，从而有利于某种预设观点，最终影响庭审公正。

第一位证人的影响会有多大？只要我们本人轻易相信最早的信息，后来又没有时间说服自己，以让自己相信事情可能不像最早所描绘的那样，那么，影响就可想而知了。所以，错误信息的背后，必然隐藏着某种危险。因此，如何努力辨清杜撰的犯罪，或者，努力找出那些被称为偶然事件、背后可能隐藏犯罪的事情，一直是个值得关注的问题。

一般来说，人们都懂得这点。在一场斗殴之后，如果出现彼此矛盾的证词，两帮人急于提供信息。首先提供信息的人占便宜。其所讲的故事，会产生先入为主的影响，对己方有利。而我们要再适应对方的观点，则需要付出努力。后来，我们想反转证人和被告的角色，是不容易的。但是，除了我们本人，我们还必须处理好别人的先验问题，如证人、被告、专家、陪审团、同事、下级等。

我们知道得越多，对新事物的感知就越新。然而，当脑中的感知区域变得硬而紧密，内部重构就会终止，随后是新体验能力的终止。因此，我们才会有那些头脑一成不变、冥顽不化的法官。感知的不确定性，会导致感知的均匀运动。头脑中充满混淆概念复合物的人，看不见现有事实的特殊特征，他们看到的一切，仅仅是存在于自己头脑中的先验观念。

感知的片面性，经常包含错误的观念。在大多数情况下，令人印象深刻的是自我主义，以自我为中心，将自己的经历、观点、理论假设，强加到别人身上，依此建立一种先验观念与偏见系统，在新的情况下进行应用。尤其危险的是那些"相似"经历，因为它们倾向于导致一种固化思维：后面的情况与前面的完全一样。如果一个人在相似的情况下工作，他就倾向于按照以前的方式去做。他将以前的行为，设定为现在的标准。凡与此不符的，他全部视之为错误。甚至前后出现的两种情况，只是在外部、表面特征上相似，其他方面并不一样，他也只用一个标准来衡量。

自我主义的特征是：它通过妥协，使人们允许自己接受贿赂。大部分人的嗜好与意愿，很容易被或真或假的忠诚和利益彻底击倒。如果这种事做得很巧妙，没有人能够抗拒得了，有利于他们的先验得以实现。有多少人会对丑陋、畸形、红头发、结巴的人没有偏见？又有多少人会对英俊、可爱的人没有偏爱？甚至最公正的人，也必须努力与邻居相处，使之不会因他的天然禀赋，而对他带上或好或坏的偏见。

行为和小的快乐几乎同样重要。比如，一名刑事专家整个上午都在努力工作，时间已经很晚了，出于这种或那种原因，他希望回家。

正当他将帽子戴在头上的时候，过来一个人，想提供一些有关之前做伪证的信息。这人搁置这件事已经多年了。在这个不方便的时候，他又带着这些信息来了。他从大老远的地方来——不便打发他走。而且，他讲的情况似乎是不可能的，做的解释也很难理解。最后，两人达成了一份协议。但这个人好像理解不了协议书内容，而且，他还增加了很多不相关的东西上去——总之，他让人的耐心都快崩溃了。现在，我想知道的是，这位刑事专家会不会对这位原告产生偏见？很自然，没有人会谴责这样的偏见。同时，应当提出明确要求，这种偏见只能是过渡性的。此后，待情绪恢复平静之后，应当以高度的责任心，一丝不苟地处理所有的事情，以便改正在初审中可能对无辜者造成的任何伤害。

没必要、也不可能讨论所有形式的先验观念。绝对必要的只是，对于出现的任何先验迹象，无论多么遥远，只要是相似，就应该对之进行认真仔细的搜寻。提到极端偏见，可以姓名作为案例。说一个人听到某个人的名字，就对他产生偏见，这听起来有点可笑，但却是真的。谁能否认，因为有些人拥有一个可爱的名字，就倾向于偏袒这些人？谁没有听过"我一听到那个家伙的名字就恶心"之类的话？

我清楚地记得两个案例。第一个案例，帕特里奇·塞文庞德和埃默恩齐亚·欣特科夫勒被控涉嫌诈骗罪，我的第一个念头是，如此高贵的名字，不可能与诈骗犯联系起来；第二个案例，一位名叫亚瑟·菲尔格莱的男士签署了他遭到侵害的证词,我首先想到的是他的证词和他的名字一样不靠谱。还有,我听说有一位男士应聘一份私人秘书工作被拒,因为他的名字叫基利安·克劳特尔。"拥有这么愚蠢的名字,怎么能是一个正派的人呢?"招聘雇主说。还有一位圣奥古斯丁修道士,在大城市里是一名广受公众喜爱的人物,他出名的原因,在于他的名字富有节奏感——帕特尔·皮特·普默。

对我们这短视的"蚯蚓"来说,名字无关紧要,但诗人们非常清楚名字的重要性。最著名的诗人在选择名字时是非常谨慎的。对于成功的诗人来说,名字起到的作用可不小。如果俾斯麦当初叫迈尔,他就不可能取得如今的地位,这样说不无道理。

第76节 模仿和人群

在很早以前,对模仿的本质特征及其对人群的影响,人们已经在动物、孩子甚至成年人群体中开展相关研究了。模仿本能,作为一项重要的智力特征,已经成为所有教育工作的前提。后来,人们又观察到了其对群体也产生影响。拿破仑说:集体犯罪不涉及任何个人。韦伯在谈到道德传染时,有句众所周知的话:自杀有传染性。贝尔在其著作《监狱》中写道:在监狱里自杀,具有"模仿倾向"。有一个显而易见的事实,自杀者选择吊死的树,往往之前有人在这树上吊死过。在监狱中,经常可以见到隔了较长时间又突然发生的自杀事件。

一旦有人以一种特殊方式实施犯罪,重复犯罪就会经常发生,如谋杀儿童罪。如果有个女孩闷死了自己的婴儿,就会有十个人照样做;如果有个女孩坐在婴儿身上、或通过将孩子紧紧地挤压在胸前,使其窒息而亡，也会有其他人模仿去做。塔尔德认为，用模仿规律完全可以解释犯罪。但模仿与统计学原理究竟存在什么关系还不得而知，为了探求这种关系，我们面临着极大的困难。

当若干人用同样的方式，犯下谋杀罪，我们称之为模仿。但是，如果在医院里，某些疾病或伤害数年没被发现，然后突然出现了很多病例，我们称之为重复。医院的医生对这种现象很熟悉，如果只出现了首例，他们会依靠第二病例出现时再做决定。通常是，这些疾病来源于同一地区，显示出同样的症候，所以，就不能称之为模仿了。那么，在具体案例中，模仿与重复是如何区分的？二者的分界线又在哪里？在哪些地方有交汇、哪些地方又相互覆盖？它们又是如何分组的？

有关模仿问题的刑事政治学解释，至今没有定论。但是，这些问题有很大的分析与判断价值。最起码，从某些特定模仿的源头中，关于犯罪的本质与方式，我们可能找到唯一的解释。

在年轻人尤其是女性中，有某种预期。这至少可以解释其他令人费解的、多余的伴随行为，如不必要的残忍与破坏。认识到这种预期，甚至可能找到一条犯罪线索，因为它可以显示出某个人的特点。

在我们的领域里，也存在"案例重复"现象。在巨大的人群中，行为条件显示出醒目的特征，而最具启发性的是那些巨大的不幸事件，几乎其中的每个人都各顾各的，行为非理性，客观地讲，是对自己同伴的犯罪。因为他们牺牲了同伴，以保证自己的安全，而实际上，那些行为并非必需。属于这一类的，如军队过桥撤退，那些愚蠢的骑兵，为了自己能过桥，竟将自己的同志践踏马下；还有一些有名的事故，例如，在路易十六的订婚仪式上，在拥挤的人群中，1200人被踩踏而死；1881年，在维也纳环形剧场里里的火灾；拿破仑订婚仪式上的大火；1904年，"斯洛库姆将军号"野餐船上的枪击案。在每个案例中，由于受惊人群的无意识行为，导致发生恐怖场景。斯塔利亚的一位诗人说得简洁而恰当："一个人是人，几个人是人们，很多人是牲畜。"在关于模仿的著作中，塔尔德说："在人群中，最安静的人会做出最愚蠢的事。"1892年，在犯罪人类学会议上，他说："人群，永远不会用大脑额叶去思考，不会用大脑枕叶去视听，而主要是用脊髓去条件反射地行动，人群总是含有像童稚、天真、女子气之类的东西。"他与加尼叶、戴克特瑞在本次会议上陈述，由疯子和醉汉所煽动起来的情绪，是如何频繁引发了暴民所有的过激行为。龙勃罗梭、拉什等人列举了许多反叛群体莫名其妙的犯罪案例。刚刚创造的新词"群体的灵魂"很难与叔本华的"宏观人类"区分开来，我们的一项重要任务是，在所有犯罪案例中，确定有多少"人类"、多少"宏观人类"该对罪行负责。

第 77 节 激情

激情与情感，对我们以及证人的头脑，能引起极大的混乱。甚至能影响并导致被告有罪。在庭审的时候，还可用于解释许多的事情。激情与情感的本质、其定义与影响、心理与生理学解释，在任何心理学书籍中都有讨论。但将这类讨论应用于法律工作，却很少有人提及，也可能无话可说。在激情中所完成的事，会如实地自我展示出来，不需特殊的审查。

我们需要做的是，了解在缺乏激情状态下的行为，尤其是了解如何避免被激情或情感控制。

毫无疑问，最"喜怒无常"的刑事专家是最好的。因为黏液质与忧郁质的人，不会使人尽快通过庭审。可爱、热情的法官工作效率最高。

但是，他们的优点也是缺点。没人会否认，当面对一名粗鲁无耻、矢口否认的罪犯时，或面对某些十分残忍、没人性、可怕的犯罪案件时，人们很难保持平静的举止与风度。

但是，我们必须克服这些缺点与困难。我们中的每一个人，必须经常回忆一下，在被激情冲昏头脑的情况下，曾经做过的或刚刚做过的那些丢脸的事。当然，那位喜怒无常的吉迪恩·拉迪伯爵，在很短的时间内，使其所在的郡县避免了数不清的抢劫。他的做法是，立即将发生那些抢劫案的城市市长绞死。但是，在今天，如此喜怒无常的脾气与做法，是不允许的。我们最好回想一下，在一起凶杀案中，那位优秀主审法官的痛苦处境。他在激情驱使之下，猛烈攻击被告人，后来，他却不得不冷静下来，合理地惩罚被告。

避免这种困难的唯一办法，就是别吵架。

当一个字刚刚吐出口的时候，在上流社会里，这个字无论如何都是不妥的。那么，一切都完了。这个字如同滚动的雪球，最终能聚集起多大的冲击力，取决于法官的性格与受过的训练。单纯的辱骂并不常见，而仅仅一个不得体的字，会引起很大的麻烦。

罪犯懂得这个道理，经常会利用这一点。一个辱骂别人的人，不再是危险的。当他变得平静、友好时，从直觉上感到，因为自己"太过分"，造成了对别人的侵害，需要进行弥补，接着，他会表现出夸张的亲切与关心，因此，故意地刺激法官，直到他做了一些抱歉的事，说了一些抱歉的话。

证人的情绪，尤其是那些受到犯罪伤害、看到了可怕景象与令人恶心的东西、仍然兴奋不已的证人的情绪，给我们造成了很多的困难。

针对无条件地依赖这些人的证词，有经验的法官采取了防范措施。

这类人从来不冷静。他们激动、忧虑、气愤、自恋等，既期望麻烦，也夸大麻烦。当然，我们说的不是那些过分夸大伤口的案例，或者为了钱而虚构受伤的案例，而说的是那些情绪紧张的人，为了使他们的对手受到惩处，所说的不可思议的事情。然而，相对来说，这种情况很少见，但伤害很大。

失去了一只眼睛的人、女儿遭人强奸的父亲、受到纵火伤害从此一贫如洗的人，在面对罪犯时，通常非常平静。他没有做出特殊的谴责，既不夸张，也不侮辱别人。然而，一个果园受到破坏的人，其行为可能比这坏得多。

常见的是，受害人与被告人确实相互憎恨，不需要因为一个人打破了另一个的头，或者抢劫了他，这才走上法庭。通常是因为长期、影响深远的仇恨。众所周知，有这种情绪的人不惜采取任何可能的手段。因此，尽管不容易发现，也必须将这种情绪找到。

仇恨，可能存在于同龄人之间，或者那些既同龄、又存在某种联系的人们中间。通常情况下，国王不可能仇恨自己的火枪手。但是，当他们热恋上同一个女孩的时候，国王会恨他，只因他俩是恋爱中的同龄人。与此相似，高贵的女士，极少仇恨自己的女仆。但是，当她看到女仆迷人的头发，并感到比自己的好看时，就会仇恨后者。因为，在喜欢头发方面，是没有身份高低之分的。

真正的仇恨，只有三种来源：痛苦、嫉妒、爱。要么仇恨的对象，给他的敌人造成了巨大的、不可挽回的痛苦或嫉妒，要么这种仇恨在过去、现在、将来，都源自爱。某些权威人士认为，还有另一种仇恨的原因，当我们伤害到别人的时候，产生了仇恨。这种表现为仇恨、或类似于仇恨的激情，在大多数情况下，可能是一种深深的羞耻感或悔恨，这与仇恨相比，有着某些共同的特征。

如果是真正的仇恨，那是痛苦中的仇恨。仇恨难以隐藏，即使经验不多的刑事专家，也仅仅在特殊的情况下，才能忽略它。

妒忌，比起仇恨来，更不容易得到原谅，它没有仇恨那么暴躁，而显得更深、更广，寻找起来也无比困难。

真正的仇恨，如同剧烈的激情，表现出的是脾气暴躁，在许多情况下，还可能唤起同情心。但是，缺乏友谊的妒忌，任何流氓无赖都会有。再没有其他的激情，能像妒忌一样，危及与毁损如此多的生命、阻碍如此多的工作、令许多意义重大的事情半途而废。最终，给数不清的人做出了错误的判决。而且，当你记起它夸张的程度，想起它隐藏的卑鄙与低劣的伎俩时，它的危险本质，怎么高估也不过分。我们法律人，甚至会面临更大的危险，因为，我们不轻易允许当面表扬别人。在大部分时间里，我们需要证人不断进行有罪控诉，我们不容易看到人们是否妒忌。

无论一个人，如何随意抨击另一个人，我们都可能认为他讲的是真话。或者，从最坏的情况考虑，他对事情有种错误见解，或者受到了某种不良的指导。但是，我们极少想到这是由妒忌所引起。只有当他赞扬别人的时候，我们会产生这种想法。接着，他表现出了谨慎、犹豫不决与狭隘的态度，甚至令一个缺乏经验的人，也会推测是出于妒忌。

在这里，一个经过广泛讨论的事实证明，真正的妒忌，需要某种平等。引用一名小店主为例。他妒忌的，是比他更幸运的一位竞争者，但不是那种环游世界的巨商。二等兵对将军、农民对地主的那种感觉，不是真正的妒忌，而是渴望能像他们一样。别人比自己境况富裕，是令人生气的，但只要我们的情绪缺乏有效的妒忌能力，就不能称之为妒忌。只有当某些事情经过密谋策划或恶意交流等，并对所妒忌的人开始行动，才能称之为妒忌。如此，这种感觉就会立即得以承认。人们说："我多么地羡慕他的这次旅行，羡慕他的健康，羡慕他华丽的车，等等。"他们不说:"我妒忌地说了他的坏话,或者做了这样或那样对他不好的事。"然而,实际的妒忌激情会在后面这种形式中自动地显示出来。

妒忌者的虚假陈述能力,使得他(她)们在法庭上特别危险。如果我们想发现有关某个人的任何事,我们必须询问他的同事、亲戚等。但是,这恰恰也在妒忌者的范围之内。如果你询问没有影响力的人,你会什么信息也得不到,因为他们不懂得这些;如果你询问专业人士,他们就会说些妒忌或者自私之类的话,导致我们迷茫。讲话者那种犹豫、回答问题的保留方式,会将我们的注意力,吸引到他的妒忌上去。这在所有社会阶层中,都是相同的,也是很有价值的。因为这一点可以警示我们,要避免非常严重的误解。

通常情况下,激情是犯罪的一个原因。我们可以将激情分成三个时期。第一个时期的特征是,旧观念的全面或部分重现;第二个时期,新观念占据了优势,其可能消极或积极——激情达到高潮;第三个时期,受到强力干扰的情绪平衡得以修复。许多情绪伴随着广为人知的身体现象。

有些研究很透彻。例如,法律上很重要的恐惧情绪,会伴随着呼吸不规律,吸气过程频繁中断,在一系列快呼吸之后,随之出现一次以上的深呼吸,同时,吸气时间缩短,呼气时间延长。此后,当事人或周围人开始啜泣。所有这些现象,仅仅是呼吸变化增多了的结果。呼吸的不规律改变,会导致咳嗽,接着,由于面部肌肉的不规律抽动,加上呼吸的加快,导致讲话又受到影响。在恐惧过程中,出现了打哈欠,当情绪继续发展时,可以看到当事人的瞳孔扩大。这就是一名否认有罪的被告,当发现自己被证据等弄得慌乱起来的时候,我们经常可以看到的现象。

最值得注意而又无法解释的事实是,这种现象并不发生在无辜的人们身上。有人可能会这么想，担心被无辜定罪，可能导致生气、愤怒等表情，但并不会导致真正恐惧的表情。而我只有经验主义的事实证据，所以，对于某个人的有罪或无辜，在推断出任何新结论之前，我们还需要做更多的观察。我们永远不可忘记，按照规律，在这种情况下，激情与情感经常转变到其反面。吝啬变成奢侈，爱变成恨，反之亦然。许多人由于绝望的恐惧，而变得完全、彻底鲁莽。所以，可以出现这种现象：恐惧变成呆板、冷漠，接着，典型的恐惧标志会全部消失。但是，他那冰冷的表情，犹同他本人的合理特征，恰恰使他暴露了。就像激情蜕变到其反面，成为激情明显的从属特征。所以，害怕或恐惧，伴随着无法无天的鲁莽；喜欢感官享受，伴随着残酷无情。后面提到的这一点，对我们十分重要。因为，它经常用于解释犯罪的原因。

  冷酷与好色，可追溯到同一根源。这点，很早就已为人所知。疯狂的冒险与热烈的爱情，常常与一种特定的残忍倾向相联系。作为一种规律，女人常常比男人残忍。可以确定的是，恋爱中的女人，不停地需要自己的男人。如果这是真的，前述之事足以解释。在某种意义上，性激情和残忍间的联系，与不满足有关，这是几种激情的特征。

  最好是观察一下对待财产的激情，尤其是对于金钱的感觉。说金子有压倒一切、魔鬼般的力量，是非常正确的。说渴望得到大量金子、硬币碰撞的响声有无法抗拒的力量，也是非常正确的。说握着钱，对人的影响，如同猎食动物见到了血，也是同样正确的。我们都听说过数不清的例子，那些十分得体的人们，却犯下了数种罪行，只因瞥见了一大笔钱。偶尔，对这种倾向的认识，会发现线索，甚至发现罪犯的个性。

第78节 荣誉

康德说，男人的荣誉，在于人们对他的看法；女人的荣誉，在于人们对她的说法。另一位权威人士认为，所谓荣誉及荣誉感，是在别人那里、或通过别人延伸的自我感觉。我的荣誉，本质上就是我的信仰：我为别人而活着。我的行为，不仅由我自己来评价，更将由其他人进行评判。福斯塔夫将荣誉称之为葬礼上的画作。

这些说法既有对的，也有错的。因为荣誉，仅仅是一种世界观。所以，即便是街头流浪儿童，也可以说有荣誉感。不愿意看到这一点，可能会让我们的刑事学家产生相当大的麻烦。在我的职业生涯中，我曾经遇到过一个最糟糕的人，他对自己最肮脏的罪行感到内疚。他的罪行是如此肮脏，以至于令他高贵的父母双双自杀。他得知自己被判刑多年后，写了一个申请，里面有句话："我对判决没有法律上的反对意见。然而，我只请求拖延三天入狱，以便我可以写一系列的告别信。作为一个囚徒，我写不出来。"甚至在这种人的心中，还有一丝其他人称之为荣誉感的东西。我们经常会遇到类似、有利于庭审的事情。当然，我们不要将之用于获得认罪、指控共犯等目的。

确实，这可能有利于案件的审理。但是，人们很容易将顺从态度当作荣誉倾向，对于前者，即便我们出于最好的意愿，也必须确保不能利用它。

此外，在低层次人群中，正派倾向很难持续较长时间，其会暂时让位于坏的倾向。那么，这些人会对自己短暂的正派倾向而后悔，并咒骂那些在彼时利用它们的人。

看见罪犯也追求自己的"荣誉"，常常是有趣的。对小偷来说合适的东西，对强盗来说，往往不合适；入室行窃者，最痛恨别人将自己当作扒手看待。

许多人觉得自己的荣誉，是这样被深深伤害的：证明他出卖了同伙，或者在分赃等时候，欺骗了同伙。我记得有位小偷伤心至极，因为他从报纸上获悉，在一次行窃行动中，他愚蠢地忽略了一大笔钱。这个例子说明，犯罪者也有职业抱负，也在追求职业声誉。

专题 16　错觉

第 79 节　总则

感觉是认知的基础，故感觉过程是保证法律程序合法的基础。我们通过正常感觉所获取的、构成我们结论的那些信息，总的来说，是可靠的。然而，人的感知觉并非都对，所以，弄清感知错误产生的原因，将会对我们有帮助，甚至可以启发我们的思考，使我们不再犯更大的错误。

从希腊哲学家赫拉克利特开始，对感官知觉的心理学实验就开始了。此间所发现的大部分感知错误都被用于从体育到科学的各种领域。因此，感知觉错误逐渐为人们所熟悉。

然而，它们在其他方面，以及对日常生活的影响，却鲜见报道。有两个原因。第一，这种错觉似乎很轻，其远期的影响很少能够引起人们的注意。第二，在实际生活中，人们通常不容易发现错觉有什么异常影响。如果观察到错觉，就会使它变得无害，不会产生后果。如果没有观察到，并且后来导致了严重的后果，也可能找不出原因。因为没有这种认知，也因为中间环节太多，不容易推理。这再一次说明，人们实际上很少关注感知觉。但是，这并不等于感知觉是不多见的。

当然，将有限的实验结果应用于广泛的具体情况，面临很多困难。

这些困难在于：假设这些具体情况与科学家所研究的相似、样本也很大，在严格的实验条件下，同样呈现出某些现象。但事实并非如此。原因是，现代心理学的有用成果实际上仍然很少。当然，这并非在批评实验心理学学科，或者是贬低其研究价值。一旦发现任何确定性结果，必然伴随严格的条件限制。但是，一旦发现了确定性的东西，情况就会有很大的拓展。实际上，有些结论就会得出，尤其在有关错觉的问题上。

当然，证人们不知道他们产生了错觉。无论如何，我们很少听见他们这样抱怨。但也正因为如此，犯罪学家必须找出这种错觉。这一要求使得犯罪学家面临很大的困难，因为我们从浩繁的相关文献中很少能找到有用的资料。有两条完成路径。第一，当它在我们的工作中出现的时候，我们必须能够理解这一现象。通过进一步追踪，找出是否存在错觉，找出是哪种错觉可能引起了不正常、相反、混淆的事实结果。第二是理论上的，我们称之为备用路径。它需要我们掌握所有的、已知的错觉，尤其是那些不易辨别的错觉。然而，这些材料，大多数与我们的研究目的不相关，特别是那些涉及疾病和谎言的医学材料。当然，对我们来说，也需要像医生一样，考虑疾病的性质或者是否患有疾病。但首先，我们必须咨询医生。

除了那些医学资料，还有一些资料涉及除我们之外的其他职业。我们必须将这些资料搁置一边。尽管，越来越多的知识可能要求我们利用它们。毋庸置疑，我们做了很多观察，得到了关于错觉的完整印象。尽管，我们不能够精确地说出它们是什么，有些看上去还与我们无关，但却隐含在某些证人的观察内容里。当这种事情出现的时候，唯一需要做的是，要么设法证明可能存在错觉，要么以后找机会，对证人进行错觉测试。

分类法，可以在很大程度上简化我们的任务。很明显，最重要的分类是"正常"和"异常"。但是，由于二者之间的区分并不清晰，所以，最好再考虑另外的第三类，作为以上两类的补充。这是一种躯体状态分类，尤其适用于身体状况方面容易引起错觉的群体。例如，吃得过饱、心血来潮、彻夜未眠、体力或脑力过度透支的人。这些状态并非异常，也非病态，但由于与平常不同，所以也不能算作正常。吃得过饱会引起轻度消化不良、供血量增加造成充血等，那就非常接近于疾病了，但具体的界限还无法确定。

另一个问题是，错觉开始时的界定，即怎么与正常的观察区别开来。区别的可能性，依赖于人类感觉器官的特有结构。到底哪一种感觉在本质上是正确的，哪一种是错觉？这很难确定。错觉是大量存在的。在相似的条件下，几乎所有人都会产生错觉。因此，依据大多数人作为标准，来判断是不是错觉，是不规范的。一个感觉受另一个感觉的控制，也不能作为区分错觉与正常感觉的依据。在许多情况下，很可能通过触觉来测定视觉，或者，通过视觉来测定听觉，但是，这种情况并非总是不变。最简单的例子是，说某感知正确，指的是这么一个现实，即在不同的环境与条件下，与其他的感觉相联系，由不同的人、用不同的仪器进行观察，感知始终相同。

当以上感知不恒定时，即是错觉。但是，在这里，术语"错觉"的适用范围再一次难以明确。远方的物体，好像比实际的小；火车轨道和街道两边似乎会交汇。这些是真正的错觉。但人们不这样叫，而是称作视角法则。所以，我们好像必须要将对罕见或者极端不寻常的现象的感观印象，增加到感知这一概念中去了。

我还发现了另一个区别，觉得很重要。那就是真正的错觉和错误认知的不同。其中，前者，是由于感觉器官确实出现了识别错误。例如，当压迫眼球时，会产生复视。而后者，起因于错误的推理。当我透过一片红色玻璃观风景时,我相信眼前的风景确实是红的,错误仅仅在于推理,因为在我的结论中,没有考量红色玻璃这一因素。所以,下雨时我相信眼前的山峦比实际的距离近,或者,当我相信水中的木棍确实弯曲了时,我的感觉非常之正确,只不过是我的推理错了。在最后面的这一例子中,甚至在照片上,水中的木根也是弯曲的。

在那些人们倾向于误称作"错觉"的物理现象中,其与错觉的本质区别是特别明显的。在教堂中,如果任何人听到一种枯燥、微弱的声音,都会觉得风琴声即将响起来,因为适合于做出那种假设。这不是错觉。

当眼前的蒸汽火车准备启动时,你很容易产生一种错误的感觉,觉得火车已经启动了。在这种情况下,这种错误是怎样产生的?耳朵确实已经听到了声音,眼睛也看见了火车,眼耳都没有问题。然而,所获得的印象与眼耳的功能却出现了偏差。如果,是这种印象导致了错误的推论,就不能称作错觉。

当将一些数字方面的证据,用于证明错误推论时,这种分类法的缺点就会变得更加明显。例如,当我透过窗户,看到远处有个人,正在用斧子清理一块场地时,我会先看到斧子落下来,然后才听到砍东西的声音。现在,若距离足够远,当我看到斧子第三次砍下来的同时,我才听到第二次砍东西的声音。因此,尽管距离很远,却如同亲临现场,我同时观察到了光与声两种现象,或许,开始的时候,我会对这种反常物理现象感到惊奇。接着,如果我简单地做出了错误推论,我会告诉别人我的这种显著的"错觉",尽管,从来没有人会觉得我可能出错了。

相似地,叔本华提醒人们注意,小睡初醒时,眼前事物的全部位置明显变化了,脑子也分不清什么在前,什么在后,什么在左,什么在右。如果将此称作错觉,将同样错误,因为大脑没有完全清醒过来,不

第五篇 提供证词的不同条件 289

足以清楚地知道当时的情况。

这种情况，有异于我们不能够恰当地评估特殊的感知。当轻触身体的特殊部位时，我们会感觉到重压。一颗牙脱落了，我们会感觉口中的牙槽洞特大。所以，当牙医给一颗牙钻洞的时候，我们会产生多么荒唐的想法啊！在所有这些情况中，感觉到了一种新的印象，但还没有能够做出进一步适当的判断，因此，判断错了，也说错了。

这是所有对新印象的错误判断的根源。例如，当我们从暗处走进亮光里，会感到光线刺眼；当我们发现冬天的酒窖里温暖，就会认为夏天的酒窖里冰冷；在我们第一次骑在马背上的时候，会觉得自己本身很高大，等等。

现在，对我们来说，"错觉"的真实性尤其重要。因为，我们必须通过某些实验来证明，证词是否来源于此。还有重要的一点是，弄清一个人的感觉，究竟是来自于大脑还是感觉器官？我们可以相信一个人的智商，而不是感觉。反之，从一开始就应当相信感觉。

在判决中，谈论错觉的重要性，可能是多余的。判决的正确性，依赖于所获观察结果的正确性。对错觉的实质及其出现频率的理解，是为了弄清是否进行惩罚。许多错误的判决，完全归因于对此的忽视。曾经，有一个人宣称，尽管当时天很黑，但他认出了一位对手，一拳打在了他的眼睛上。对于他说的话，大家都相信，是简单地出于这样一种假设：这一拳打得如此有力，以至于打得他眼前星光四溅，借助这亮光，他看清了面前的人是谁。

然而，亚里士多德早就指出，这种星光仅仅是主观感觉。但是，大家竟然还相信这种事情，值得警惕。

第 80 节 视觉错觉

研究视觉错觉,最好从考量那些能够引起极端疯狂印象的情况着手。因为视觉错觉是可以识别的,不同的观察者,对所观察对象的理解是不同的。也因为,任何人可能都有种切身体验,在面对一张纸时,会产生错误的视觉理解。"我亲眼见过"证明不了什么,因为在一个地方出现视觉错觉,在其他所有地方都可能出现视觉错觉。

总体上,可以这样说:线条的位置,对于线条长度的估测,并非没有影响。在某种程度上,对垂线的估计,要比实际的长。两条交叉的线段,垂直的那条看上去要长些,尽管,其实际的长度与水平线相等。一个矩形,稍微长点的一条边在下方,看上去就像个正方形,但如果将短边置于下方,看上去比实际的矩形更明显。将一个直角,按照相等的度数进行划分,那么,接近水平线的角度数显得较大,所以,我们经常将 30 度角看成 45 度角。在这里,习惯的影响很大。人们很难相信,当然也不会意识到,字母 S 的上部弯曲小于下部弯曲,但是,将之倒转过来,马上就会一目了然。在此类错觉中,其他的错误估测还有斜坡、屋顶等。从远方看,它们显得如此陡峭,甚至有人说,没有特别的帮助,爬不上去。但是,任何爬上去了的人,实际上会发现,它们并不陡峭。因此,一旦有人宣称某斜坡不可能爬上去,有必要进一步询问一下:他是否亲自到过现场?或者,他是否是站在远处估摸出来的?

轻微的弯曲易被低估。埃克斯纳提醒人们注意这样一个事实,在绕行维也纳普拉特公园时,他到达出口的时间,总是比预想得要早。这是由于存在细小偏差。因为这些偏差的存在,导致出现大量的距离估计错误,并出现一种奇特的现象,就是当人们夜间在树林里迷路时,会围

第五篇 提供证词的不同条件

绕着一个很小的圈子原地转圈。我们经常看到，那些犯抢劫、打架、入室行窃等罪行的嫌疑人，出于这样那样的原因，逃进树林里。第二天一早，却发现，尽管跑了一晚上，最终的位置，却仍离作案现场很近。所以，他们所坦白的逃匿，听上去几乎难以令人置信。不过，我们仍然应该完全相信他们讲的，即使亡命者说，他白天完全住在树林中的巢穴里，我们也应该相信。只因为他简单地低估了误差，所以，他相信自己在一条平坦的弧线上跑了很远，认为一直往前走，越来越远，实际上却绕成了一个大圆弧，方向一直没变，所以，他的行动路线实际上是一个圆形。

一些事实已经确证了这种错觉。例如，用左眼看左侧的物体时，左侧物体会被低估，而右眼看右侧的物体时，右侧物体会被低估，幅度在0.3%到0.7%之间。当然，这些数字是重要的。光线越暗，视觉误差越大，其与眼睛的内侧部分密切相关——如，左眼看左侧物体的误差、右眼看右侧物体的误差。当其他的评估因素叠加在一起的时候，这种混淆会变得更麻烦。

只要信息提供者懂得，他说的仅仅作为评估，危险就不会很大。但通常，信息提供者并不将自己的看法当作评估，而是作为某些定论对待。他不说"我估计"，而是说"事情是这样的"。

众所周知，一个没有家具的房间，看起来要比有家具的小很多；一块覆盖着雪的草坪，看上去要比生长着茂盛草木的草坪小。当我们发现，在一处很小的地块上，出现一个巨大的新型建筑物，或者一处地块被分成若干个小的建筑地块，我们通常会感到惊奇。当地面上铺满木板，我们会为地面上能铺这么多的木板，感到惊讶。

当我们朝上看的时候，错觉会更大。比起水平线上的，我们还不习惯于评估垂直方向上的物体。在房顶排水沟上的一个物体，看上去要比相同距离内的、地面上的物体小。房顶上存在几年的某建筑物，一旦在某天被取下来，容易观察到这一现象。甚至，将之置于比房子高度二倍距离的水平地面上，看上去仍然要比在房顶上大。

错觉归因于含缺陷的实践。这从孩子们所犯下的、成人们觉得不可思议的那些错误中，得到了证实。亥姆霍兹讲了一个故事，当他还是孩子的时候，他是怎样乞求妈妈，让她到一处很高的塔楼画廊上，替他取下玩偶。因为他当时还没有正确的高度认知。我记得，在我五岁的时候，我曾经建议，让小伙伴们托起我的双脚踝，从院子里到房子的二层上够球。我当时估计的高度，是实际高度的十二分之一。

当待判断物体的大小，与我们已知大小的物体靠近时，某些低估或高估标准就会出现。树木与房屋的尺寸比例，是如此完美，称得上史诗级风景。原因是，进行了艺术上的缩小处理。我很少看到，对我有如此魔幻印象的巨幅画图，它覆盖了半堵墙，有点像克劳德·洛林风格。在画的正前方，画了一个人骑着马走在峡谷里。骑马的人算上马，只有几英寸高。因为这一点，使得本来已经巨大的画，变得分外地大。在我还是学生的时候，看见过这幅画。甚至，直到今天，我仍然可以描述出其中的每一处细节。如果没有了这个缩小的人物，这幅画便会失去任何特别魅力。

所以，由于存在视角，我们千万不要忘记，景物的大小，是非常不确定的，甚至我们都没有必要注意其大小或规模。"我感觉很难相信"，里普斯说，"当我的手掌离眼睛一英寸，我看见立在屋子一角的烤炉，并不比手掌大，或者，当我离图钉很近的时候，看天上的月亮并不比这枚图钉的头大——我们不能忘记我们在比较事物时的习惯。我在比较手掌与烤炉时，用手掌的大小来估计烤炉的大小。"这是因为我们知道手掌的大小。

第五篇　提供证词的不同条件　293

但是，我们经常比较我们不知道或者不易知道的事物，于是，许多极端的错觉便产生了。

与月亮直径的错误估算有关的例子还有托马斯·里德的错觉。当他用裸眼观月亮时，月亮看上去像一个盘子那么大，但当他透过一截管子观月亮时，月亮看上去却像一元硬币那么大。这个错觉，证明了这样一个重要的事实：管子孔径的大小，对于所观物体的大小，影响很大。在刑事案件中，透过锁孔的观察所见，并非十分重要，因为其中的低估令人吃惊，就是这个道理。

从空中俯视，对所观物体的影响也很大。尤其在空旷、遥远地方的物体。这种影响，可以通过远方物体的不同外形、远方山峦的不同颜色、地平线上月亮的大小，以及画家们从空中俯视时所面临的困难中，间接识别出来。

由于空中视角不同，许多画作都显示出优、劣之处。在一幅绘画的细微之处，如果这种影响很大，那么，人们的视错觉，容易变得极端突出。尤其在不了解的区域，当所观物体同时含有数种极端情况时，会更加突出。不同的气候条件，如，有时雾天视野模糊，有时天空特别晴朗，会差别巨大。此时，对距离、大小、颜色等的描述，是完全不可靠的。一名证人，其在昏暗的天气里，数次观察过一个陌生地方，又在非常晴朗的天气里，对这个地方做了重要观察，其证词是不该相信的。

可以用所谓的错觉线，对许多错觉予以解释。该方面的研究挺多，但是，佐尔纳是第一个描述该线特征的人。实际上非常平行的直线，由于斜线或交叉线的重叠，显得好像不平行了。在图1与图2中，两条水平线实际上是平行的，这可以通过不同的方法得到证明。

图 1

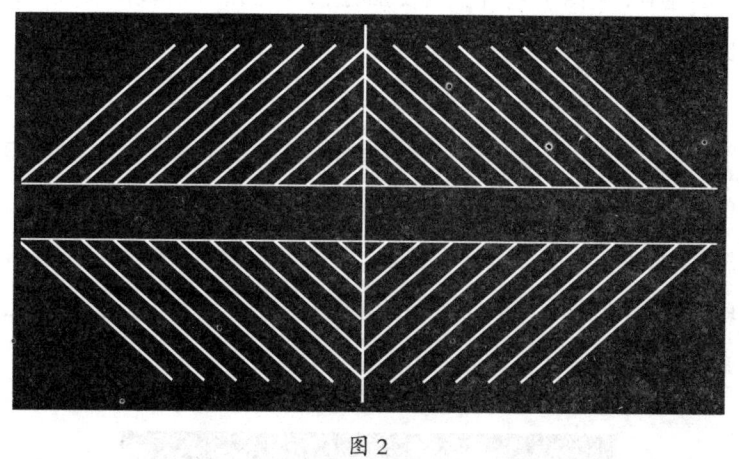

图 2

但平行的两条直线,图 1 中看起来是凸出的,图 2 中看起来是凹进的。

图 3

而且,在图 3 中,视错觉更加明显,其凸出非常清晰。而线条的长度等均相等,对错觉不产生影响。

另一方面,在图 4 中,如果斜线不平行,那么它们看上去肯定要比平行的水平线粗,斜线影响了平行线的外观,这一现象在图 5 提供的简单例子中,给予了阐释。图中,从 a 到 b 的距离,等于从 b 到 c 的距离。然而,前者看上去比后者明显要短。而且,图 6 更具欺骗性,第一条线段两头的倾角向内,第二条线段两头的倾角向外,结果,前者显得比后者长很多。

图 4

所有描述过这一显著现象的人，都试图做出解释。每一种解释，对我们实际遇到的大量难题，有助于做出相应解释。

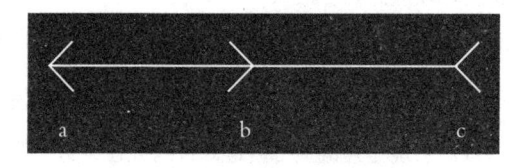

图 5

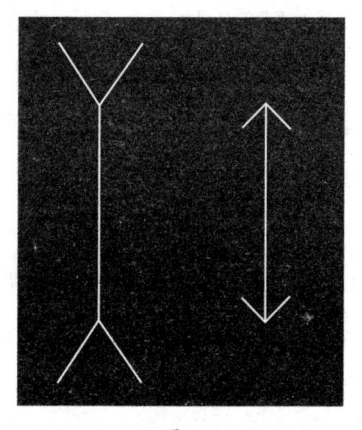

图 6

但事实上，我们必须承认，距离能够回答出"为何""如何"，我们还有很长的一段路要走。

我们应该相信，如图1和图2，当一块地的边界线垂直于一条大街，而大街的两边是平行的，就会出现一种现象，在垂线相交处，大街的一条边线显得弯曲。或许，我们经常观察到这种现象，但没加以注意，也没有重视。原因是，首先，此确实不重要，其次，我们确实觉得在这个点上大街是弯曲的。

通过相似的方式，我们可以看到图5、图6所显示角度的影响结果。

第五篇　提供证词的不同条件　297

在大街上，房屋或者房屋的正面建成对角。那么，在两个角之间的这条线，就会显得长或短些。而且，由于人们没有去做精确评估的需求，所以，我们就不会加以注意。

如果需要我们做出评估，就会简单地对其长度估出一个错误的数据。我们可以假设，房屋周边的山墙全是三角形的，在房屋的山墙一边有条线，这条线就可能是短的——但是，直到现在，这一假设还没有实际应用价值。然而，这些错觉的意义不应该被低估。最重要的是，它们意味着一种事实，就是我们确实可能受到了不少的蒙骗，甚至到了会对一个简单东西的大小发誓的程度，从而犯下低级错误。

而且，以上还表明，依据某种标准，我们判断的确定性是不足的，这种不足的程度有多大，我们还无法知道。我们已经表明，我们只知道佐尔纳、德尔伯夫等人所引述的例子。这些例子可能是偶然遇到的，不是凭经验或故意找出来的。因此，可以假设，这种错觉出现得很多，范围也很广。例如，众所周知，汤普森偶然看到一个学生画的几何装饰物，发现了"视觉圈错觉"（六个圆排列成一个圆，另一个在中间。如果整张画转动起来，每一个圆都绕着自己的弯曲半径自我旋转）。在几乎所有种类的女士衣服中（尤其是花样繁多的高级密织棉布），地毯、家具中，任何人都可以从中看到这类视幻觉，描述起来非常复杂。

过一段时间，人们将发现另一批错觉，跟着，会有相应的解释。接着，如何将我们对错觉的这些认识用于实践，将变为可能。

在所谓的可视对象反转中，实际应用相对容易。图7是最简单的一个例子——所看到的中间垂线，与其余两条垂线相比，显得既深又高。在第一种情况下，出现在你面前的，是一条排水沟；而在第二种情况下，出现在你面前的，是一个房间。

在图8的立方体中，我们也可以看到相似的关系。依据你认为角a

在立方体背景的前面、后面的不同,角 a 分别可以被看成是凸出的或凹进的。

更为清楚的是,在菱形体中,画出线条 X 和 Y,接着,X 和 Y 可以交替更近或更远。因此,图形的位置可能颠倒(图 9)。做过一次后,可以自动地重复这一过程。

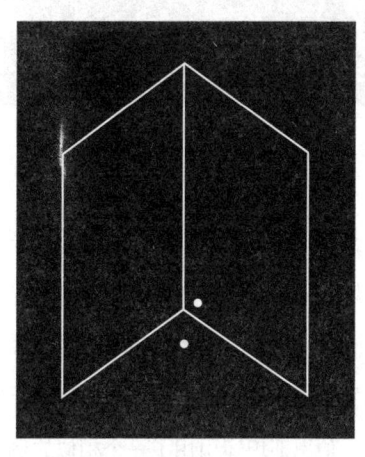

图 7

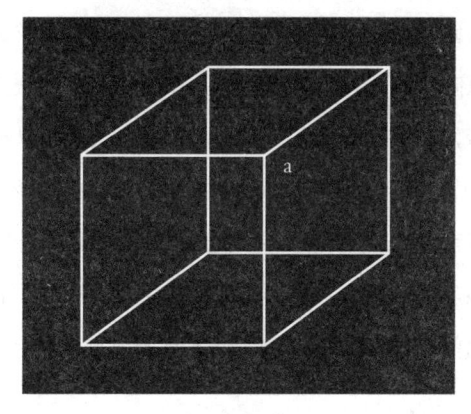

图 8

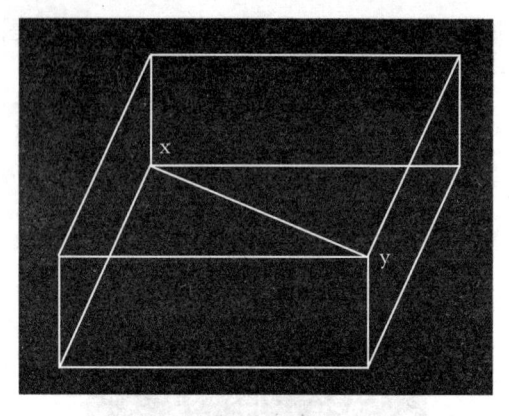

图 9

　　这类幻觉有很多实例。有天晚上，在夜光下，辛斯特登看到了一个磨坊风车的剪影。风车叶片，好像在磨坊的右侧，但再看时，又好像在左侧——显然，他没有弄清磨坊主体的朝向。他一会儿认为自己站在磨坊的前方，一会儿又变成了站在后方。于是，叶轮开始时朝右转，一会儿又变成了向左转。伯恩斯坦还引用了一个相似的例子。如果由细线条形成的交叉线代表风向标的杆，粗线条代表风向标本身（图10），在亮光条件下，从北面看，可能分辨不清风向标是指向东北或是西南。可以肯定的是，风向标位于东北与西南之间，角度在两条线交叉之处，但其头部指向不清，即便距离很近。这两种形式的错觉均可以出现在刑事审判工作中。如果一旦获得某种确定看法，就不会放弃或怀疑这种错觉，甚至会予以断言肯定。例如，如果问起来，磨坊的风车叶轮是朝右转还是朝左转，观察者将很难考虑到，是否有百分之一的可能性存在视错觉。他只会简单地向我们保证，事情是他亲眼所见。至于他是否看得真切，只有天知道。

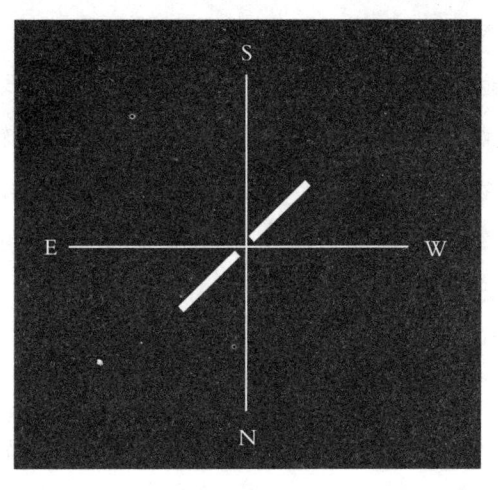

图 10

除了以上错觉，还可以增加与运动相关或由运动引起的错觉。在某些物体的运动过程中，我们只能在有限的情况下，才能看清它们的外部特征。当运动增快的时候，从运动方向上看去，它们似乎缩短了；而当减慢的时候，它们比正常又好像变长了。当一列有很多节车厢的特快列车，从我们身边呼啸而过时，看上去列车的长度变短了；成排行进的队列，看上去显得长一些。

当我们透过一个固定不动的小孔观察物体时，这种错觉十分明显。同样的事情，见于当我们快速地经过某些物体时，因为这会使它们看起来很短。在这种情况下，错觉并非恰当的解释。我们必须考虑通过某些推理予以补充，在大多数情况下，这些推理是相对复杂的。

例如，我们知道，在晚上，尤其在黑暗或阴云密布的夜晚，人们出乎意料地看到的某些物体，会显得非常大。这一过程是十分复杂的。假设，在某个阴天的夜间，我出乎意料地看到了一匹马，离我特别近，由于有雾，视野模糊不清。

现在，经验告诉我，出现在模糊不清环境里的物体，通常距离较远。我还知道，那些很远的物体，看上去显得很小。由于我忽视了想象中的距离因素，我会认为这匹马比普通的马更大。思维逻辑如下："我朦朦胧胧地看到了一匹马；它看上去离我很远；尽管距离远，它的块头很大；那么，当它靠近我的时候，会有多么的大啊！"当然，这些推论既快，也无意义。它们的出现，源自闪电般的快速反应，与瞬间的确定性判断相比，是一样的。因此，通常很难发现这一过程及所包含的错误。

然而，如果在一次事件中，观察者恰巧注意到了一个无法解释的间断环节，他会觉得很奇怪，因为这不好理解。这样，他就会产生一种陌生的想法。在对证人的庭审中，此想法经常发挥着重要作用。因此，当在不舒适状态下，我看见一匹马在奔跑，却没有听到马蹄声；我看见树摇摆，而没有任何刮风的感觉；当我遇到一个人，尽管在月光下，却没有影子，我会感觉非常奇怪，因为事件缺少逻辑性。

现在，从对某件事变得陌生的那时候起，一个人的认知就不再可靠。在他眼前的世界变得陌生之前，他是否知道本人实际经历过什么？这是值得怀疑的。此外，几乎每个人都愿意承认自己感觉心神不宁。或许，他们根本就没意识到，他们出现了复杂的错觉和奇怪的感觉，前一个引起下一个，下一个又放大了前一个，如此反复，直到整个事情变得面目全非。我们会发现，我们本人已经处于一种令人费解的现实境地，在这里，那些最值得我们信赖的人，信誓旦旦地对我们做着保证。为了放大这种现象，我们仅仅需要思考一些轻度不正常的案例。事实已经表明，许多这类案例的当事人并未患病。而且，许多患病案例也并不属此类。至少，未达到让法官请医生来帮忙的程度。更可能的是，因为经常——如果我可以这么说的话——有一些小的疾病，起码对非专业人士来说，并没有异乎寻常的症状，因此，没理由请专家来帮助。

我们将真正的疾病搁置一边，这些疾病与视幻觉有关系，但与我们的案件无关。例如，许多医学教科书讲，吗啡成瘾者与可卡因嗜食者，有很强的视幻觉倾向，备受折磨。如果疾病发作，医生们只需瞥一眼，就能识别出来。但门外汉不能做出这种快速诊断，他会获得一种印象，觉得面前的人是个非常神经质的人，而想不到视幻觉。因此，我们很少听到证人说了解此类人，当然也不知道他本人就是这类人。希姆莱是一位有名的眼科医生，他第一个观察到，在视网膜的病态应激反应中，每一种颜色都显示出更高的色调：明亮的黑色看上去像蓝的，蓝的看上去像紫的，紫的看上去像红的，红的看上去像黄的。反应迟缓的视网膜，与此相反。

迪茨说，颜色错觉随着轻度的消化不良而出现。患歇斯底里症的人，看所有的东西都是反着的。霍普说："当视网膜上的视杆细胞、视锥细胞的排列次序受到炎症的影响，视觉平衡会被打破，人们所见物体的大小、形态、外表，将随之改变。"当然，犯罪学家在讯问证人时，观察不到轻度消化不良、轻度歇斯底里或视网膜充血。然而，以上描述的那些错误观察，对一个案件的审理，可能有着显著的影响。

如果不属此类异常情况，视幻觉就会成为另一种性质。常见的情况是，视错觉发生在视网膜（感受运动）与触觉的联系出现中断的情况下。或者，当我们的视网膜成像变化跟不上我们身体或眼睛的运动时，就会发生视错觉。这种成像的减少，在无意识中继续下去，以至于我们将物体及其他情况，仍看成一个不变的整体，随之便会产生错觉。而且，毋庸置疑，当我们的眼睛一眨不眨地看人，与我们的眼神随着人的运动而移动相比，我们会觉得前者的速度更快。这个差别可能如此明显，以至于在一些刑事案件中，当非常需要确定当事人的行动速度时，经常值得问明白：你是怎么看到那些东西的？

为揭示这一古老而熟悉的现象，费希纳做了一项影响深远的观察：地面上有个物体，当我们骑车快速从旁边通过时，那物体好像也随着跑动。这一现象可与另一现象进行比较：当你在一座小桥上盯着下面湍急的水流观看时，会感觉小桥好像突然快速地逆流而上！这里有某些未知因素在起作用，在我们感觉不到的情况下，可能会对许多其他现象产生很大的影响。

此外，还有一种特殊现象，从列车的内部往外看，会觉得外面的物体看上去很近，感觉比实际尺寸小了许多。我们习惯于将物体尺寸的缩小归因于距离发生了变化，然后就错误地估算了距离。我非常确定，每当我们快速运动时，我们对大小、距离甚至颜色都会做出错误的判断。我相信，随着自行车的普及，这样的错觉还会增加。因为许多观察是在迅速转动的车轮上进行的，这样的运动会大大地增加错觉。

关于不同的运动，斯特里克说："我如果仰卧在土地上，看鸟在蓝天中翱翔，尽管没有参照物，我还是识别出了这种运动。这不能用投影在视网膜上的活动光点来解释，因为当鸟静止不动而我的眼睛在转动的时候，我仍然知道鸟没有动。"这最后的观点并不对。如果鸟栖息在树枝上，无论我的后脑勺如何转动，我仍知道鸟是一动不动的，这仅仅因为，我注意并观察到了鸟的安静。然而，如果我像斯特里克那样，也仰卧在地，看天空中有只同样的鸟，悬浮在空中，一动不动，每次持续数分钟。接着，如果我转动自己的头，我就区分不清这只鸟什么时候开始动了。在这里，于普通的规则来讲，我们没有例外，总是可以这样说，我们的眼睛所注意到的运动，是来自于任何物体的光线投射到视网膜不同的点所形成的。当物体运动的时候，我们也在运动，在我们不能确定运动位置时，错觉就出现了。我们说不清原因是出在我们身上呢，还是出在物体身上。

当然，在运动中，出现错觉的可能性是众所周知的。如果我安静地坐在树林里，看到前方有一块石头，或者一块木头，或者一小堆干枯的树叶等，我可能会因为一些错觉，将之看成一只蜷缩的刺猬。可能是凑巧，当我看到这个东西的时候，我是如此地相信自己，以至于我看到了刺猬怎样伸展身体、伸出爪子、做出其他动作。

我记得有一年冬天，我们去调查一起谋杀案，发现尸体已经冻僵了。房间里的火炉熊熊燃烧，掘墓人为了解冻，将僵硬的尸体放在炉子旁边。与此同时，我们检查这个地方。过了一会儿，检查法官指示我去看看尸体的状况。眼前的情景令我恶心欲吐。我看见尸体坐在炉子旁，弯着身子。尸体已经解冻，并塌了下去。在随后的尸体解剖中，我清晰地看到，这具尸体摆出了各种动作，甚至在解剖完成后、宣读拟定验尸草案的时候，我似乎仍能看见尸体的一只胳膊或一只脚在动。

想象力也可能导致颜色发生改变。我曾经看到窗户下的桌子上有一滴圆圆的大水珠，位于窗格左侧玻璃的投影上，离我也就一米远（图11）。工作的时候，我多次看到它，最终想要去考究一下：这么大的一滴水珠是怎么来到这里的？我在桌子旁边坐了数个小时，一动未动。如果水滴在那儿，我应该能观察到。我故意忍住了，没有走近去看，便开始想象，它是怎么形成的。过了一段时间，我看了看那水珠，发现它原来是一块早就干了的墨渍，墨渍的左侧落了一些白色的雪茄烟灰。我把这些当成了窗户的投影，因此，立即联想到了闪光的水珠，完全忽视了"水珠"深黑的颜色。如果站在证人的角度，我会断言自己看到了一个水滴，甚至会说，我知道这一证据的重要性。

图 11

在许多案例中，想象力是可以受到控制的，但也仅限于当人们懂得事实并非如眼睛看到的那样时。人人都知道：远处半遮半露的一个物体或几个物体，以这样或那样的方式随机组合起来，望过去会像其他物体。

因此，我曾从我的工作桌处望吸烟桌，我看见上面有一把裁缝用的大剪刀，上面半盖着一个信封。看了无数次，所见完全一样。只有在我坚决认为这样一件东西不可能出现在我的房间里时，剪刀的意象就消失了。眼前所见是几小撮烟灰、一个矮圆的火柴盒、半压在信封下面的两个雪茄烟盒的金属装饰物，阳光透过树枝投射在上面，便构成了裁缝的"剪刀"。如果房间里有这样一件东西，或者我认为房间里有类似的东西，我就不会再继续寻找，而是发誓自己看到了剪刀。

很明显，从明白这个现象的那一刻起，我的头脑中就不会再出现剪刀的意象。类似的情况经常出现，这在刑事案件的审判工作中多么重要啊！在鉴别正确的视觉和虚假的视觉方面，我们所谓的视力迷惑非常重要。为了看清楚物体，我们必须直视并且全面地观察物体。斜视仅仅只能获得一个大概的印象，从而使得想象力得以自由发挥。沉浸在冥想中的人，用斜视的目光看向房间的另一边时，会误将一只苍蝇看作一只大鸟。还有，如果将目光固定在一本书前面或书上面一定距离内的铅笔尖上,这本书看上去会明显变小。还有,如果你站在与前方的固定点成约90度角的地方,看一面黑色墙上的一扇白色门,用余光来观察它的高度,你会发现门比直视时要高。

这些例子显示,斜视视角应当由直视视角来加以纠正。但是,这种纠正却很少发生。对于我们感到乏味的事物我们会用余光去看,也就没有好好去看,当后来这点变得重要,可能涉及刑事案件的时候,我们却又认为自己看到了事实,于是经常宣示一只苍蝇是"一只大鸟"。

有一些巧合的现象会导致错觉。假设在斜视中把一只苍蝇看成一只大鸟,巧合的是,此时又传来了某种猛禽的叫声,我将二者结合起来,会确信自己看到了那只猛禽。这会让我们产生一系列的感官错觉。

我引用一位剧场装潢师的例子。他可以使用少量但非常有特征性的颜色,装饰出最漂亮的形象。他通过突出对我们来说好像含特征性的事物,例如一幅玫瑰藤的画,在一定距离内通过剧场的光影变化,让我们相信自己确实看见了非常漂亮的玫瑰藤。如果布景师能够总结出明确的规则,对我们律师的帮助将会很大。但是布景师总结不了,他只是按照经验在做,不可能去纠正本人所犯的任何错误。如果这个玫瑰藤没有达到期待的样子,他不会去改进它,而是重新画一幅新的。这可能会推导出这样一个结论:并非所有人都需要通过同一种特征来识别事物。所以,如果我们将这幅玫瑰藤画放在舞台上,仅仅只有部分观众能够看得出画得恰当,其余的人可能压根儿就没看出来是画的。但如果在晚上,舞台上有大量的装饰物,广大观众会觉得玫瑰藤非常漂亮。这可能是因为,在某些情况下人类对共鸣的感受是很敏感的。在这个玫瑰藤的例子里,我们不妨假设,艺术家为部分观众典型地再现了玫瑰藤的必要特征,另一部分观众则认为这是一处城堡,第三部分观众认为这是一片森林,第四部分观众认为这仅仅是背景画。但是,一旦某人觉得一个单独的物体是正确的，他的感受就开始产生共鸣。也就是说，如果沉迷于整体的正确性，正确性便从某一个物体传递到整体。

现在，这一心理学过程，在那些正向公众展出的感官错觉的图片中是最清楚的（格拉沃洛特战役、奥地利王储埃及旅行记等）。这些表演的主要诀窍是真实物体的摆放，如石头、车轮等，使之与后景的画融合在一起，浑然一体。观众的感受建立在塑料制品上，相信它们的真实性，便将对这些塑料制品的看法，转移到后景的画上，这样整个场景就呈现出了三维的效果。

十八世纪初，大型公园的装饰表明灯光与刺激性想象不是引起这类错觉的唯一原因。韦伯心醉神迷地说，在一个小巷的尽头，有一面装饰非常华丽的凹墙，上面画着山峦与瀑布，看到的人都将这幅假画当成了真的。因为人们的眼睛受到了迷惑，进而被彻底误导了。从心理学角度讲，这位艺术家的设计应该是正确的。他肯定料想到了人们在观察和智力方面的弱点。埃克斯纳指出了一种我们不愿看到的简单情况，就是在某些情况下，事情必须揭晓。如果我们画一条直线，用一张纸盖住一端，当挪开纸的时候，每个人都惊讶这条直线并不长。

在刑事诉讼过程中，我不知道这种错觉是否重要。但可以想象，这类错觉会出现在数不清的案例中。当我们第一次匆匆看到某个地方或某个物体，接着进行更仔细的观察时，尤其可能会见到。令人吃惊的是，我们的第一印象，错得多么离谱！这类错误可能部分属于记忆错误，但如果时间不长，或者刚刚观察就被问到，那么这些错觉就很少或完全不起作用。出错的根本原因只能从事实中去寻找，正因为我们把第一次匆匆一瞥看到的东西当作了事实，才导致产生了像在剧场中的那些错觉。因此，我们就可能将覆盖着点状绿色青苔的木板栅栏看成青苔覆盖的石头，会认为自己看到了一处陡峭的悬崖。

某些阴影可能也会这样放大旅馆小窗户的尺寸，甚至让我们认为它与客厅的窗户一样大。而且，如果我们仅仅看见一个窗户，我们会认为所有的窗户都一样，便会相信小旅馆是一幢大厦。再如果，当我们的视线穿过树林，看到了远处半遮半露的一片池塘，在记忆中我们可能会认为那是一条河流，当然也不是必然如此。

或者，我们看到一座教堂的尖顶，一座房子的屋顶可能挨着它，耸立在树梢之上，于是我们就好像看到了整个村庄，尽管实际上我们只看到了一座教堂和一座房屋。

我必须再次重申：如果这些错觉都受到怀疑，那它们就都不重要了，因为随后就会真相大白。然而，如果这些错觉没有受到怀疑，反而得以确认，便会引起极大的庭审混乱。

一次酒吧间的争吵、一根挥舞的手杖、一方红色的头巾，足以使人们确证看到了一次大规模的斗殴，因为看上去人们的头上似乎满是血迹；一只啃咬的老鼠、一扇偶然整夜敞开的窗户、一些放错地方而没有立即发现的东西，会让人与一起入室盗窃案联系起来；某人看见一辆快速行驶的列车、一阵刺耳的鸣笛声、一片巨大的白云，可能会觉得自己是一起交通事故的目击者。

而且，所有这些现象都揭示了我们观察事物的一些习惯。在这里，我也重复一下，截至目前，没有折射镜头的摄影设备比我们的肉眼所见更真切，后者总是受到我们的记忆影响。如果我让一个人坐在椅子上给他照相，他面对镜头，双腿交叉，伸出去很远，结果就是一幅滑稽的照片。因为比起头部，他的靴子好像大很多，但是照片并没有出错。如果拍摄对象保持在同一位置不动，那么他的头和靴子的尺寸就可以测量出来，我们得到的比例关系和照片上是一样的。我们都知道头有多大，我们通常看到的是适当的比例关系。但是在照片中，我们不能使用这个

"天然的"标准，因为它实际上并非"天然的"，我们就会怪罪于相机。

如果在一起刑事案件中，我们关于尺寸的描述是从经验得来的，并非实际观察到的尺寸，那么，如果经验欺骗了我们，我们的证据也就错了。尽管我们会自称，证词是基于直接观察得来的。

所谓的后象，可能因为存在时间太短，没有什么犯罪学上的意义。我曾认为它对证人的认知有很大的影响，然而，我一直没能找出一个例子来证明这一点。

此外，光渗现象，也就是白色（或浅色）的物体在黑色或暗色背景的衬托下，具有较强的反射光亮的现象，也是非常重要的。亥姆霍兹和普拉托所做的解释让这个现象变得非常有名，但实际用途并不多。我们只需要将一个白色的正方形放在黑暗的地面上，同时将一个同样大小的黑色正方形放在白色的地面上，然后将它们置于强光之下进行观察，白色正方形看上去比黑色正方形大了不少！这种现象经常出现在自然界中，无须详细解释。不管在什么时候，当我们面对有关尺寸的问题时，毋庸置疑，我们需要考虑物体的颜色、周围环境与光线。

第 81 节 听觉错觉

从犯罪学家的角度来讲，听觉错觉的重要性并不比视觉错觉小，因为听错比看错的概率更高。原因是音调之间的相似性很大，声音只有一个维度，而视觉不仅有三个维度，还有颜色。当然，在大炮的轰鸣声与翅膀的沙沙声之间，区别不止一个，但是音调的最大不同可以说是程度上的差异。此外，为了做对照，我们仅仅可以使用同一层面的声音，如人类的声音。真正的听觉错觉与听觉误会密切相关，难以将二者严格地区分开来。通常，听觉误会会通过所有外在条件表现出来，譬如音调、回声、重复、声波的偶然重叠等。在这种情况下，可能会产生真正的错觉。

对听觉错觉的研究特别困难，由于缺乏可重复性，导致不可能排除偶发因素和观察错误。只有两种现象，容许进行精确、充分的研究。在过去的三个夏天里，有个男的经常骑着自行车，穿过一条长长的街巷。我就住在那里。这个人经常卖冰棍，口里喊着："冰镇的！"这个词听得很清晰。但如果这个人到了大街的某个地方，他的声音就变成了"哦，天哪"。如果他继续骑车走，声音就变得模糊，逐渐又变成正确的"冰镇的"。我每天都观察这件事，也让其他人来一起观察，不过我没有告诉他们听觉错觉一事，但是每个人都产生了这种听觉错觉，尽管"冰镇的"和"哦，天哪"的区分是很清楚的。

我在一所自行车学校里做了一个类似的观察。众所周知，初学者们经常能够自己骑车，但在上下自行车时需要帮助。他们需要老师时就会喊"迈尔先生"。在某些地方，这句话听上去很像是"妈妈"。一开始，听到这些老大不小的人兴奋地喊着"妈妈"，我很吃惊。后来，我才发现他们真正喊的是什么。我让熟人们注意去听，他们肯定了我的观察。这类事情并非没有区别，观察表明，迥然不同的声音确实可能会被混淆，对错觉的检验经常指向错误的结果，因为，只有听者与讲话者待在同样的位置，才知道有没有出现错觉。最终，这些事表明，纠正听觉错觉的工作是非常困难的。

然而，人们通常认为，纠正听觉错觉比纠正视错觉容易得多。例如，假如有人声称在某处看到了一把左轮手枪，但是人们知道这是不可能的，那就几乎不可能确定他看到的是什么了。在极少数情况下会发现那是一件相似的物品，比如一把普通手枪；在大多数情况下，无论怎样与其他事物相联系，也推测不出它究竟是什么。相反，在听觉方面，如果一旦确定存在错觉，无论困难多大，总能够找出来。对犯罪学家来说，在他收到一份没有高声念过的协议书时，其中存在的听写错误通常是必须给予纠正的。这类错误很令人烦恼，如果是重要案件，必须查明白错误的来源与情形。这些工作几乎总是能够做到的。当然，那些奇怪、晦涩难懂的专有名词无法纠正，但其他的可以做到。

关于听觉错觉的应对方式，首先需要考虑的是有关听觉错觉的许多显著差异。首先，好的听力也分很多种类。众所周知，听力正常和异常的人，听力水平高低不一。还存在许多的特殊情况，例如听觉特别敏锐的人，这类人比普通人听得更清楚。当然，如果说谁能听到硫黄在石英晶体的两极之间摩擦，那肯定也是不可信的。但有一点可以肯定，只要稍加观察就能发现，很多人的听觉确实比常人敏锐得多，除了儿童，还有音乐家、年轻女孩、非常神经质或兴奋及多愁善感的人。事实上，音乐家之所以能成为音乐家，正是因为耳朵好使；年轻女孩听力好，主要是因为她们耳朵的结构非常精巧；神经质的人听力好，是因为他们对响声带来的痛苦相当敏感。

在证人那儿，许多不同的认知，可用听觉的不同来解释。在现实中，虽然不宜否认那些明显不可能存在的听觉，但必须在适当的条件下，对之进行测试。其中一个测试条件，就是所在位置。在嘈杂的白天与安静的夜晚，以及在喧闹的城市与安静的深山，听觉的差别是非常明显的。也就是说，在存在共鸣与高音、回音与消音影响的情况下，声音的位置非常重要。

最后，必须记住一点，人的听觉还与天气有关。寒冷，能降低人的机能，不少人的听力，受到温度、气压等的影响。

以上考量，不仅表明了幻听现象的重要程度，甚至，也强调了幻听测试的重要性。它首先表明，在每一个实验中，同样的物体，必须在相同的条件下，与相同的物体进行比较。否则，必然发生混乱。

众所周知，幻听，易发生在患病如发热、歇斯底里、神经质、酒精中毒、精神失调、脑充血、耳病等时候。但与我们刑事学家有关的，仅仅需要在此时提出：请立即派一名医生过来。

幻觉有明确的特征，但极少能让外行人产生怀疑。主要问题在于，当遇到疾病或相似疾病时，他们却意识不到，或者想不到疼痛位于哪儿。由于不认识其特征，所以也就想不到咨询医生。例如，人们都知道，外耳道里有大量耵聍，可以引起多种耳鸣声，甚至产生真正的幻觉。然而，有人耳中的耵聍异常多，却能听清声音。在这种情况下，如何评估需不需要叫一名医生来？还有，当鼓膜穿孔后，尤其，穿孔发生在鼓膜炎症之后，碰到有人说话，可以引起幻听；或者，幻觉的产生，系起源于外耳道中的皮肤受刺激；或者起源于贫血；或者，源自酒精中毒后的颈动脉搏动、毛细血管扩张。在发热初期，许多人变得对声音异常敏感。更年期中的女人，能听到很多种类的声音。因为这些很快就消失了，所以，她们的听觉异常与错误，很难持续存在。分娩时也会造成听力差别，常有敬业的老助产士说，她们能听到出生前孩子的呼吸和哭声。

这类事情的例子，不可胜数。我们因此懂得，即便证人没有病，当我们对其断言有任何怀疑时，必须请一名医生来，以确定证人在听到声音时，其状态是否正常。还有，仅仅偶发、或普通的习惯性兴奋，倾向于强化所有的声音。相关证人是否属于这类情况，只能由专业医生来确定。在所有的幻听案例中，如果当事人的状态完全正常，反而是最难办的事。要评估其出现数量与频率会非常困难。对此，医生也束手无策。

在这个问题上，物理学家、声学家与生理学家，并不关心刑事专家的需求。我们本人，也很少有时间和机会，去处理这类问题。结果，我们的信息量非常小，没有人说得出，其中还有多少我们所不了解的。

一位朋友提醒我，在瞌睡的时候，数闹钟的响铃次数，通常会多数一次。我测试了这一现象，结果确实这样。现在，如果我们想到，在刑事案件中，随着时间的确定，整个案件性质便得以改变，该情况是多么常见！搞错整整一小时，又会多么地容易！从而，我们对幻听的重要性，就会有某种程度的理解。想解释其中的原因，是困难的。在整个系列的不明幻听中，可能仅仅是原因相同的个别例子。

另一个相似的现象，是"锤子双击"。如果你有一名助手，拿锤头敲打桌子，同时，你用双手捂起耳朵。然后，在锤头敲完之后，双手松开半秒或一秒钟，你又会听到一次敲打声。如果你快速地松开、捂紧耳朵，你可以数次听到敲打声。这可以解释为，在一房间内，发生了一连串的声音反射，这是由不知疲倦的耳朵所感受到的。这一解释并不令人满意。因为在户外，这个实验有时也是成功的。这件事本身，好像仅仅是理论上的，没有实际应用价值。但是，这类行为可以自动地发生。

众所周知，人在吞咽时，咽鼓管开放，尤其在卧位吞咽时。现在，如果在爆炸、枪响等时刻，咽鼓管关闭（应是开放），便能听到两次声音。还有，当一个人在半睡眠、受惊吓、吞咽唾液时，被声音闹醒，也容易发生上述现象。那么，这种看似不重要的事件，可能成为重要证据。此类事件并非罕见。

声音强度，可能会对听觉有很大的影响。某些参与实验的人说，声音稍一强化，影响就很明显。如果你拿着一块手表，距耳朵的距离较远，开始时，刚能听清嘀嗒声，但很弱。随后声音逐渐变弱，直到最后一点儿也听不到。等一会儿，再次听到声音。如此反复。逐渐地，这可能使你能够听清许多组合起来的声音，而不会引起对手表嘀嗒声的任何幻觉。

但是，当与更强、更远的声音诸如小溪的潺潺声、火车的进站声、远处工厂里的敲打声等，联系起来一起听时，也可能出现幻觉。远方的噪声，可以受反射的声音、空气波等的影响。在完全单调的噪声中，可能听到所有类型的声音。在夜间，人们通过倾听远方溪流舒缓的潺潺声，可以轻松地学会这一方法。假设一条无名的小溪的确存在，就容易在其单调的潺潺声中，听到人们的谈话声、叹息声、尖叫声等。另一项著名的观察表明，在黑夜中，当演奏精巧的乐器诸如口琴时，可以听到非常不同的声音。嗡嗡声近了，又远了，接着，又从四面八方传来，最终，人们感到，整个房间充满了嗡嗡声及飞舞着的昆虫，并且无休止地继续下去。对这种单一、重复声音的解释有很多。大家都知道，风弦琴的和弦是由完全相同的音符组成的，其旋律像火车与轨道的撞击声。

当一个人处于半睡眠状态时，这个现象变得特别清晰。当他的思维开始被睡眠所控制，有节奏的撞击声，开始支配思想意识，接着，当节奏获得适合的旋律，并得到进一步强化之时，这个人突然清醒了。他会感到奇怪，自己刚才听得清清楚楚的音乐，为什么突然消失了？与此相似，人们经常觉得，一行迁徙中的野雁，合奏出的声音是愉快的，尽管，每只雁可能只发出一种叫声。

在空中的不同距离及变化，是形成这种合奏的原因。

重要的是，应弄清影响一种声音强弱差别的因素。费希纳从小提琴家瓦西莱夫斯基那儿听说，一个400人的男性合唱团，其应有的声音并没有比一个由200人组成的合唱队响亮。而同一时间，在远距离内，一只钟表的响声听不见，而100只钟表的声音就能听得到；一直蚱蜢吃草的声音，是听不见的，而当1000只同时吃的时候，就能听得见。因此，每只必须弄出一定的嘈杂声。以前的权威人士曾说，想弄清有多少只铃同时在敲响，是十分困难的。甚至连音乐家，也常会将二至三人，听成五至六人。

在这方面，某些心境也会导致差别。外科医生在术后，能听到病人轻轻的呻吟声，但在手术过程中，却听不见病人的大声叫喊。在手术过程中，医生不应该去听任何可能打搅手术的事，呻吟声对他有直接影响。熟睡中的妈妈，经常听不见相当大的响声，但是，当她的孩子深吸一口气的时候，她立即醒了。磨坊厂主、雇工、旅行者等，对他们所熟悉环境的喧闹声，充耳不闻，却能听到很弱的电话声。每个人，能够听到世界上五花八门的呢喃细语、听到远方所有的声音，却在宁静的夜晚，与之擦肩而过。

声音传播方向的错觉十分常见。据说，甚至动物们也受之控制。人人都知道，能够辨清声音的来源与方向，如街头响起的音乐、滚动的车轮声、响铃，这种人是多么地少啊！甚至，经过长久的练习，某个人，本来能够确定正确的声音方向了，却因一个偶然的事件，尤其与声音相关，或许是天气的变化，或许是大街上出现了一群不同的人，均可能导致严重的幻听。我曾尝试，从我的办公桌上去学习、判断一辆马车的铃声，到底是来自马车的上部还是下部。我做得如此之"成功"，以至于我连这个问题都没搞清楚，即，不弄清声音的差别，想确定声源，究竟会面临多大的困难。此后，在判断方面，我彻底失败了许多次。我至今搞不清此中的原因。

以上列举表明，所有对声音的认知，是多么不确定！如果不是在相似的条件下，进行仔细测试，如果——这点最重要——试验不是独立进行的，所获的结论究竟有多大的可信度？在这里，我们又回到了旧理论：每一次观察都不能成为证明，而只是一种证明的方法、手段。唯一可靠的是，经过多次平行实验，结果完全一致，结论才能获得证实。甚至，即便出现错误，结论也是可信的。

第82节 触觉错觉

众所周知，触觉，在某些领域，甚至在视觉控制方面，是十分重要的。孔狄亚克做了一项历史性实验，尝试从中获取所有的感觉。至今，仍然值得参考。如果，所见即应见，就必然需要触觉的帮助，来弥补视觉缺陷，以便进一步确认。因此，我们看见许多人触摸东西。因为他们的视觉，并非总是可靠的——如年迈的人、观察经验不足的孩子、从未接受过快速全面观察培训的人。而且，某些东西只能通过触觉予以确认，如纸张或布料等的质地、工具的尖或棱角、食品的生熟等。甚至，我们经常友好地抚拍一只狗，我们这样做的部分原因是，我们想知道，它的皮毛，是否如看到的那样光滑柔顺；此外，我们还想通过触摸，来测试一下视觉印象。

然而，即便触觉再重要、再可靠，但当其是感知事物的唯一手段时，我们千万不要轻信它。我们永远不要依靠这样的一位证人：其所感知到的证词内容，完全基于触觉。也永远不要轻信一名伤者关于受伤时间、方式等的陈述。除非他触摸到，也看到了。我们知道，大部分的刀枪伤，也就是那些最危险的创伤，在开始的时候，感觉不到受伤很严重。四肢受伤，感觉不是刺伤，而是疼痛；头部受伤，通常以疼痛程度评估，对打击力量的估计可能是错的。如果伤情足够重，导致意识丧失，就会认为伤情非常严重。但是，如果没有那种效果，最诚实的证人所描述的，也会比实际重。

关于伤口的位置，后背、两侧，甚至上臂，通常，受伤者仅能够给出大概的描述。如果，他描述对了伤口的位置，说明他是后来才知道的，在受伤时并不知道。按照亥姆霍兹的理论解释，几乎所有的腹部感觉，归因于前面的腹壁。现在，这类问题变得重要起来。在一场斗殴或人身攻击中，有人受了几处伤，他想确认：当 X 出现的时候，他的 A 位置受伤；当 Y 攻击他的时候，B 位置受伤。这些断言，几乎全部错误。因为，受害者可能将受伤后疼痛的感觉，当成受伤瞬间的疼痛。例如，如果一个人同时两处受伤，第一处是刀伤，伤口长而浅；另一处是深刺伤，在背部。第一处伤口，将使他感到很强的灼烧感；而第二处伤口，仅仅会使他感到挨了一下重击。接着，在讯问的时候，刀伤伤口已经愈合了，不再疼痛。那可能伤及肺部的危险刺伤，导致除了疼痛之外，还有严重的呼吸困难，受伤者会把刺伤的疼痛当作刀伤的，刀伤的疼痛则成了刺伤的。

受伤者的感知差别是很大的。我曾经劝说一名很有学问和创新意识的法医，建议他汇编、解释一下所拥有的大量资料，最好列成表格。按照伤口的位置、大小、形状、严重性进行分类，对于伤者对受伤时感觉的陈述、恢复情况、伤者感觉的对与否，给予原因解释。由于这项工作仅有心理学价值，所以，受害者的诚实与否，无关紧要。我们想知道的是，人们是如何述说其感知的。回答的对与错，将自动地将他们区别开来。资料如此丰富，我们的研究目的是，比较真实的主观感觉与真实行为。或许，甚至可能做出概述，找到某些规律。

失控的触觉，会导致错误的感知。这方面，有许多真实的例子。在现代心理物理学里，讲了很多有关的感知错误，如，对皮肤的戳刺、压迫、其他接触等，导致了错觉。在刑事学领域，最为人熟知的重要实验，是那些张开的圆规，按压在人体不敏感的部位如背部、大腿等处，感觉总是在一个位置。尽管，两条圆规的腿相距很远。还有，弗卢努瓦的实验表明，视觉很重要，缺少了眼睛对物体外部形态的观察，想判断物体的重量，将面临很大的困难。让 50 个人，判断 10 种不同形状物体的重量，只有一人发现，10种的重量均相等。

与此相似，仅仅通过触觉，我们还不能够准确地控制身体器官。萨利说，躺在床上，我们可以自由地想象一条腿的位置在哪里，而与实际上的位置大不一样。请让我从自己所编写的《法官调查手册》中引用一些相似的例子。如果，我们用拇指和食指夹起一粒豌豆，尽管，触觉来自于两根指头，我们感觉到的豌豆，却是一粒。现在，如果，我们让第三根手指跨过第四根手指，然后，让两根手指末端捏住豌豆，我们感到成了两颗豌豆。因为手指不在平常位置上了，所以有了双重的结果。从某种角度来看，这种成双的感觉是对的。但是，当我们自然地接触这豌豆，经验会告诉我们，只有一颗。

另一个例子是，交叉双手，向内、向上转动，使得左手指转向左侧、右手指转向右侧。在这里，手指的位置与原来完全不一样了。如果另一个人指着其中的一根手指，但不接触，要求你动一下它，通常，你会动另一只手上对应的手指。这个实验表明，触觉，在人的进化过程中，不属于很高的阶段，如果离开实践经验的帮助，它就需要视觉的帮助。所以，仅仅通过触觉所得的认知，重要性不大。其推论的依据不足，且大多数的特征性印象，都很粗糙。

以上结论，我们通过一个经常玩的童趣游戏，得到了证实。在桌子下面，铺开某些无害的东西——一块软的生面团、粘在木片上的一只去皮湿土豆、一只灌满沙子的湿手套、一块螺旋状切下来的甜菜皮，等等。不管是谁，只要闭上眼，用手摸到其中的一样东西，都会认为，自己手里拿的是些令人恶心的东西，就会立即扔掉。其通过触摸感受到的，只有潮湿、寒冷、活动，也就是爬行动物粗糙的特征，想象力将这些印象汇聚成为一只爬行动物，引起随后的行为。这种游戏看起来愚蠢，但在刑事学上，却具启发意义。它表明，触觉，可能引起多么不可思议的错觉。这类触觉的缺陷,可以引起某些触觉的转移。例如,如果我看见,蚂蚁在我的座位旁边爬,我立即就会感觉到,蚂蚁正在我的衣服里面爬;如果我看见一个伤口,或听见了对伤口的描述,通常,我会感到,自己身体相应的部位也疼痛。很明显,对于激动的证人,这也可以引起相当的错觉。

最后,需要指出的是,触觉仅仅是相对可靠的。了解到这一事实,可以增加触觉的可信赖性,其价值因人而异。我们知道,地窖冬暖夏冷,因为,我们仅仅感受到了地窖里外温度的不同。当我们将一只手放在热水、另一只手放在冷水里,接着,将两只手放到温水里。我们会感到,一只手是冷的,而另一只是暖的。这种触觉经常记录在案卷中,要求我们经常考虑到其不可靠性。

当然,关于如何治疗,需要听取医生的意见。我仅需要提醒,轻度的中毒,如氯仿、吗啡、阿托品、曼陀罗中毒,能够减少触觉器官的敏感性,而士的宁(目前临床上已很少使用),则可以增加敏感性。

第 83 节 味觉错觉

只有在中毒案例中,味觉错觉对我们才是重要的。在那些案例中,我们希望得到受害者的帮助,或者为了确定毒药的性质,需要亲自尝一下可疑的毒物。那些味道与气味,尤其难以识别。如何获得一致意见,是个老生常谈的问题。因此,想清楚地弄懂这些可能的错觉,更加困难。疾病,能够引起味觉印象错误,这种情况人人皆知。但是,常规的毒药也可以引起错觉。因此,观察表明,散道宁(广为人知的驱蛔虫剂,对儿童异常敏感)中毒,引起持续性症状折磨、口苦;皮下注射吗啡中毒，引起苦味、酸味幻觉。间歇性发热，在病情间歇期、病人感觉相对好的时候，倾向于引起口中多种金属味道，尤其是铜味。

如果以上内容属实，可能怀疑金属中毒。由于间歇性发热的症状千差万别，所以，最终结论无法确定。在这里，各种想象五花八门。泰纳曾讲过一名小说家的故事，后者生动地描述了女主人公中毒的症状，以至于作家本人，感受到了砒霜的味道，患了消化不良症。这是可能的。因为，或许每个人都懂得，错觉对某种食物的原味，影响很大。如果将某种腌制肉类，当成了甜酥皮糕点，味道就会变得令人恶心。因为，印象中的味道和实际味道，好像混合在一起了。

眼睛也有特别的影响。这个引用和否定了一百次的故事是真的，讲的是，到了夜晚，区分不开红酒与白酒、鸡肉与鹅肉，注意不到雪茄烟熄灭了，等等。闭上眼睛，你吃到的食物可能是洋葱，而不是苹果。

此前的味道，可能引起显著的味错觉。因此，在确定某些味道之前，很有必要询问一下，曾经吃过或喝过什么。有经验的家庭主妇，在摆饭菜摆酒时，会考虑此种情况。因为完全的味错觉，可以极大地提升酒的价值。总之，不该忘记：对味觉的可依赖性，不能估计得太低。尤其是，当预先设定一样东西的味道后，出现的味错觉最大。

第84节　嗅觉错觉

对健康人来讲，嗅觉错觉非常少见，因此也不太重要。它们常见于患有精神疾病的人，在大多数情况下，与性有关，也非常生动，以至于法官甚至不需要叫一名医生过来提供帮助。

某些药物有改变嗅觉的可能。例如，士的宁可能增强嗅觉，吗啡则可能使之变得迟钝。肺不好的人，在多数情况下，认为呼吸困难是由外部原因引起的，认为自己吸进了有毒空气、煤气等。许多肺病患者经常表现出这一点。如果想到这一疑点，我们就可以解释许多没有依据的谋杀未遂案，他们称吸入了有毒、有害气体。如果法官认识不到这种典型的幻嗅觉，他可能找不到寻求医生帮助的理由，随之而来的将是——不公正。

最大多数的幻嗅，是由想象产生的。大家经常引用卡朋特举的那个例子，办案人员在掘开一口棺材时，闻到了尸体的味道。最后，却发现棺材里空空如也。我曾经审理过一起纵火案。在接近一个村庄的时候，我闻到一种特殊的气味，像是烧焦了的动物或人毛皮的味道。但当我们听说那个农场距离这个村庄还有一小时车程时，这种气味立即就消失了。而且，回家后，我觉得听见了一名来访者说话的声音，并立即闻到了她身上特有的香水味。但是，她那天并没有来过。

对这类幻嗅的解释如下：事实上，许多气味飘在空中，它们之间的区别并不大。因此，通过想象，闻到了其中可能最明显的一种气味。那些高度敏感的人说，他们可以嗅到磁极的味道，或者能闻到融化进玻璃里的化学物质气味。他们这样说，可能不是出自恶意，但说能闻到融入玻璃里的物质的气味，那是不现实的。因此，我们可以认为，这些人确实可能在某些地方闻到了某种气味，所以就认为这种气味是从某个特别的地方散发出来的。

下面的事情经常发生。一种气味本来令人愉悦，但因为找不到它的来源，突然变得令人恶心、不可忍受。一个人在吃油炸沙丁鱼时无论感觉多么愉悦，但让他闭起眼睛，将一盒开启的沙丁鱼罐头放在他的鼻子下面，他会用手推开罐头盒。许多精美的奶酪的气味，如果找不到气味来源，可能令人恶心欲吐。吃完螃蟹后，手上发出来的气味，令人难以忍受。然而，如果某个人想起这是螃蟹的味道，会变得一点儿也不难闻。

联想的影响很大。有很长一段时间，我不怎么喜欢去商场。因为那里的鲜花、花束、花圈等，让我好像闻到了死人尸体的味道。后来，我找到了原因：我所看见的鲜花，大部分放在诸如棺材等上面，在葬礼上，经常闻到这类气味。还有，许多人发现，香水味的好与坏，与他们喜欢或讨厌使用这种香水的人有关。判断一种气味是否令人愉悦或令人厌恶，主要决定于相关记忆是否愉悦或厌恶。

我儿子是个天生的素食主义者，从来不吃肉。在他成为医生后，我觉得他永远也忍受不了解剖室的气味。然而，这种气味竟然一点儿也没有影响他。他解释说："我不吃那种味道的东西，是因为我无法想象，一个人怎么能吃来自屠宰店的东西呢？那儿的气味完全像解剖室。"什么气味好，什么不好，什么闻起来令人愉快，什么令人恶心，纯粹是主观的，永远不能作为通用的判断依据。证人所陈述的气味感觉是没有价值的，除非通过其他方式得到了确认。

第85节 幻觉和错觉

幻觉和错觉二者之间的界限是分不清的。因为，前者的任何现象，可能都适用于后者。反之亦然。最可能的是，错觉的原因可能在感觉器官，而幻觉可能源自大脑。比起错觉，幻觉更可能属于医疗范畴，但同时，许多幻觉必须由法律人最终确定，因为它们实际上经常发生在正常人身上，或者，发生在那些刚刚患病、还没来得及看医生的人身上。然而，每当法律人发现，自己面对的是一个假象或幻觉时，他必须找医生帮忙。因为，像一个普通的错觉一样，假象或幻觉，也很少能够用逻辑学、心理学或者其他的知识与经验来解释。所以，发生了幻觉与假象，通常需要医生的帮助。因此，我们的行为，应该限制在对幻觉或假象是否存在的感知范围之内。其他的，属于精神科医生的工作范畴。

我们的任务虽然小，但重要而困难。因为，一方面我们不能将每一个愚蠢的幻想或囚犯所讲的每一句谎言，都去问医生；另一方面，如果我们将某个真的幻觉或错觉，当作可信的、真实的观察结果，我们将承担沉重的责任。因此，为弄清事物的本质，这一点必须予以充分重视。

幻想与错觉的区分是，无论如何，幻想没有额外的物体；而错觉则是物体被看错、误解了。当将一个东西看成另一个，例如，将炉子看成人、风的沙沙声当成人在唱歌等，我们是产生了错觉。当感受到的物体实际上不存在，例如，看见一个人进来了、听到了一个声音、感觉触摸到了一样东西等，我们是产生了幻觉。错觉是对外部事物的部分补充，而幻觉是完全的虚构。在错觉与幻觉之间，没有明确的分界。因为，眼前出现的，都只不过是一种刺激映象，后者可能与感知到的事物有某些联系。因此，错觉，可能变为真正的幻觉。

一位权威人士称：错觉，是一种认知形式，由人的外围器官所感知，但与外部事件不完全相符。错觉并非感觉行为的缺失，而是主观想法取代了实际感知。在幻觉中，每一个外部事件都不存在。以故，所看到的，是刺激导致的虚幻映象。有些权威人士认为，幻觉，是由感觉神经痉挛引起的；另一些人则认为，错觉是一种对外部刺激的感觉，但与相应的刺激不相统一；还有一些人认为，错觉从根本上来讲，是一种正常的感觉，大部分人会时不时地产生错觉。确实，没有人能够在其所有的认知和判断中，一直保持清醒与明智。在我们头脑清醒的认知中心周围，总是缠绕着乌云般半遮半露的错觉阴影。

萨利想从普通语言的特征中，找出错觉的本质特性。在他看来，错觉，经常用于标志一些错误，这些错误并不意味着认知不真实。我们说某个人有错觉，因为这人想自己的事太多，或者，当他讲故事的时候，因为记忆力差，脱离了故事的原貌。错觉，不管是感性知觉或其他的任何形式，都是各种形式的错误认知，这种错误认知取代了任何直接、显而易见、简便易懂的常识。

现在，错觉与幻觉的原因已经找到，即脑脊髓神经系统的过度兴奋。由于这种刺激在强度、重要性方面差别很大，从一时的头脑发热，到彻底的精神错乱，这种幻觉与错觉可能是微不足道的，或者仅仅是严重精神障碍的迹象。

当我们探求这些现象的表现形式时，我们发现，所有这些精神事件，都属于无意为之，或无意地撒谎。布鲁图看见恺撒的鬼魂、麦克白看见班柯的鬼魂、尼古拉斯看见自己的儿子，这些是明显的幻觉或错觉。对于刑事专家来说，这些人所说的，或许并不重要。但是，如果有人看见正走进来的一名窃贼、一名逃跑的杀人犯、一具流着血的尸体或者一些相似的刑法主体，这些就是幻觉，如同传统上的鬼魂，随之，我们很可能受到欺骗。

霍普列举了正常人会出现的幻觉：

1. 一名精神疲倦的牧师在写东西时，瞥见一名男孩，从他肩膀的上方，伸过头来看他写字。如果牧师转头去看他，男孩就消失了，如果牧师打算重新写字，男孩就又出现了。

2. 一位非常理智的男子，老是看到一具骨架。

3. 帕斯卡遭到一记重拳后，看见一条烈焰腾腾的深渊，他害怕自己会掉下去。

4. 一名男子见过一场巨大的火灾。从那以后的很长一段时间，他

第五篇　提供证词的不同条件

眼前持续不断地出现火焰。

5. 在数不清的犯罪案例中,罪犯,尤其是杀人犯,眼前总是浮现出受害者的身影。

6. 贾斯特斯·莫泽总是看到美丽的鲜花与清晰的几何图形。

7. 邦尼特认识一位"健康的"人,后者一睁开眼睛,就能看到人和鸟。

8. 一名男子左耳受伤,在此后的几周,他经常看见一只猫。

9. 一名88岁的老妪,经常看到所有东西上都覆盖着鲜花——除此之外,她身体非常"好"。

部分故事,听上去很像虚构,另一部分倾向于患病,而某些的真实性,在其他地方得以确认。对于我们的刑事专家来讲,有件事情是众所周知的:那些杀人犯,尤其是杀害孩子的女性犯人,眼前会经常出现受害者的模样。由于这一原因,在犯罪周年纪念日,习惯上将囚犯限制在一间黑暗的囚室里,待24个小时。应该指出,这一惯例完全像中世纪的残酷行为。我经常听人说,在这种殉难日,他们所看到的幻觉,是种可怕的折磨。在那些案例中,患便秘症的囚犯,会产生各种类型的视、听幻觉,好像出现如麦秸的瑟瑟声、各种各样的话语,等等。那种隔离,使人容易受到这些影响,是没人怀疑的。如同便秘可以引起血液冲向头顶,从而导致神经兴奋一般。

有个著名的盗窃故事,囚犯们经常讲给我们听。讲这故事的人,并非总是出自恶意。或许,部分不太重要的内容,是由幻觉所导致的。

霍普讲述了很多关于幻觉的案例。在清醒、半清醒状态下,每个人都会有幻觉。他断定,如果人们加以注意,都能记录下这些。这样说,可能有点夸张,但却是真的,一个健康的人,在任何高兴或害怕的情况下,可能听到所有种类的声音,如火灾中"噼噼啪啪"的燃烧声,可能看见所有种类的景象，如烟雾、云雾等。那些画像和塑像的活动，尤具特征性，尤其在光线昏暗和情绪不稳定的状态下。我在读了吉贝尔蒂的"肉体复活"故事之后，心情就不再紧张了。故事中，有七根大腿骨围绕着一具僵尸，又唱又跳。如果在晚上，当我的书房灭灯后，窗外的月光，洒在案头，此时，那七根大腿骨栩栩如生的舞蹈，可能吸引我的视线，从灯光下，转到月光里。在有着雕刻的旧梳妆台上，我观察到了相似的现象。雕刻十分精致，甚至在弱的灯光下，也能看清上面微小的头部及火焰，犹如天主教堂里那幅时尚画——炼狱里的"可怜的灵魂"。在某些幻觉状态中，火焰在闪烁，头部在转动，胳臂从火焰中举起，直达天空中飘浮的云端。

现在，不再需要特别的兴奋。简单地，只要夜间感觉疲劳，视线从长久、持续的阅读或写作中，转移到其他事情上的时候，就能产生这类感觉。从最早的童年时代，我就产生了这种体会。发烧，容易引起幻觉。因此，前进中的士兵，产生幻觉后，会误向并不存在的野兽、看似正在靠近的敌人开枪射击。持续而疲劳的精神行为，也是产生幻觉的一个原因。费希纳说，曾经有一天，他在一只秒表的帮助下，做了一整天的实验。此后整整一个夜晚，他都能听到秒表的声音。还有，他在研究长串数字时，经常在黑暗的夜间工作，这些数字是如此清晰，他甚至觉得不用看就能高声念出来。

接着，在刑事犯罪学领域，重要的还有触觉幻觉。空气的流动，可以误解成有个人正在靠近；一条打紧的领带或一个打紧的领结，可能引起窒息的幻觉。上了年纪的人，在吃饭时，经常感到沙子硌牙——这样说时，会产生粗糙砒霜粉末的想法。但是，这可能仅仅是幻觉。

这类最轻度的异常，非常容易导致幻觉与错觉。处于巨大危险情况下的人，有所有类型的幻觉，尤其是关于人的幻觉。在法庭上，当受到攻击的证人，证明自己看见过此人时，这类证据的原因可能是幻觉；还有，饥饿或失血，能导致很多的幻觉；来了月经或患了痔疮，可能系周期性幻觉的某些确定原因；剧烈的疼痛，可能伴随着幻觉，疼痛越重，幻觉越清晰，疼痛停止时，幻觉随之消失。

在这种情况下，下结论，可能也是有害的。证人的陈述，可能不真实、不可靠。我不想断言，我们应该从所有可能的方面，对这些陈述进行检查、再评估，但我想说，我们所认为的大部分真实内容，仅仅源于广义上的幻觉。因此，我们有责任在做出结论之前，先严格地检验我们研究的每一件事情。

第86节 创新思维

错觉、幻觉和假象，作为相似的一组概念，区别于创新思维。因为拥有前者的每个人，或多或少是被动、受制于所观察对象的。而后者，通常更活跃，能够结合已经存在，或者仅仅想象中的事物，创造出新的东西。

创新思维，是否仅仅是一种想法，或者其是否能够创造出新词、原稿、画作、雕塑、音乐等，并不重要。我们需要去做的，不过是弄清其来源及结果。当然，在创新思维与感官知觉之间，并没有严格的界限。

许多现象不好分类，甚至连文字的描述，也是不确定的。错觉这个词，包括了很多错误的想法以及不合逻辑的空想。

首先，对普通意义上的创新行为，需要进行分析。按照迈农的说法，有两种创新性思维——一种是产生方面的，另一种是建构方面的。前者提供创新元素，后者予以有机结合。因此，我想象（产生方面）某些相似的房子、再想象火；现在，我将这两种元素结合起来（建构方面），想象一下房子在烈焰中的样子。

这包含了许多条件。这些条件的产生并不难，难就难在它们的建构方面。因为，我们在这方面的想象力非常差。我们想象不出自己处在四维空间里。尽管，我们经常利用这些概念。例如，我们都知道一维表示一条直线，二维是一个正方形，三维是一个立方体，但是如果让我们回答五维、六维等分别表示什么时，我们的数学语言就用尽了。甚至，透过红色玻璃，观察十二个人或一束绿色火焰，或者观察到两个人各说各话，这样的意象很难清晰地想象出来。我们虽然有了这些元素，但不能够将它们有机组合在一起。这一困难，也见于考虑某些物体时。假设，我们正在看一个艺术上完美的天使形象，我们总有一种困惑：天使的翅膀太小了，会飞不起来的。如果，将一个天使建构成男人的模样，他的翅膀就能负担得起体重，但翅膀必须足够大，大到艺术家也画不出来。

确实，某个形象有些肮脏、喜欢解剖学的人，当看到最美的天使雕塑时，会对其四肢结构、翅膀及其与骨骼的关系，感到困惑。因此，在某些方面，人的想象力是如此之弱，甚至构思不出一个飘在空中、与人类外观相似的优雅形象。而且，一位权威人士指出，我们想到更多的是人首马身，而不是身体如蛇一般弯曲的人类。这并非由于人首马身更符合人类审美，而是因为马比蛇块头大。我不认为这是一种正确的解释。因为，另外地，我们还可以想象人首狗身。只因为，我们所见到的狗，同马一样多——如果不是认为狗比马更多的话。然而，事实是无可辩驳的。我们的解释可能是，因为半人半马比例适中，隐含着权力，且因为，从骑手到半人马，思维跨度并不大。总之，我们也在此处看到，在困难少的地方，更容易产生创新力。因此，随着想象变得更容易，构建的可能性，就变得更确定。

我在 A 地认识一位老先生，在 B 地认识另一位。两人彼此从未谋过面。但是，我能轻松地想象出他们在一起的样子：说话、玩纸牌等等，仅仅在想象二人争吵或打赌的时候，我的想象力显得贫乏。在可能的情况下，想象力总能塑造出具有一定舒适感的景象。重要的是，当别人帮助我们的时候，我们也正好从中感受到了快乐。我们依靠想象力，回答非常困难的问题。

在剧场中，与现实的距离是如此之大，令一个不习惯虚幻的人，显得愚蠢。但是，我们不需要不习惯的观众。我们需要能够想象出，那些戏剧中最普通的场景，诸如：通过歌声表白出来的爱、一支独唱曲表达的谢绝、一曲自杀之前的咏叹调、一曲悲剧的道德合唱。在现实生活中，谁曾见过任何类似的事情？但是，我们平静地接受了剧情内容。而且，觉得故事美丽动人。原因很简单：别人为我们做的表演没有困难、很流畅，我们乐于相信是真的。

源自所有前述内容的规律，就是这样的。无论何时，只要我们认为某陈述基于想象，或者了解到，其源自某些想象，我们必须将之与最相似的东西联系起来，然后，一步一步找出其中的元素，最后以一种最简单、可能的方式建构起来。通过这种方式，我们或许能够获得合适的创新性内容。当然，不需要取代另一个创新性内容。

如果构建出来的复合体，是最终结果的话，就可以利用。如果建构不出来，可能是一个缺陷。但情况不是这样。

所有这一切，都需要从混沌不清中，找出一个确定的着手点。当建构形成的时候，必须与手头上所有的材料进行比较、测试，如果两者一致，也只有一致时，才能确定假设的着手点选得合适。但是，不要让人觉得这种建构毫无目的，以至于还没开始建构，就放弃了。

让我们举一个最简单的例子，来说明这种情况。在一个保龄球馆里，两个年轻人 A 和 B，发生了一场激烈的争吵。争吵中，A 手里举着保龄球，威胁要砸向 B 的头。B 害怕了，立即跑开。A 在后面追，几步就赶上了，A 把球扔到草地上，一把抓住 B，然后在 B 的后脑勺上，轻轻地打了一下。B 开始摇摇晃晃，倒在地上，失去知觉，显露出所有的头部受伤迹象（昏迷、呕吐、瞳孔散大等）。许多证人，一致证实了这件事的所有特殊细节，没有人偏袒 A 方或 B 方，教区牧师也在场。完全排除了假装。因为 B 是一名单纯的农家孩子，不懂得脑膜炎症状，也不希望得到 A 的赔偿，A 的家里非常贫穷。现在，请大家思考：最可能的真相是什么？基本情况包含：B 看见了 A 的手里拿着沉重的保龄球；A 拿着球吓唬 B，并追他；B 感到后脑勺受到一击。综合这些情况，可以得出一个有利于 B 的、不可动摇的假设：A 用球打了 B 的头部。如果 B 的头部确实受到了打击，从随之而来的所有现象，便会推导出一个印象性的结果。

如果说，以上案例实属罕见，在实践中毫无用处，那就错了。简单地说，由于我们确信其可靠，觉得大部分内容是真的，就没有对这些案例进行观察。而更精确的调查可能表明，许多事情仅仅是想象出来的。在我们遇到的案例中，大多数矛盾可以解释为：一个人，是自己幻想的牺牲品，而另一个人不是。大部分的幻想表明，正常人最简单的幻觉，与精神病人虚构的幻觉之间，其实找不到明确的边缘或边界，来加以区分。

每个人，经常会想起一个没来到的朋友形象，以及曾经去过的地方的景象；一位画家，甚至能画出一个不在场的模特肖像；富有经验的象棋大师，能下盲棋；半睡眠状态的人，能看到来人了；晚上在树林中迷路的人，能看到鬼魂和幽灵；神经质的人，在家里也能看到。而精神病患者，能看到极端不平常、令人恶心的事情——所有这些，都是想象出来的,始于日常生活事件,止于病态的精神幻像。边界在哪里?空白在哪里?在这里,如同日常生活中的所有事件一样,其从普通到极端不正常的现象演变,是毋庸置疑的存在证据。

当然,一个人不应该从自身出发做出判断。那些不相信魔鬼的人,那些在童年时期从来没有这种想法的人,永远也不会出现这种幻觉。那些从小想象力就有限的人,永远也不会理解另外一些脑中浮动着虚幻形象的人。我们观察了数百次,众所周知,不同的人在看同一云朵、烟雾、山峰、墨渍、咖啡污点的时候,所见是不同的。依据每个人想象力的特点与强度不同,其所见也不一样。那些看上去模糊、难以理解的东西,应由拥有它的人来解释。

任何艺术性研究工作也是如此。在具体形式上,每一件作品都有其特定含义,任何一个知识丰富、能够鉴赏的人,都能理解其表达的意思。其抽象含义,仅仅能够为那些具有相似想象力的人所发现。因此,在相同的艺术作品中,每位作者所表达的思想内容是不同的。

这种多样性也常见于科学研究工作中。我还记得,三位学者是怎样企图破译象形文字的。在考古学的这个分支还很幼稚的时候,在读铭文时,一个人理解成了一游牧部落的战争宣言,另一个人理解成了一位皇宫新娘从外国国王那儿带来的陪嫁品,第三个人理解成了犹太教徒在强迫劳动中所消耗的洋葱记录。"科学"结论,几乎从来没有如此迥异的差别;唯有想象力,才可能让学者们的研究结果南辕北辙。

还有,对于别人的想象力,我们能够理解多少?事实表明,我们已经分不清,那些在想象中赋予了所有事物以生命力的孩子们,是否将他们喜爱的玩偶,当成了现实中活的东西?

无疑,将所恋物当成活物的未开化人,以及赋予布偶以生命力的儿童,可能希望知道,他们的恋物与布偶是否显示了某些生命的迹象——

但是，无论他们是否真正地认为其有生命的活力，成人们均不得而知。而且，如果我们不能够同情与理解自己孩子的想法和想象力，那么，我们理解其他人的可能性必将更小！

而且，我们还应该接受这样一种情况，那就是，我们必须考虑那些影响力小、有特征性的事物。因为与那些强烈的影响相比，温和、平和的影响，更容易激发人们的想象力。前者撞击、扰乱了人们的灵魂，而后者让人镇静自若。与维苏威火山喷发时所产生的滚滚浓烟相比，吸烟时所产生的袅袅烟雾，更能活跃人们的思维；潺潺的小溪，比起咆哮的大海，更能增加思维的活力。如此事实相反，观察起来就太容易了。我们观察到，当印象深刻的事情发生时，人们的注意力就立刻被吸引过去了。接着，我们就能较容易地观察到其对人们的影响。但是，如果我们观察那些小的、不起眼的现象越少，想象力受到的刺激就会越小。这种小的印象重复数百次，也可能不产生影响。然而，一旦遇上了合适的人、适合的土壤，它们就会孕育、萌发。但是，我们在什么时候、又怎样才能看出来呢？

我们极少能够看清，某个人的想象力是否已经出现。然而，在许多名人逸事里，记录了想象力迸发时的情景：拿破仑会无意识地将东西切成碎片，莱瑙会经常在地上掘洞，莫扎特习惯性地将桌布和餐巾纸揉成一团再撕碎，还有人习惯于来回原地奔跑，也有人吸烟、喝酒、吹口哨，等等，不一而足。

但是，并非所有的人都有如上特征。那么，当我们判断一名证人或者罪犯，如何受到了想象力的影响时，我们当然无法在想象发生的同时，正好也在现场。而通过向证人提问而获得，是完全不可靠的。

贝恩曾提出，保持四肢不动是抑制愤怒的一种方法。因此，观察某个人的四肢是否保持安静，在特定的时间内，可以判断出某个人是否愤怒,但这种指标不能用于想象活动领域。何况,大部分的人,当想象力非常活跃的时候,一点儿也意识不到自己在做什么。

杜·布瓦-雷蒙曾说过:"在我一生中,曾产生过一些好的想法,在产生这些想法的时候,我对自己进行了观察。它们是完全不由自主地产生的,我自己一点儿也意识不到。"对此,我并不相信。他的想象力是如此丰富,来得这样容易,一点儿也不费劲,甚至连他自己也没有意识到,而且,思路是如此清晰,以至于所有事情在他自己都无意识的情况下自动归类。对幸运的天才来讲,这项想象力"工作"是这样轻松,以至于成了一种普通行为。歌德曾讲过一个幻觉中的花朵的故事。这朵花,先是破碎成无数的花瓣,接着又重新合并成一朵花,然后又碎成花瓣,后来再合成其他的形状,等等。他所讲的事情,展示了错误的视幻觉。开始的时候,感知是正确的。但当想象力引起思维变化的时候,问题就来了:两者当中,谁更强、更有活力?观察力还是想象力?如果前者更强,那么记忆是正确的;但如果后者更强,那么记忆是错误的。因此,从法律工作者的角度来讲,研究证人的想象力特点与强度,是一件重要的事,我们只需要观察,想象活动对强有力大脑的影响,以清晰地观察其对普通人可能产生的影响,即便很小的映射。叔本华发现了每一种想象艺术工作中的主要快乐;歌德发现,所有人都不喜欢没有创造力的任何事情。

最有启发意义的,是想象力汇编。霍夫勒汇总了一些科学家、学者、艺术家,以及其他重要人物的想象案例。为了达到研究目的,我们最好让其他人来提供一些较可靠的叙述,以便表明普通人是怎样被他们的想象力引入歧途的。然后,我们会大致了解什么是想象力,它可能起什么样的作用,其边界又在哪里。

萨利提醒我们注意一个事实:狄更斯作品的特点是真实,当他写完一部小说之后，那些戏剧性的人物个性，就会成为他个人遥远的记忆。或许，所有人都可能将自己想象中的东西，当成现实中真实的人物与事件。如果这种事发生在一个证人的身上，那会给我们增加多少麻烦！

一名叫海德坎普的医生说，他在手术的时候，在切开静脉之前，经常会看到血液流了出来；另一名叫施迈瑟的医生也说自己有同样的经历。并且这种情景可以控制：当移开手术刀时，血流便从眼前消失。然而，如果不存在这种控制机制的话，从年代顺序上看，这种幻视的发生频率到底有多高？有一名妇女，她能够如此精确地描述自己误吞一根针后的症状，以至于使她的医生信以为真，还为她做了手术。当然，手术结果，只能用于证明这名妇女的症状仅仅是一种幻觉。

另有个相似的病例。一名男士，确信自己吞下了假牙，他甚至感到，喉咙都被卡得快窒息了。但当他从床头柜下找到假牙时，症状马上就消失了。一位有名的配镜医师，给我讲过这样一个故事。他曾经接待过一位著名学者，后者能够如此精确地描述自己视网膜的衰减症状，以至于连这位看问题比较客观的医师，最后也被他蒙蔽了。直到一次很幸运的机会，这位著名学者发现，是自己的想象力与自己开了个玩笑，才让这位配镜师恍然大悟，明白了自己所犯的错误。

据莫兹利讲，冯·斯威登男爵曾经看见一只狗的尸体发生爆炸！自那以后的很多年，每当他来到同一个地方，眼前都会出现同样的景象。许多人，像歌德、牛顿、雪莱、威廉·布莱克等，能够完全想象出过去的景象。

据费希纳讲，一名男士宣称，他全身的皮肤随时可以感受到压力、冷热刺激，但感觉不到切割、刺痛或者敲击，因为这种想象往往持续很长时间。还有另一个人的故事，他的手指疼了三天，因为他曾经亲眼看见，自己的孩子被挤伤过同一根手指。

阿伯克龙比讲了另外一个非常容易感情用事的人的故事。这个人确信，算命先生卜的好运是可以实现的。一些权威人士认为，每一位正在焦急地等候朋友的人，实际上能够听到每一个脚步声。

霍普观察到，外阴瘙痒症，会刺激富有想象力的女人，使其产生被强奸的幻觉。这点是很重要的。在某些案例中，值得引起犯罪学家们的注意。利伯讲述了一名有色人种牧师在地狱里的遭遇，牧师生动地描述了他在地狱里遭受折磨的情形，有时到了只能哭喊与呻吟几分钟的地步。

穆勒讲述了一位女士的故事。试验者让她去闻一只空瓶子中的气味，当她听说空瓶子里面盛有笑气时，就会规律性地失去意识。女人们经常承认，当准备改变住房时，她们会经常在梦中看见新的住房，很是接近于以后实际上的住房。这里，还有一名盲人的故事。他已经失明了十四年，却能看见熟人们的脸。为此，他感到痛苦不堪，不得不请著名的格雷费医师切断了他的视神经，才使得他从幻视中解脱出来。

泰纳描述了一个极佳的场景：巴尔扎克曾告诉德·吉拉尔丹夫人，说想给桑道一匹马。巴尔扎克没有这么做，但是，却经常谈起有关这匹马的很多事，以至于他经常问桑道，这匹马现在怎么样了。泰纳评论说：很明显，从一开始，这种幻觉就是杜撰出来的，被提问的人，开始时是知道的，但后来就忘记了。这种错误记忆，大量见于野蛮、未开化、没受过培训、头脑幼稚的人群中。他们只能看到简单的事实。他们想到的越多，看到的就越多。他们利用事物的外表来夸大、粉饰事实，最终，拼凑起所有的细节，形成一个整体的记忆。

他们分不清真的与假的。随后，许多传说，就以这种方式诞生了。一位农民告诉泰纳，他在他妹妹死去那天，见到了他妹妹的灵魂——尽管，那只不过是在傍晚的落日下，一只白兰地酒瓶反射出的亮光。

最后，我想引用一个曾经提过的例子，这件事对我的影响很大。当我还是个学生的时候，某次放假后去了一个村子。村子里有个年轻人是我的玩伴，他待人十分诚恳。某一天，他第一次进了城。当他从城里归来的时候，给我讲了在城里见到的奇闻趣事，其中，最奇特的就是动物展览。他描述了所见到的、非常有意思的事情后，接着说：他看到了一场蟒蛇与狮子之间的大战，蟒蛇吞下了狮子。跟着，很多摩尔人赶来，一起杀死了蟒蛇。我立即推测这件事的可能性，并回到城里去证实，这种大战，只能见于悬挂在每个动物园门口的广告宣传海报中。这个小伙子那天的想象力被所看见的景象所刺激，以至于完全混淆了现实与幻觉。这种情况，多么可能经常发生在我们的证人身上啊！

如果，将想象中的概念，限定在行为表达的范围之内，我们必须将预感与预告归类于此。这不仅仅对受过教育的人有影响。由于缺乏可靠的观察，又没有归纳出一个结论，我们对此没有任何确定性的说法。关于这件事，总的来说，那些数不清的断言，与半科学性的文献，是相似的。不可否认是的，那些预言、预告等可能非常生动，对身体可能有相当的影响。

因此，接近死亡的预言、某个人正在走向死亡的威胁等，对情绪不稳定的人可能会产生致命性影响。尤其是，对这类人中的迷信者，影响更大。诅咒他人死亡是种很原始的行为，可以追溯到12世纪，并沿用至今。12年之前，我听说了一个案例，一位老妇死了。因为，她的一名敌人为她念了死亡弥撒，使这位老妇人死于纯粹的恐惧。在某些程度上，我们必须注意到这些似乎遥远的问题。

第87节 语言误解

在此,想严格分清听觉错觉与误解之间的区别,也是不可能的。从字面上来讲,我们可以认为,听觉错觉之所以发生,至少,在错误的主要特征方面,是人的听力机制上出了问题;而后者是指,对一个单词或一句话,在理解方面产生了错误,在此情况下,耳朵听得是清晰的,但是,大脑却不知怎么处理所接收到的信号。因此,不知不觉间,掺进了一些与事件或多或少有关的其他含义。

所以,外语方面的误解很常见。我们比较一下移民学校儿童所唱的一首歌:把"你就是我的祖国"误唱成"我不能分辨三种茶";把"我们的罗恩好地方"误唱成"划自己的独木舟"。

在法律上,有关误解的发展与解决方法,是非常重要的。因为不仅证人,就连法庭职员与文书,也会受此影响。如果发现不了存在的误解,必然会导致严重的错误;而一旦找了出来,又会在如何解决这问题上面临重重困难。为了找到误解的原因,不仅需要付出努力,也需要心理学知识,还需要换位思考能力,去理解当事人误解的原因。如果想通过询问当事人的方法,找出答案,因为距离远的原因,通常是办不到的,而且,可能也是无用的。因为,当事人已经忘记了所说的话,或忘记了所表达的是啥意思。当我们想到,那些传统的语言学家,不得不对大量被误拼的单词,给出恰当的解释时,我们可以想象一下,拥有完全准确的原文,是十分必要的。

一个人的无罪或有罪,可能由一个误拼的音节所决定。现在,一般来说,想确定一个文本是否恰当与正确,是困难的,在多数情况下,是不可能的。无论是证人或者文书,只要发生了误解,都会对工作产生影响。但是，在后面的情况中，如果审查法官能准确地记住所听到的内容，就可以避免犯错。

如果，所有的文本，都由审查法官本人直接读出来，而不是由文书念，那么，在任何案件中，就可以将文书们犯的错误，减少到最小。如果由写作的人读，他会犯同样的错误。只有非常聪明的证人，才可能发现这些错误，并提醒别人注意。除非遇上这种情况，否则错误不会得到纠正。这种错误的发现和纠正，使我们重温了一条过去的规律：仅仅研究我们自己拥有的案例，我们将什么也学不到。因为视野太窄、材料太单一、太平淡。我们必须将研究范围拓展到其他领域，并从日常生活中找到实例。

在这里，歌德尤其值得我们学习。在他的短篇论文中，他第一次讲到，当他重读那些听写下来的信件时，发现了最奇怪的听力错误，如果不立即纠正，可能引起后续很大的麻烦。他认为解决这些错误唯一的方法是："将材料高声朗读出来，直到完全理解了其含义。再重复念那些有问题的词，直到正确的词在朗读中自然而然地流出来。没有人能够听到自己所知道的一切，也没有人会意识到自己所感觉到的一切。那是不可想象的。那些从来没有上过学的人，倾向于将德语全部用拉丁语、希腊语来理解。当记录者不知道那些外语单词的发音时，相同的事情就会随之发生。在听写时，记录者将自己的内心倾向、热情、需求，加到他所听到的单词意思里面去，并将这些内容，转化成自己所喜爱的某些人的名字或某些非常想吃到的食物，此时这种事情就发生了。"除了歌德的建议，我们还没有找到发现错误的更好方法。关于文本或其他的东西，我们应该、也必须念出来，此外别无他法。

如同我所引用的、亲自观察过的一些误解案例，许多错误的产生是必然的。在一份嫌疑人的供词中，是这样记录的："这个月的12号我离开了'自记的注所'"（而不是"自己的住所"）。还有，将"无关的"记录成"无官的"。这很常见，证词就这样记录下来了。说的人怎么说，记录的人就怎么记，例如"进来""继续""赶快""小心"等，如果这些词语进入记录内容，就很难再将它们剔除出去。从人们的誓言中可以听出，人们的误解是多么容易发生，又是多么频繁地发生！几乎每天都有至少一位证人在重复地说些没有什么意义的话。

闵斯特贝尔格指出，生活中瞬间见过的一个词，如果与以前听见或看见过的某个词相似，就很容易误读成这个词。随意篡改文本的情况经常发生，然而，在很大程度上却被人们忽视了。安德烈森指出，对这种现象，比较公认的解释是语言的认知问题。也就是说，除了要尽量避免使用空洞、听上去无任何意义的词语，还要赋予每个词语以独立的含义，使之清晰明了、无歧义。

在这里，人类大脑的思维方式，本能而单纯，缺乏深入思考，而只受感觉或偶然事件的影响，以此在各种外来语之间，进行相互转换。在一组天主教守护神中，通过对名字特征进行对比分析，取得了类似结果。圣克拉拉给出了清晰思路；圣露西听起来像是"圣亮星"，是盲人们的圣徒；圣玛默图斯听起来有点接近于"妈妈""女性乳房"，是护士和哺乳期妇女的守护神；"杰克·斯皮尔"是莎士比亚的替代词；"阿波尔达"是阿波罗的替代词；"勒芒的伟大胜利"是莱曼的伟大胜利的替代词；"石膏仓库"是安息地的替代词。

安德烈森警告我们，分析不能过了头。夸张是很容易出现的，尤其是在分类不清造成误解，而我们想找到误解的根源时。首先，我们的任务是获得所说、所写的正确内容，否则，不管经历多长时间，我们仍将一事无成。只有在非常不可能获得正确内容的情况下，我们可以假设存在误解，并进一步找出来。那么，这一过程，必然是语言学、心理学方面的，需要我们同时向这两个领域的专家请教。某些最明显、最有启发性意义的误解，发生在那些受教育程度不深又放弃方言的人身上，或者，虽然受过完整教育，但试图将平常的方言，转换成高级德语的人身上。

常见而重要的是，要理解某些外来词含义的奇怪变换，例如，洗脸台、菲德尔和壮丽的。在德语中，"洗脸台"指的是一位柔弱的人；一个"菲德尔"的小伙子不是指他不忠诚，而是说他是一个寻求快乐、令人愉悦的人；"壮丽的"一词原本指"著名的"，意味着昂贵的或令人愉快的。

弄明白有人为什么改了名字，并非不重要。我认识一个人，他的名字很奇怪，叫卡莫定纳，他父亲是意大利移民，叫科马迪纳；我还认识两名老人，是兄弟俩，住在城里的不同地方，其中一个叫约瑟夫·瓦尔德豪泽，另一个叫利奥波德·巴尔塔萨。在这代人的人生历程中，原来的名字已经彻底改变了，现在说不清楚哪个是对的。还有一个名为西奥博尔德的家族，起源于法国，曾经被叫作杜瓦尔。施泰尔马克州的很多名字来源于两百年前在此地的土耳其人。因此，哈塞内尔可能来源于哈桑·奥里，萨拉塔来源于萨拉丁，穆伦包克来源于穆林贝格，苏曼来源于索里曼。

第 88 节　其他误解

现代心理物理学的定量研究方法，可对上述所提到的错误概念与误解进行精确实验测定，并给出数据。但该方法尚处于起步阶段，目前还没有任何实际应用价值。之所以如此，是因为定量方法需要人为设定条件，其结论需要参考这些条件。德国心理学家冯特曾尝试简化设备，将实验与现实生活联系起来。但是，想真正实现从心理实验到现实生活的转变，还有很长的一段路要我们走。

至于误解，情况是这样的：在大多数情况下，当我们还没听清另一个人在说什么时，就加进了我们个人的观念，导致误解。在这里，误解绝不能归因于语言学歧义，因为语言本身没有错误。误解的原因，是我们没有正确地理解自己所听到的，而理解成了别的错误内容。

有时，我们可能不需要听清演讲家所说的每一个字，而仅凭简单地加进自己的某些理解，就能完全听懂演讲内容。但是，这些所加进的理解是否准确，是值得怀疑的。因为，不仅每个人的禀赋与所接受的培训不同，其他不确定因素、个人态度，也会导致很大差别。在这件事上，最坏的情况是，可能没有人会意识到，他在所听到的内容中，掺进了自己的理解。

而且，我们不仅在听力方面如此，在视觉方面也是同样。我看见远方的屋顶上有四个白球。但究竟是什么，我区分不清。当我盯着看的时候，发现其中的一个球在伸展头部和尾巴、拍打着翅膀，等等。我立刻想到："哦，那是四只鸽子。"现在，它们可能真是四只鸽子。但我从一只鸽子的动作上，有什么充分理由得出这种理解？无疑，在这一例子中，我的理解可能是对的，不至于犯错，但现实中有很多案例并非如此清晰，一旦理解有误，误解会随之而来。

有一次，我和妻子坐在汽车里，看到一位烟囱清洁工，正在轨道站牌下，弯着腰寻找丢失的硬币。我的近视妻子叫道："快看，有条漂亮的纽芬兰犬！"现在，对于一位近视眼的人来说，这是可以想象到的错觉。但什么样的依据，令我亲爱的太太，能够将她所看到的人，当成了一条纽芬兰犬，而且，长得还很漂亮？

泰纳讲述了一个相似的故事。一名男孩问妈妈，她为什么要穿白裙子，妈妈告诉他，因为她要去参加一个晚会，必须穿节日礼服。从那以后，每当那男孩看到别人穿节日礼服，绿的、红的，抑或任何其他颜色，他都会喊道："噢，你穿着白裙子！"我们成年人，又何尝不是如此！

迈农说得好：我们混淆了身份认知。记住这一点，可以让我们避免很多错误和误解。

人们是如何频繁而快速地描述事物的？一个虽然简单但在心理学上很重要的游戏，对此进行了描述。随便提问一位身边的人，手表上的 4 和 6 看上去像什么？请他画出来。每个人很平静地写出了 IV 和 VI，但是当你看看表，你会发现 4 是这样的：IIII，并且根本没有 6。这自然而然地提出了一个问题："当我们看表时，如果没有看见数字，我们究竟看到了什么？"还有一个问题："人们会在所有事情上，犯这种美丽的错误吗？"我断言只有画出来的，才是真正看到的。

我父亲曾要求我的美术老师，一定要先教我观察，不要急着教我绘画。而我的那位老师，给我的却是绘画集、第一个面具、第二个面具、第三个面具，一个挨着一个，然后是一个火柴盒、一本书、一个烛台，等等。甚至直到今天，我所能记住的，就是那些绘画用的东西。然而，我们经常要求证人精确地描绘他们只匆忙见过一次的事情。

甚至经常看见的事情，因为地点与时间的不同，也可能遇到很大的困难。关于第一个问题，埃克斯纳举了一个自己从格蒙登到维也纳旅行的例子。到了兰巴赫，路上有一个急转弯，尽管他认识前面所有的路，但他看到的景象却都是反着的。那些铁轨上的火车、公共建筑、河流等，所有醒目的地方，好像都在相反的位置上。

如果是进入一个城市，尤其在晚上，当火车头挂靠在列车后部，通过一个火车终点站时，这个特点非常明显。

在日常生活中，这种物体位置的变化是很常见的。尽管，你在白天或夏天，对陆地上的一处风景看了数百遍，但是，当你在夜间或冬天再去看时，差别会相当大！走路时，应该经常环顾一下四周，尤其是在十字路口，看看是否记住了回去的路。即便是起点，也可能会干扰人的位置判断。例如，如果你乘火车，从A到B，旅行过无数次。而这次，你从C开始旅行，C在A的远处，那些熟悉的、从A到B延伸的景色看起来非常不一样，甚至可能变得无法辨认。

对时间的估计，可能在如此相似的局部效应上，产生相当大的影响。众所周知，在大多数情况下，我们在主观上，倾向于减少很长的时间跨度。因此，当一件事情需要比平常更多的时间，我们就会在主观上将时间缩短。这不仅仅体现在整个事件上，也体现在各个部分上。通过这种方式，以前看上去需要延伸很长时间的一件事，现在，需要的时间好像在很大程度上被压缩了。接着，任何事情好像都进行得很快。

这种情况与时差相似。厄普修斯举了一个例子："如果一个人在一段时间里没有听到铃声或其他声音，现在他又听到了铃声。在此期间，铃声是否一直存在没人关心，现在他又听到铃声就足够了。"当然，这对一般人来说是足够了，但这件事是否是真的，是否只是相同的现象抑或仅仅是相似的现象，那就是另一个问题了，极少有人提及。如果再次感觉到这个人或者发出铃声的铃都是原先那个，就会不自觉地得出一个推论：它很可能是一直存在的，只是我们忽略了时间流逝这个因素，从而不自觉地假设在整个时间内，它一直都在原处。人们仅仅需要观察，看证人们能够多快认出供他辨认的物体，例如刀子、信件、手提包等。确认与肯定，经常是分分钟的事。证人通常会不自觉地质疑："我只给了法官一条线索（或许不是所问的那条）。现在，这里又多了一条线索。

大概是我给他提供的吧。"情况可能变化了,有些问题搞混了,或许其他证人提供了相似的事情,但被完全忽略了。在这里,我们再一次提醒,要注意身份的混乱。

最后,我们必须考虑疲倦和其他精神状态的影响。我们每个人都有体会,深夜读到的东西,觉得好像是纯粹胡说,到第二天早晨,却变得简单明了。同样,当我们夜间疲劳的时候,认为一件事情应该如此这般,而第二天醒来时,就会发现我们的误解很大。

霍普讲了一名实习医师的故事。他在一家医院实习,病人与护士频繁的呼叫令他很兴奋,也很疲倦,以至于将自己表的嘀嗒声都当成了病人的呼唤:"哎——医生!"证人在历经延时、疲倦的讯问后,也会产生类似的情况。讯问到了最后,所能想起来的事情,比开始时少多了。最终,他将完全误解关于他的提问。当被告遭受以上讯问的时候,事情会变得更坏。由于疲劳等的影响,他将被卷入著名的"矛盾"中。如果"确定的矛盾",出现在对证人或被告长时间的讯问后,那么,最好再核实一下讯问持续的时间。如果时间很长,这种"矛盾"并没有什么实际意义。

同样,疲劳现象,甚至可能导致涉嫌玩忽职守。医生、护士、幼儿园女看护、年轻妈妈等,在对待老弱儿童方面,若涉嫌"玩忽职守"的罪名,在许多情况下,仅仅是因为,他们在十分疲劳的状态下,产生了"误解"。正是由于这个原因,数不清的可悲案例,发生在了机械工、扳道工等的身上,被判了"玩忽职守罪"。

如果这个阶层的人,连续干十七个小时,然后休息七小时,接着再干十七个小时。他的身心,当然会被过度疲劳所占据,会对那些信号、警告、电话等产生误解。数据显示,绝大部分的事故,发生在工作即将结束之际,即发生在极端疲劳之时。

第五篇 提供证词的不同条件 345

但是，即便情况不是如此，也必须考虑某些慢性疲劳因素。如果，一个人在高强度的劳动后，只休息七小时，部分疲劳还会存在。积累下来，早晚会出问题。甚至，会发生在刚开始工作之时。社会党抱怨的，就是这种事：在责任最大的岗位上，工作着长期疲劳的人，出事之后，我们惩罚的，就是这些无助的人。

这种情况，也常见于经常与钱打交道的人，如税务、邮政、银行、财政官员。他们不得不从事严格而单调的工作——收款、付款，时间一长，很容易疲劳。在这行当里富有工作经验的人，曾经很肯定地告诉我，在他们工作疲劳的时候，收钱、点钱、签发收据，接着，经常会将点完的钱，重新交给缴款的人。如果幸运，当他们望见缴款人吃惊的表情时，会发现自己做错了。然而，如果他们意识不到犯错，或者拿到钱的人足够狡猾，拿着钱若无其事地离开了，如果钱的数额巨大，且可能不易追回，甚至，遇上更坏的情况，譬如，顶头上司正好情绪不佳，那么，他将因涉嫌侵占公款，被提起公诉，处境会十分被动，很可能面临败诉。任何患病、受刺激、疲劳，都可能使人们处于消极状态。因此，很难为自己提供辩护。

柏林一位著名的精神病医生，讲述了这样一个故事："我在一家精神病院当实习医生时，总是随身带着病房钥匙。有一天，我去看歌剧，坐在剧场正当中的座位上。在两幕剧之间，我走进走廊。当我返回来的时候，犯了个错误。我看见眼前的门上，有一把同精神病院病房门上一样的锁，就下意识地摸了摸衣袋，拿出钥匙——正合适，锁打开了。我发现，自己进了一间包厢。现在，通过这种方式，一种纯粹的反射动作，我会不会变成一名窃贼？"当然，我们不相信，一名真正的小偷，会讲这样的一个故事。

口，是完全没有用处的。一个偶然的词，似乎提示同谋已经坦白，一个表情，表示你实际上已经掌握了更多情况，一个对证人前期陈述的曲解，以及相似的"允许的伎俩"，都是很低级的方法。使用这些方法，可能导致自取其辱。一旦被识破，被告将占据上风，自己将处于不利的境地。

比起口头上的谎言，使用手势和动作撒谎，更是不能允许的。实际上，在某些情况下，这样做是危险的。因为一个手势动作如拿表、突然举起手，影响可能是很大的。因为，它们很容易给人一种误解：法官所知道的，比实际知道的多；或者暗示，他所提供的信息很重要，等等。它们使得证人或被告认为，法官已经确定了案件的性质，已经决定采取重要措施。现在，由于这类动作不被记录在案，如果问责也不严重，一名年轻的刑事专家很可能因渴望提高工作效率，而被自己误导。

有一次，我在审理案件时面对一名意志薄弱的嫌疑人，他被怀疑偷窃、藏匿了一大笔钱。他坚决否认这一罪行。在审讯期间，一位同事走了进来，他有一件工作上的事找我。当时，因为我正在审理案件，他想等一下我，直到判决结束。偶尔，他看见旁边有两把剑。这是刚刚从两名决斗的学生那里送过来的。他拿过一把，平放在手里，眼神端详着剑柄、剑尖、剑锋。这名被告从来没见过这种场面，他害怕了。他举起手，跑到这位舞弄剑的同事跟前，喊道："我认罪、我认罪！是我偷了那钱，然后藏到了核桃树洞里！"这事挺有趣。

然而，另一件事，对我来说，不能说是良心谴责，只能说令我感到不安。一名男人，被怀疑杀死了自己的两个小孩。由于没找到遗体，我仔细地搜查了他的住处、烤箱、地窖、下水管道等。在下水管道里，我们找到了大量的动物内脏，很像是兔子的。我在刚看到的时候，并不知

第89节 谎言

从某种意义上来讲,犯罪学家的主要工作就是与谎言做斗争。他必须在案件的每一个环节面对谎言,以去伪存真,找出事情的真相。即便是那些已经完全认罪的被告、许多证人,也都想占法官的便宜。当犯罪学家发现,他正在进行的工作,使得自己不可能保持完全公正时,他经常不得不与自己做斗争。当然,尤其在我们的工作中,彻底击破谎言是不可能的。而如果想要完整、系统地描述谎言,则需要写一部人类自然史书。

所以,我们必须考虑将研究方法限定在一定范围内,或大或小,以利于工作为原则,同时,又能警示我们注意谎言,谨防上当受骗。

我尝试根据谎言的意图,进行了归纳,在此多说几句,作为补充。谎言,是指以欺骗为目的,有意识地、故意释放的假信息。它同那些五花八门的说法,所谓的应允许必要的谎言,如虔诚的谎言、教化的谎言、传统的谎言等,性质上是相似的。

在这里,我们不得不假设一种完全严格意义上的观点,用康德的话说就是:"从谎言本身来看,它是人对自我天性的背叛和堕落,是自毁其誉。"在具体案例中,实际上,我们想象不出人为什么要撒谎。我们这些法律人既没有教育职责,也没有必须培养人们言谈举止的义务,至于说法律人为了自救而撒谎,那是不可想象的。当然,我们不会说出所知道的一切。

的确,适当的沉默,是一名好的犯罪学家所必备的素质。但我们永远不需要撒谎。对初入职者来说,尤其应该明白的是:所谓的出于办好案的"善意""渴望尽职尽责",从而在允许的情况下撒点谎的借道是啥,就取了出来,浸泡到酒精里,并将盛放它的大玻璃容器,放在我的写字台上。当我让人将被告带进来,让其回答一两个我不明白的问题时,他一看到这个玻璃瓶,就变得紧张起来,突然说道:"既然你们都知道了,我坦白!"我几乎条件反射般地追问:"尸体在哪里?"他立即回答说:他将它们藏到了市郊。于是,我们很快找到了小孩的遗体。很明显,当看到这个盛着肠子的玻璃容器时,他误以为遗体已经找到了,部分就盛放在里面。而当我问他遗体在哪里的时候,他并没有意识到,既然遗体已经找到了,我的问题又是多么地不合逻辑!这件事,整个地就是一个意外,但我仍然感到,获取证据的方式不太合适。我应该在将被告带进来之前,提前想到这个玻璃容器的影响。

当然,在日常生活中,如此特别的一个过程,是不太可能出现的。如果我们认为,情况就跟它们看上去的那样的话,我们就会经常犯错。例如,大家都知道,幸福婚姻非常少。但我们是怎么知道的?仅仅是因为我们幸运地观察到了,婚姻关系一点儿也不像大家希望的那样幸福美满。即便在受教育程度不高的人群中,谁见过一对夫妇在大街上吵架?在别人眼里,他(她)们的言谈举止,是多么文雅!他们表现出的对彼此的厌恶,又是多么地少啊!

所有这些言谈举止,都属于谎言。在刑事案件中,当我们不得不面对这些谎言时,我们的判断依据,只能是大家所观察到的外部表现。社会因素、顺从带欺骗性的社会舆论、对孩子们的责任感,常常迫使我们欺骗这个世界。对幸福婚姻的数量占比,主要是高估了。

在有关财产、对父母及子女的态度、上下级关系、长幼间关系、健康状况等方面,情况也是相同——参照所有这些外在表现,并不能获得事情真相。一个接着一个,人们被愚弄了,最终,全世界相信了人们所说的,法庭也采信了言之凿凿的证词。也许,可以毫不夸张地说,我们

第五篇 提供证词的不同条件 349

被外表欺骗的次数，远远多于文字。

我们最不应该受到公众舆论的影响。然而，通过公众舆论，我们可以了解周围的人际关系。这就是民意，实际上已经过时。短语像"他们说""谁都知道""没有人怀疑""正如大多数邻居所认为的"等，无论将这些词语定性为欺骗或是诽谤——它们都必须从我们的文件和程序中消失。它们表示的，仅仅是人们"想要"看到的表象，并没有披露真实、隐藏的事实。法律，因为过于频繁地引用条文，导致"坏人在说、好人在信"的反常现象，甚至以此作为审判标准。

并不少见的是，完全的谎言，必须得到行为的支持。众所周知，我们之所以看上去快乐、气愤、友好，仅仅是因为，我们通过某些手势、模仿、体态等，表达出了这些感情。譬如，采用松开的拳头、不活动的脚、舒展的额头，是不容易模仿出愤怒的。真正的气愤，是需要相应外观来表达的。恰当的体态语言与行为，会使得愤怒以及其他所有的情绪，变得十分真实。因此，我们知道，真诚地断言自己无辜的人，最终开始相信一点，或者全部相信。而撒谎的证人，仍然在不断地坚持说，他们的证词是真实的。由于这类人没有表现出谎言的共同特征，对他们的纠正是极其困难的。或许，正确的做法是，指责那些对当代影响深远的特别谎言，这些谎言，使得作恶者相信自己的天赋。

基弗在文章中引用了一种"自我欺骗者"的例子，揭示了一个几乎令人绝望的事实：这些撒谎的人是如此聪明，以至于将撒谎当成了一种游戏。有些幸运的是，像其他谎言一样，这类谎言也通过其特征，暴露了其企图掩盖真相之目的。这一重要标志在谎言中并不明显。这类谎言的数量与强度表明，与怀疑其根本就不存在相比，更常见的是我们想不到其存在的可能性。

很久以前，我读过一个普通的故事，对我以后的刑侦工作帮助很大。卡尔曾与他的父母及两个表亲共进晚餐。餐后，他在学校里说："今天，我和十四个人共进晚餐。""这可能吗？""卡尔又撒谎了。"别人提出疑问。可见，一件事情变得困惑、神秘、令人费解，是多么的常见。但是，如果你想到"卡尔又撒谎了"这句话，可能会让你做出更准确的观察、找出某些话中的漏洞，便可以弄清整个事件的真相。

然而，更常见的是，人们对某些矛盾的解释，还是过于简单，不认为其是矛盾，而将之解释为理解方法不当、没考虑到具体条件。

我们经常会对谎言和矛盾，给予过分的注意。有一种偏见，认为被告就是罪犯。这使得我们对一些小的、偶发的、后来导致明显矛盾的事件，给予了不公正的理解。可见，这种偏见，确实太陈旧了。

如果有人问，谎言在什么时候对人的影响最小，我们发现，是在人们情绪紧张尤其气愤、高兴、害怕和濒临死亡之时。我们听说过很多不同的案例。其中，有的人，因被同伙出卖而生气；有的人，因即将获释而高兴；有的人，因可能被拘留而害怕，等等，进而突然宣布："现在，我要讲出真相！"这是一种典型的、想坦白的表现。作为规律，此种想讲出真相的决心，是不会持续太久的。随着其情绪状态的转变，他们会感到后悔。从而更多地打算撤销一部分坦白的内容。时间越长，他们越容易悔言。

当然，处于醉酒状态的人，是不容易说谎的。

人在临终前说的话，通常被认为是真实的。尤其，当忏悔者是虔诚的宗教徒。众所周知，在这种情况下，即便是精神有问题的人甚至智障人士，头脑也会变得特别清晰。他们往往能够提供有启发性、出人意料的结果。如果一位临终的人，意识已经变得模糊，我们从其很少、十分单纯的几个字词中，不容易确定事情的真相。

第 90 节 病态型谎言

就像人类许多形式的解释一样，讲谎话，也分阶段。那就是，在正常情况已经过去、但病态还没开始的那段时间。例如，一个极端是无害的讲故事者，如猎人、旅行者、学生、中尉等，这些人一般会吹牛；另一个极端是那些几近完全疯狂的中风患者，他们讲述自己数以百万计的财产、骇人的成就。典型的谎语痴呆症，如重度歇斯底里病人，为了引起人们的怀疑，会给高级官员、牧师、仆人，甚至自己本人，写匿名信、发信息，这是病态的。或许，癫痫病患者的典型谎言、接近于老年痴呆症病人说的谎言的根源是他们分不清来源，区分不清亲身经历、阅读与从别人那里听说的事情，从而全部当成了亲身经历。

还有一类人，他们无论如何算不上病态，但仍然会编造病态性谎言。这类谎言的形成，或许最好将之归因入进展性习惯。善于编造这些谎言的人可能是天才，就像歌德说的，他本人就有编故事的欲望。我不想说，这里的大部分人渴望荣誉，但是，他们愿意如此付出、乐于扮演重要人物、渴望展示自己的个性。如果他们在日常生活中不成功，就会努力用越来越多的故事来说服自己和别人，证明他们确实是重要的人物。我仍然有机会来准确地研究这类人群。他们不仅有共同的撒谎事实，他们还有共同的谈话主题。他们跟别人说，有多么重要的大人物征求他们的意见，寻求与他们交往，并为此感到荣幸。他们表示，自己拥有巨大影响，并乐于提供赞助和保护，暗示他们与达官贵人拥有亲密关系，夸大自己拥有的财产、成就、工作。同时，全面否认其在所有事件中所遭受到的挫折、所处的不利地位。实际上，人们早已不将他们看作普通的"讲故事人"，而是压根就"有病"。即便他们的谎言立即或很快被戳穿，他们也不管不顾，一味地满嘴跑火车。

因此，他们会告诉某人：应该感谢他们所提供的这样那样的帮助。尽管，对方实际上知道，真实情况根本不是那样。再者，他们告诉某人他们所取得的一项成就，而这个人，正在密切关注这项特别的工作，能够准确评估说谎者与这项工作的关系。还有，他们随便做出承诺，听者压根不相信会兑现。他们吹嘘自己的财富，而实际上，在听者中，至少有一个人对其财富心知肚明。如果，他们的谎言遭到了反对，他们会做出非常荒唐的解释，这再次表明了他们思维的病态特征。正如卡莱尔、龙勃罗梭、费列罗在文章中提到的，他们的谎言像极了孕妇、临产妇及妓女惯用的那种特殊形式的谎话。我怀疑，这种本质上病态的谎言与性、性变态、阳痿、极端的性冲动，有着某些联系。

我同时认为，尽管这种病态谎言在其早期发展阶段就容易识别出来，但它实际的发生率，要比我们预估得高。我曾经认为，这种病态谎言，在我们的工作中并不重要。因为一方面，它所涉及的讲话人情况，完整而清晰；另一方面，它的特征是如此明了，以至于连经验最少的人也可以识别出来，不至于上当。但此后，我注意到了，这种病态谎言在刑事专家的工作中扮演了一种非常重要的角色，值得我们高度重视。

专题 17 孤立的特殊情况

第 91 节 睡眠与梦

如果一种现象经常出现，对犯罪学家来讲，其出现频率与其重要性息息相关。因此，无论如何，睡眠与梦，都会对刑事工作有重大影响。由于人们很少提及它们，所以，我们低估了其影响。而有关它们的文献记载，则相对较丰富。

遇到以下涉及睡眠与梦的问题，我们需要得到医生的帮助。这不仅局限于嗜睡、梦游、幻觉等轻症情况，也包括在正常情况下，遇到睡眠与梦的生理学问题，例如关于睡眠的意义、失眠的影响等时候，也需要咨询医生。刑事学家为了弄清事情的本质，在向医生咨询前，也必须研究一下这些问题。忽视了这一点，就意味着审讯不专业，意味着忽视了最重要的事，将办成错案，最起码，会使破案变得更加困难。

但在许多情况下，刑事学家必须独自办案。因为在这些情况下，既没有疾病也没有生理学问题需要获得解释。所面对的，只不过是日常生活中的一个简单事实，只要是受过教育的人，哪怕是个外行，也必须自己处理好。假设，我们正在研究梦对人情绪的影响，研究表明，人们经常会在梦的影响下，度过一整天，或表现得幸福快乐，好像听到了愉快的事情；或表现得生气、害怕、易怒，好像发生了什么不愉快的事。归根结底，通常是因为做了一个愉快或不愉快的梦。有时，可能只在潜意识中发挥作用，想不起梦的内容。我们已经证实，所谓的记忆错误，在很大程度上，是受到了梦的影响。

此种情况，通常见于女性、易激动的男性，尤其是儿童。有的儿童，将梦境当成了真实的经历；有的女性，分不清梦与现实；有的年迈体弱的人，分不清梦与记忆，因为，其记忆和辨识能力已经变得脆弱不堪。我认识一位八岁的女孩，晚餐后，与一位男的出去捡栗子。到了晚上，她高兴地回家了。但醒来时泪流满面，并说该男子强奸了她。另一起是重大的入室盗窃案，受害者相当激动。出事后的第二天，受害者的一位十岁至十二岁女儿肯定地说，她在人群中，认出了小偷是一位邻居的儿子。在这两起案件中，两名嫌疑人都被采取了严厉的法律措施。而且，在这两起案件中，两名孩子经过反复回忆，最终她们均承认，所说的可能是梦境。

这类案件的特征性标志，是基于这样一个事实：孩子们不是立即做出指认的，而是在一两个晚上过去之后才指认。因此，每当这种情况发生时，我们必须在头脑中打个问号：是否当事人将现实和梦境混淆了？

相似的，泰纳说，巴亚尔热曾经梦到自己被某杂志社任命为主任。他是如此确定这事，以至于将此事告诉了许多人。尤里乌斯·斯卡利杰也做过类似的梦，莱布尼茨在文中介绍：斯卡利杰在诗歌中称赞了维罗纳的一位名人，在梦中，斯卡利杰听见，维罗纳的这位名人布鲁格努斯抱怨自己快被人忘却了。后来，斯卡利杰的儿子约瑟夫发现确实真有个叫布鲁格努斯的人，这个人曾经自命为优秀的语法学家与评论家。显然，长者斯卡利杰曾经知道这个人，但后来完全将他忘却了。在这种情况下，梦，仅仅是记忆的浮现。这种梦可能有重要价值，但是不可靠，必须小心对待。

从睡眠的本质出发，任何人的梦，我们都可以参考以下内容进行分类：

1. 梦的生动性随着做梦频率的增加而增加；
2. 睡眠越轻，做梦越多；
3. 女性睡眠深度低于男性，因此梦更多；
4. 随着年龄的增长，梦变得越来越少，睡眠也越来越浅；
5. 睡得越浅，睡眠需求越少；
6. 女性对睡眠的需求更大。

关于最后这点，我想强调的是，女性能够在更大程度上吃苦耐劳，养育孩子、照顾别人等，她们睡眠少，不是因为睡眠需求少，而是良好的愿望和甘于牺牲的精神，比男人强。

杰森列举了大量典型案例，对人们在半梦半醒中所做的极端异常行为进行了研究。其中大多数来自旧的文献，但非常可靠。一项对照研究表明，梦游症行为常发生于年轻、手握重权、思维过度紧张的人。例如，已经连续两天两夜没有合眼的人，在他们睡眠后，又将他们从深度睡眠中唤醒的时候，他们容易出现这种行为。值得注意的是，在这种情况下，他们往往表现得很聪明——医生会开出正确的处方，厂长会下达合适的指令。但此后，两人均不记得这事。

从犯罪学角度讲，其意义在于，一方面，可以对这类事情的真实性进行调查；另一方面，这类事情发生在没有理由弄虚作假的人身上。如果被告讲述了一些这样的经历，由于我们缺乏方法与能力对这类事做出精确调查，会倾向于不信任他。此外，他的身份本身，也令人怀疑其陈述。所有权威专家都承认，梦游，最常发生于体格健壮、过度疲劳、被梦扰乱者的第一次深度睡眠中。

一个重要的情况是杰森等提到的现象——一些人在极度兴奋时，能够平静地躺下睡觉。于是，拿破仑能够在莱比锡战斗最关键的时候，呼呼大睡。这个能力，有时被引用为无罪的证据，但并不令人信服。

而且，我们不得不提一下，在躺下睡觉前就产生的特殊幻觉现象。帕纳姆提及他曾经吸入乙醚，然后躺在床上，见墙上的照片时远时近、时隐时现、去去来来。类似的事情也发生在瞌睡者身上。因此，教堂中的牧师，看上去似乎在出出进进。这类幻觉的刑侦学意义，可能在于观察睡眠中人的动作。例如，小偷似乎正在接近目击者的床，实际上站着未动。

处于睡眠中的人会受到一定的影响，这是毫无疑问的。许多例子提到，睡眠中的人，可能受到引导，去相信任何故事。他（她）们可能是梦到了，将梦中的内容当成了现实。这里有一个故事：一官员以这种方式俘获了一名年轻女孩的爱。开始的时候，她很明确地表示讨厌他，但当她睡着的时候，在她妈妈在场的前提下，当他对她说出了他的爱与忠诚之后，她开始转变了态度。事实上，我们案中的某些窃贼，也相信类似的事情，并在很多情况下，使用着这种方法。他们借助于红色灯光的帮助，进行催眠。他们声称，借助一盏红色玻璃灯笼，在一间有一位睡眠者的房间里，他们可以做任何事情。窃贼让红灯照在面前人的脸上，同时，轻声细语地讲话给他听，能加深他的睡眠。十分奇怪的是，这种方法，在山区人的一种习俗中，也得到了证实。那些年轻人，用红布遮好一盏灯，拿到一名睡着女孩的窗外。假设是：当红色灯光照在女孩脸上的时候，温柔地告诉她向前走，她便会起身，按照所说的去做。果然，她依照着做了。此前，他们将一块带尖的石头，放在了女孩走动的路上，当她踩上去后，就被扎醒了。于是，粗俗的恶作剧也就结束了。这很有趣。至少，让我们获得了一些科学信息，验证了红色灯光照在睡眠者脸上，对睡眠者会产生影响。

O. 莫宁斯霍夫和 F. 彼斯贝尔根对睡眠的深度问题提出了一些看法。例如，为什么同一件事，一个人今天听到了，而在另一天却听不到？为什么一个人能被唤醒，而另一个人却不能？为什么一个人对很大的噪声充耳不闻？等等。权威人士发现，通常情况下，睡眠逐步强化，并变得越来越深，到第二个小时的第四十五分钟，睡眠深度达到顶峰。在第二个小时的第三十至第四十五分钟，这种强化是迅速而显著的。然后，同样迅速地减弱，直到第三小时的第三十分钟。此后，睡眠变得越来越浅，直到第二天早晨的第五个小时的后三十分钟。此后，睡眠的强度开始再次增加，但与第一次增加相比，程度轻且缓慢。接着，在此后的一个小时之内，睡眠达到了顶峰。从那个顶峰高点开始，睡眠强度开始降低，直到普通睡眠。

第 92 节 醉酒

除了醉酒的病理学状况，尤其是对酒精极度不耐受，确实该是内科医生研究的课题。另外，还有大量的醉酒症状，它们是如此不同，以至于需要更加深入地研究，以探讨其中的原因与影响。

作为一种惯例，人们已经习惯于通过提问一些老套的问题，来判断一个人的醉酒程度。如：这个人走路稳吗？他还能不能跑动？他说话连贯吗？他记得自己的名字吗？他能认出你吗？他有力气否？只要有两个以上证人做出肯定性的回答，就足可以对一个人做出判决。

一般来说，这样定罪是合理的。可以这样说，如果一个人在做这些事情时，有充分的自控力，他肯定能够理解对与错。但情况并非总是如此。

我并不认为，当一个人喝醉了酒、记不清发生了什么事，而我们非得找出他醉酒后失去理性的原因。他的失控，并非有罪的决定性因素。因为，他没有意识到自己行为的后果。尽管，这个醉酒者无意识地做了某件事后，仍然可能对他所做的事情有某种印象，而这种可能性才是决定性因素。但是，这一点，并不意味着行为者要对此担责。因为，假如一名醉汉打了警察，那么，他肯定知道自己和别人打过架，如果没有这种意识的话，他就不会打人。能够让他免于刑责的依据是，当他喝醉的时候，他没有意识到自己是在与警察干架，这是他当时的唯一判断。他把面前的人，当成了非法的敌人，自己必须进行自卫。

如果认为醉酒者所做的事，是清醒时不会做的，因此不必为此担责，这也太夸张了。因为许多的辱骂、揭短、微醉状态下的意气用事案例，已经充分证明了需要担责。如果醉酒的人还清醒，这些事情当然不会发生。因此，没有任何人会承认，他们所做的这些事情，是在清醒状态下、因不负责任做出来的。

因此，我们只能说，当一个行为出于条件反射，或单纯冲动，或醉酒者搞混了对方，以至于认为自己的行为正当时，醉酒可以成为借口。所以，在实践中，将对法律用语的解释（例如，奥地利刑法中的"完全醉酒"和德意志帝国刑法典中的"无意识"）推到了比普通用法更高的位置。因为，"完全醉酒"或"无意识"通常意味着某人已经卧躺于地、烂醉如泥，然而在这种情况下，他已经失去行为能力，无法实施犯罪。

必须承认，议会立法不可能考虑这些。而应考虑，这类人通过利用肢体，仍然可以犯罪，但是，他的肢体完全失去了大脑控制。

如果，我们对很多人们所讲的、新闻日报或警察新闻刊登的、法律课本上提到的无数醉酒故事中醉酒者的语言可靠性进行对比，我们发现有一个醉汉，在冬夜的雪地上铺好床、解开衣服、将衣服仔细地折叠起来，放在身边，准备睡觉。但当看见警察走近时，撒腿就跑，翻过篱笆，迅速跑掉，以免被警察抓住。当然，这样的一个人，不仅会利用自己的肢体，也能麻利地利用它们解衣、叠衣和逃跑。现在，假设有人路过其藏身处，如果醉汉觉得里面进了小偷，可能伤害过路人，当他这样讲述的时候，谁会相信他呢？

在大街上，经常可以看到，被捕的醉汉用拳头、脚、牙齿与警察搏斗，警察经常不得不用手推车，将他们送进警察局。现在，如果这个醉汉在第一次出庭时，不幸认出了那位警察，并正确地说出了警察的名字，我们说他"显示了明确的责任感"，我们对他进行了判决。但是，在大多数情况下，这仅仅是他灰色思想中的瞬间念头（或许，是受到了认出的那位警察的刺激，后者曾用粗暴的语气拼出过自己的名字），接着就消失了，随生随灭，随之而来的，就是本能的自我保护。在大街上，人们经常看到，一名醉汉正在愚蠢地与不可抗拒的三四个人或更多人在搏斗、撕打，直到完全被制服。此时，任何人都会感到，这种人不会再有责任感。

同样，我们必须记住，某些习惯性行为，决不可作为诉讼中的责任证据。尤其是，当某些行为有非常微妙的含义时。行为者知道，一个错误的动作把控，可以导致问题性后果。习惯性动作可能是本能性的。士兵的行为，是恰当地履行自己的职责；马车夫赶车回家，卸下马鞍，照料马匹；甚至火车司机要连续工作，克服困难，完成任务——然后，喝得酩酊大醉，倒头便睡。现在，如果在进行习惯性行为过程中，受到了意想不到的干扰，尤其是一些反对、多余的劝说、纠错之类，醉酒者听了，会按捺不住、完全失控，以至于采用不恰当的方式，表达反对意见。这样，他会条件反射般地做出反应。在大多数情况下，其反应是爆发性的。有时，我们可以观察到，在醉酒者无意识地工作时，当他听到一些话后会突然失态，觉得不可能完成自己想做的事了，以至于在情绪绝望中不顾一切。

很多流行格言，表达出了大众化观念：最好避开醉汉，永远不要前去帮助他，因为他会很好地照顾自己。在理论上，大众好像非常明白这个道理，但是在现实生活中，没有一位妻子在看到自己的丈夫醉酒归家后，会这么办。在现实中，警察在照顾醉汉，农民和主人在与醉酒的仆人和学徒争吵——那么，每个人都感到奇怪：为什么长者或上司会突然受伤、致残？

关于醉酒者确定而清晰的日常行为，最好的证据，就是科姆引用的一名搬运工的例子。在他喝醉酒之后，递错了一件包裹。此后，他记不起来将这件包裹弄哪里去了。但是，有个偶然的机会，他又喝醉时，却找到了这件包裹，送到了正确的地址。这一过程表明："酒后吐真言"不仅仅指语言，还包括行为。问题就来了，为什么那么多辱骂事件发生在醉酒后？真实思想才是其中的原因。对这一现象的研究，最好是在醉酒初期。此时，所有的醉酒条件都出现在了这段非常短的时间之内，因此，也表现得非常清楚。在这种情况下，内心深处的想法会不自觉地爆发出来。这一点在一次外科临床实习中很好地得到了例证。一位老农民，准备接受虽不危险但却罕见的手术。一名某大学著名的外科医生，让实习学生逐个说出自己的诊断，接着一个个提问：将给病人做什么样的手术？这位农民完全误解了，当他几乎吓呆的时候，他不自觉地喊叫出来："一头老驴，问一群呆瓜应该怎么办？没人懂得该怎么办！然而，却是他们将要给我做手术。"

在醉酒的时候，思想是不自觉地表达出来的，包括辱骂等，也是这样发生的。有个简直令人不可思议而又真实的案例。有个囚犯辩护说，是醉酒导致他偷窃。我还认识一个天才、友好、令人尊敬的年轻人，在轻度的醉酒状态下，偷窃了他能够偷到的所有东西。他醉酒的程度是这样轻，以至于他能够娴熟地偷取同事的香烟盒、手帕，甚至房门钥匙。同时，第二天，他却很难回忆起这些物品的主人是谁。现在，让我们假设，如果在法庭上，有个小偷讲了这样一个故事呢？

我引用了霍夫鲍尔对醉酒过程的精彩描述：开始时，饮酒增进了身体健康，对大脑功能也有相似的效果。思维增快，表达更流畅、恰当，状态与感情可能总是在自己和朋友上。直到此时，没有醉酒之意，只是思维变得活跃了，甚至出现了某些优秀、恰当的想法，但是，要努力控制这种思维的不规律活跃。当想要努力讲述自己相关的故事时，就会出现这种状态。这种思维的活跃是如此之快，以至于在编辑故事情节时记不起来。在这一节点上，已经可以察觉到饮酒者开始些微醉酒了。接着，思维的活跃度变得更大，逐渐使感觉失去了原来的敏锐性，但想象力变得丰富起来。现在，饮酒者的言语，至少在特殊表情和语气方面，变得更加冗长并理想化，而且声音比平常越来越高。前者表示了想象力受到强化，后者表示了感觉能力的迟钝。醉酒者之所以讲话的声音高了，是因为他听到自己的声音变得模糊了，觉得听众也听不清楚。很快，感觉迟钝变得更加明显。例如，有个人喝得酩酊大醉，以至于弄混了著名公司的名字，甚至仅仅在一分钟之内，他认为自己将杯子轻轻地放在了桌子上，实际上却掉在了地上。

我们还观察到了其他形式的身体失控。从他的话语中，我们可以判定，他的两个想法，前后之间的联系明显降低了：尽管仍然十分活跃，但它们现在就像明显的火花一样，快速地出现与消失。这些想法的活跃性，或者称为快速跃动，给予醉酒者理性难以控制的强烈愿望。假如没有偶发事件来打断，这些愿望将持续进行下去。此时，他说话结巴，步态蹒跚，变得十分无助，直到最终倒头睡去，才算罢休。

如果将醉酒状态分期，可以这样划分：

醉酒第一期，思维只是处于极端兴奋程度。此时，对自身行为的理解，并未处于完全抑制状态。因此，醉酒者完全能够认识到自身及周围环境所发生的事情。但是，思维的快速变化，导致自身反应不再像正常时候那么谨慎，兴奋性异常增强，尤其是那些变化更快的情绪化表情更加强烈。这可以归因于熟悉的心理学原理，一种情绪状态导致另一个状态，因为二者在语气上很相似。因此，愤怒与欢乐，常见于受教育程度低的人群，这些人不习惯于参照当下的文明时尚，以限制他们自己的情绪表达。缺了这一限制因素，每个外部刺激因素，都可以强化情绪的发展，每一个自然的表绪表达，都可以增加其兴奋性。在这一阶段，只要饮酒的人感觉满意，其易激惹并不明显，而自我满意感，使得这些人能够忍受某些事情。只有某些偶然的事情，可能强化或引起激惹。这些情况，强化了酗酒者的兴奋性，导致类似闹腾般的欢乐爆发，引发争吵，在平常时候，这些争吵是没有必要的，甚至有的是友善的。在大多数情况下，易感性，可能由酗酒者的自我满足感突然崩塌所导致，或者是对某些事情变得烦恼起来，因为，他曾经对做这些事情很自负。现在，只要饮酒者不超过这一阶段，情绪的爆发可以被抑制住。此时，饮酒者仍然是有自制力的，不太可能失去自我控制力，除非，不断地受到情绪刺激。

在醉酒的下一个时期，酗酒者虽然仍然有意识，但他们已经比平常虚弱多了，有点发狂了。其记忆力与理解力，已经远远离他而去。因此，他随意而为，好像此刻世界上只有他一个人了。至于自己行为的后果，他已经意识不到。因为他已经看不到行为与后果之间有什么联系了。因此，他脑子中完全忘记了过去，不再能够想到遥远的往事，其记忆力和对自己行为后果的理解力，已经控制不住自己的行为，发生自制

第五篇　提供证词的不同条件　363

力丧失，遂能做什么就做什么。最轻的一点儿外在刺激就能够唤醒他最强烈的激情，鬼使神差般地，刺激驱使着他去做。而且，最微小的一点儿理由，就可以改变他的想法。在这种情况下，无论对别人或他自己来说，都是很危险的。因为，他不仅正被自己无法抗拒的激情所驱使，而且，因为他基本上不知道自己正在干什么，成了彻底的傻瓜。

在最后一个时期，酗酒者逐渐失去了意识，失去了对周围环境的所有感知。

关于特殊情况，可以这么认为：喝了多少酒，是无关紧要的。当我们只听说，某人喝了多少多少升葡萄酒，或者如此这般多的白兰地，事实上，我们并不知道某人到底喝了多少酒。何况，酒量是因人而异的，没有什么规律。事实上，有些年轻且权势大的人，当喝下半杯葡萄酒后，可能变得非常愚蠢，尤其当他们在愤怒、惊吓或者激动的时候。有些看上去瘦弱的老人，却酒量大得惊人。简言之，凭数量判定是非常愚蠢的。一个人的外表和体格，与其酒量，没有必然联系。一个人对于饮酒的日常态度，可以作为一项参考。海伦巴赫断言，葡萄酒对同一个人的影响总是相似的。有人总是变得爱说话，有人变得更沉默，也有人变得更悲伤，有人变得更加快乐。在一定范围内是这样的。但这个范围应该有多大，却是个老问题。因为，许多人在不同的时期，经历了不同的情绪状态。在第一个时期，一个经常希望"拥抱世界，亲吻每个人"的人，可能发生情绪变化，变成了一个危险的人。这样，在第一个阶段见过他几次的人，可能错误地认为他还处在第一个时期。此时，如果不想做出错误判断或被误导，对之做相关解释时，必须非常小心谨慎。

了解一个人是怎么饮的酒，也是重要的。大家知道，如果将面包反复多次浸入葡萄酒中，让面包充分吸收葡萄酒，那么，少量葡萄酒也可以醉人。一个人在大笑、兴奋、抑郁时喝酒，或者喝了多种多样的酒，或者在空腹状态下喝酒，容易出现醉酒。

酒精对记忆的影响是显著的。许多人对单一、很窄范围内自己注重的事情，可能失去记忆。例如，许多人能记住所有的事情，但就是记不起自己的名字；还有些人，能记住所有的事情，但就是记不起住所；还有人，能记住所有的事情，但就是记不起自己已经结婚了；也有的人，可以记住所有的人，但就是记不起朋友（尽管他们认识所有的警察）；最后，还有人想不起自己的身份。当一位朋友告诉你以上事情时，那是可以相信的。但如果，那是法庭上被告讲的，请在任何情况下也不要相信。

第93节 暗示

催眠术与暗示，是个过于古老的方法，以至于现在已经很少再有专业书籍提起。但它同时也是一个很新的问题，至今没有大量出现在翻译文献中。在我所编著的《法官考试手册》一书中，已经阐述了暗示与刑法的关系，以及刑法学家对之应持有的态度。在这儿，我们只需记住，典型暗示所存在的问题，如，法官对证人的影响、证人与证人之间的影响等。这些影响，没有通过劝说、想象、引证来产生作用，而是通过那些遥远、至今还无法解释的因素产生作用。而这些作用，可能是决定性的。暗示的影响范围，犹同语言一样广泛。我们所接收的暗示，可以来自于朋友的故事、陌生人例子、我们的身体状况、吃的食物、或大或小的自身经历。我们最简单的行为，可能起因于暗示。甚至整个世界，也好像可以受某个人暗示的影响。就像美国思想家爱默生所说的，大自然通过创造一名天才，来完成某项任务。如果你跟随一位天才，你将会看到整个世界。

"暗示"这个词的多重含义，影响了其原意的表达。"暗示性问题"一词，也是如此。有经验的犯罪学家，对于真相一词，有自己独特的见解，他们严格限制提问暗示性问题。同时，米特迈尔认为，提问者通常无法避免暗示性问题，许多问题本身，不得不暗示着答案。例如，如果一个人想知道，在一次长时间的谈话中，A 的陈述是否能够肯定，于是，他必须提问（无论出于好意还是恶意）："A 所说的是指……"

米特迈尔对这个问题的态度表明，他在 25 年前，就已经认识到了这个问题。即，这类暗示性问题是最无害的。而真正的困难，在于那些证人、专家、法官们容易犯主观错误，尤其在那些重大、有影响的案件中，他们易受报纸等公众舆论的影响，包括自身经历的影响。最终，在自我想象中，而不是基于事实真相，给出证据，做出判决。

在贝希托尔德谋杀案的审判中，这种困难得以充分展示。在法庭上，优秀的精神病学家施伦克－诺青和格拉希充分地利用了他们自己的手势，对问题给予答复，避免了提问证人。

这个判例表明，暗示对证人的影响是巨大的。而且，暗示所发挥影响的大小，无论医生还是法官，不同的人所做出的判定，出入很大。最终，无论如何，我们对暗示仍然知之甚少。任何事情，都往暗示这个"筐"里装。尽管有大量的文献资料，但我们所掌握的材料、观察等，仍然少之又少，且缺乏科学性定论。研究暗示对刑事工作的影响，是很诱人的，但最好等一下，先将我们的工作重点，主要放在观察、研究和收集资料上。

附 录

主要参考文献

奥贝特：《视网膜生理学》，布雷斯劳，1865年。

贝尔：《表情的解析及哲学》，伦敦，1806年和1847年。

本尼克：《实用心理学》。

德比罗什：《伦理统计》，莱比锡，1867年。

艾宾浩斯：《论记忆》，莱比锡，1885年。

埃德曼：《论愚蠢》，1886年。

埃塞尔：《心理学》，明斯特，1854年。

埃克斯纳：《对心理现象的生理学解释大纲》，莱比锡，1894年。

费希纳：《面部识别理论》，美因茨，1891年。

拉罗什富科：《箴言集》。

加尔：《大脑生理学课程简介》，巴黎，1808年；《神经系统简介》，巴黎，1809年。

古特贝勒特：《自由意志及对抗因素》，富尔达，1893年。

久尔科维奇：《阳痿的病理学和治疗方法》，维也纳，莱比锡，1889年。

亥姆霍兹：《意识的事实》，布劳施怀希，1878年。

赫林：《论记忆及其他》，维也纳，1876年。

希尔布兰德：《建立假设的原则》。

休谟：《人类理解研究》。

康德：《论出自人类之爱而说谎的所谓法权》。

基弗：《法庭上的谎言与错误》，《马格德堡副刊》第17、18、19版，1895年。

克劳斯：《犯罪者心理学》，图宾根，1884年。

克里斯：《目测力原理文集》，汉堡，1892年。

拉瓦特尔：《相貌上的细节：提升对人的了解和爱》，莱比锡，1775年。

拉扎勒斯：《心理的生活》，柏林，1856年。

里普斯：《心理活动的基本事实》，波恩，1883年。

洛采：《医学心理学》，莱比锡，1852年。

莫兹利：《心理生理学和病理学》。

迈农：《论韦伯定理的意义》，汉堡和莱比锡，1896年。

密尔：《逻辑体系》。

米特迈尔：《德国刑事诉讼中的证据原则》，达姆施塔特，1834年。

奥斯特瓦尔德：《科学唯物主义的超越》。

迪波泰：《吸引力日记》。

匡茨：《颜色对我们判断表面积大小的影响》，《心理学》杂志，第七期，第95页。

赫伯特·斯宾塞：《短论：科学的，政治的，思辨的》，第2辑。

斯特里克：《运动概念研究》，图宾根，1868年。

萨利：《幻觉》，国家科学图书馆，第62卷，莱比锡，1884年。

塔尔德：《比较犯罪论》，1886年；《模仿规律》，1890年；《经济心理学》，1902年。

菲洛特：《基于实验的时间意识》，图宾根，1868年。

福尔克马尔：《心理学教程》，克滕，1875年。

沃恩·克尼格：《创立法制的尝试》，波恩，1819年。

冯特：《基本原理》。